L'acte éducatif

Du même auteur

Psychanalyse ordinaire, Psychasoc éditions, 2010

Psychanalyse sans frontière (sous sa direction),
Champ social, 2010

Le travail social est un acte de résistance (avec Fanny Rouzel),
Dunod, 2009

À bâtons rompus, poèmes 1965-2005, Champ social, 2007

La parole éducative, Dunod, 2005

Travail social et psychanalyse (sous sa direction),
Champ social, 2005

La supervision d'équipes en travail social, Dunod, 2007

Le quotidien en éducation spécialisée, Dunod, 2004

Psychanalyse pour le temps présent, érès, 2002

Le transfert dans la relation éducative, Dunod, 2002

Du travail social à la psychanalyse,
Éditions du Champ social, 2001

La pratique des écrits professionnels en éducation spécialisée,
Dunod, 2000

Le quotidien dans les pratiques sociales, Théétète, 1998

Le travail d'éducateur spécialisé. Éthique et pratique,
Dunod, 1997 (2e éd. aug. en 2000)

Ethnologie du feu. Guérisons populaires et mythologie chrétienne,
L'Harmattan, 1996

Parole d'éduc. Éducateur spécialisé au quotidien,
érès, 1995

CD chanson : *Môrice Benin interprète Joseph Rouzel*, 2009

Joseph **Rouzel**

L'ACTE ÉDUCATIF

érès

Conception de la couverture :
Anne Hébert

Achevé d'imprimer
G.N. Impressions - 31340 Villematier
Email : gnimpressions@wanadoo.fr
Dépôt légal : août 2010

Édition originale parue en 1998
dans la collection « L'éducation spécialisée au quotidien »

ISBN : 978-2-7492-1259-3
ME - 2000
© Éditions érès 2010
33, avenue Marcel-Dassault, 31500 Toulouse
www.editions-eres.com

Aux termes du Code de la propriété intellectuelle, toute reproduction ou représentation, intégrale ou partielle de la présente publication, faite par quelque procédé que ce soit (reprographie, microfilmage, scannérisation, numérisation…) sans le consentement de l'auteur ou de ses ayants droit ou ayants cause est illicite et constitue une contrefaçon sanctionnée par les articles L 335-2 et suivants du Code de la propriété intellectuelle. L'autorisation d'effectuer des reproductions par reprographie doit être obtenue auprès du Centre français d'exploitation du droit de copie (CFC), 20, rue des Grands-Augustins, 75006 Paris,
tél. : 01 44 07 47 70 / Fax : 01 46 34 67 19

*À mon père qui vient de quitter ce monde.
De la résistance au stalag
pendant quatre ans d'emprisonnement de guerre en Pologne,
jusqu'à l'engagement que sa foi lui dictait,
auprès des plus démunis,
comme président de la Conférence de Saint-Vincent-de-Paul,
il m'a ouvert une voie :
celle de l'éthique du désir.
J'ai mis longtemps à le comprendre
et surtout à en accepter l'exigence.
Je lui rends ici hommage, à ma façon,
pour son courage et sa rigueur tranquilles.*

*À mes petites-filles, Laïa et Ludmila,
qui portent la promesse du jour à venir.*

« *Le quotidien s'invente avec mille manières de braconner.* »
Michel de Certeau, *L'invention du quotidien.*

Avant-propos à la nouvelle édition en poche

Treize ans déjà. L'eau a coulé sous les ponts depuis la première édition en 1997 de cet ouvrage, où je tentais de mettre en mots, à ma façon, selon mon style propre, cet « acte éducatif » si difficile à capter. En effet l'acte éducatif ne se voit pas. On ne peut pas l'enregistrer, le filmer. Ça n'imprime pas ! Il ne saurait faire l'objet, comme le croient naïvement les managers de l'action sociale, d'un pointage dans les items d'une grille d'évaluation. L'acte éducatif ne se résume pas à la somme des actions entreprises au quotidien. Ce n'est pas l'agir, ni l'activité, ni encore moins l'activisme. On peut juste l'évoquer dans les rets de l'écriture. Ce qui fait des éducateurs des professionnels dans l'ombre, des travailleurs dans les soutes du lien social, des gueules noires des politiques sociales. On les attend au tournant, les éducateurs. Ils sont pris en tenailles entre commande sociale et demandes des usagers. Les impératifs de la commande sociale d'un côté, ce qui se dit : « réduire les inégalités », mais signifie au fond : ne pas faire de vague. Que les pauvres, les démunis, les handicapés, les cabossés de la vie restent à leur place et se satisfassent de miettes (AAH, RSA, allocations diverses et (a) variées…). Et de l'autre les demandes des sujets, tous différents, tous singuliers, qui essaient dans un moment de l'histoire d'une totale intolérance, de survivre et de vivre. Entre commande sociale et demande de ceux que l'on nomme usagers (bien usagés !), comme entre l'écorce et l'arbre, si j'en crois l'adage, il ne fait pas bon mettre les doigts.

Or l'acte en travail social se produit dans cette tension, d'une position que l'on peut sans peine désigner comme «éthique». Une éthique du sujet et une éthique de la responsabilité. Une éthique de conviction et une éthique de la morale sociale, celle qui exige de prendre parti, pour et contre. Pour une société plus juste, plus humaine; contre la machine infernale du capitalisme, machine à briser les collectifs et à détruire la subjectivité. Pour la dignité humaine et contre la transformation de tout ce qu'il y a sur terre en marchandise, l'humain y compris. Éthique qui trouve son prolongement dans la ruse, cette fameuse métis des Grecs, que célèbrent Marcel Détienne et Jean-Pierre Vernant dans un ouvrage devenu classique[1], ruse de l'intelligence commune à tous les métiers de la relation humaine. La ruse n'est pas la tromperie, mais le savoir-faire de l'artisan pour épouser les contours du mouvement et saisir aux cheveux la bonne occase, le *kairos*. L'acte éducatif ne se conçoit qu'à travers cette ruse. Il nous arrive par surprise. Dans un moment de l'histoire des hommes ravagée par la prétention d'une maîtrise absolue sur la nature, y compris l'humaine, les éducateurs pour produire des actes doivent apprendre à nager en eaux troubles. Ils doivent apprendre à savoir ne pas savoir pour laisser toutes ses chances à l'autre, qu'on l'épingle handicapé, toxicomane, psychotique, etc.

En treize ans le paysage social s'est dégradé. C'est la crise, dit-on. Il y a comme un malaise dans le capitalisme[2]. Or si j'en crois mon grec, la crise, c'est un passage difficile où il s'agit justement de faire des choix de société, des choix rusés. *Crisis*, le substantif, *crinein*, le verbe, signifient: «tamis» et «passer au crible», pour vanner le bon grain de l'ivraie, en quelque sorte. Il me souvient d'avoir nommé ainsi *(Crisis)*, il y a plusieurs années, une association qui avait pour but de mettre en œuvre une institution, «Transition», à Toulouse, pour l'accueil de jeunes en grande difficulté d'insertion. J'ai assuré la présidence pendant quelques années, avant de redevenir éducateur de base en internat dans ce lieu d'accueil, transformé depuis en MECS.

Au fil de ces treize années, j'ai démissionné de l'IRTS où j'enseignais pour créer un centre de formation à l'empan de l'humain. Toujours dans les souvenirs : *Empan* c'est moi qui ai proposé de nommer ainsi la revue de l'ARSEA de Toulouse. Je faisais partie de l'équipe de création aux côtés de Rémi Puyuelo, Maurice Capul et quelques autres. *Empan*[3], disais-je, pour prendre la mesure de l'humain. L'expression a fait son chemin. Mais revenons à la formation. Les centres de formation multifilières se sont convertis en usines à gaz où se perdent, dans des accumulations de savoirs à l'infini, des savoirs en miettes, jamais approfondis, où se perd justement la capacité de produire des actes, actes de formation transférables sur le terrain. La clinique et son enseignement qui sont le cœur vivant de la pratique éducative foutent le camp. Les dernières moutures de formatage, annonçant le «DC des professions sociales[4]», découpant la formation en référentiels eux-mêmes calqués sur un éclatement des tâches professionnelles, visent la fabrication d'un corps de métier à la botte d'un pouvoir, qui, en guise de politique sociale, veut des exécutants, pas des acteurs. Il s'agit de mettre en œuvre dans tous les domaines, celui de l'éducation, comme de la santé, une idéologie féroce qui trouve son application dans une novlangue aseptisée : gouvernance, démarche-qualité, bonne pratique, bientraitance, etc. Voilà pourquoi je suis entré en résistance[5] en créant l'Institut européen travail social et psychanalyse (Psychasoc[6]). Avec une trentaine de collègues intervenant en formation, nous travaillons d'arrache-pied pour ouvrir un espace où une lecture du travail social sous l'éclairage de la psychanalyse s'avère possible. Si Lacan disait que la psychanalyse est le poumon artificiel de la société industrielle, nous pouvons dire que Psychasoc se présente, comme l'avancent souvent les stagiaires, comme un lieu où l'on respire, où l'on retrouve son souffle.

Mais une lecture et un éclairage, fussent-ils issus de la psychanalyse, ne suffisent pas, il y faut des actes. Le travail éducatif se transmet en acte à travers la posture des formateurs. Plus de trois mille stagiaires, près de deux cents interventions en établissements, de nombreuses participations à des colloques, journées de réflexion, des articles, des ouvrages... Autant dire que nous n'avons pas chômé! Contre vents et marées. Contre les esprits chagrins, les managers, les gestionnaires qui empoisonnent à petit feu les pratiques sociales. Nous avons en treize ans développé un savoir-faire artisanal rusé dans la transmission, au plus près des préoccupations des travailleurs sociaux, en tout cas ceux pour qui la question du sens de l'acte est à remettre sans cesse sur le métier, ceux qui résistent à la marchandisation du social[7]. Car l'acte précède le savoir et le fonde, nous enseigne Jacques Lacan. Il s'agit donc, dans l'après-coup, d'en prendre acte, de lui donner forme, ce qui constitue à proprement parler l'essence même des processus de formation. Tous les formateurs à Psychasoc ont gardé vif le souci du sujet, d'un travail social au cas par cas, tout en intégrant une analyse fine des conditions sociohistoriques dans lesquelles ils opèrent, celle d'une civilisation capitaliste à bout de souffle, minée par le «Divin marché[8]», pétrifiée par des idéologies sécuritaires, épuisée par des contrôles et évaluations tatillons à n'en plus finir... Bref ravagée par «La haine de la démocratie[9]». Treize ans d'efforts, de résistance, de combat: ça valait le coup!

Acte de résistance, donc. Mais la résistance a mauvaise presse. Que ce soit chez les psys: résistance inconsciente du patient ou de l'analyste. Ou chez les managers à propos des équipes des travailleurs sociaux: résistance au changement. Il est vrai qu'à résister «contre», et parfois tout contre, on s'y épuise en vaines plaintes et revendications. Mais il existe une autre face de la résistance, une face «pour», que l'engagement de nos aînés nous laisse en legs: il n'y a pas si longtemps la Résistance et ses réseaux firent pièce à l'oppresseur. La résistance, pour ne pas sombrer dans l'opposition stérile, ne nécessite-t-elle pas un pas de côté? D'abord prendre un peu de recul pour analyser la situation. Ce qui se met en scène dans le travail social n'est-il pas intimement lié au système néolibéral? Il s'agit alors d'en produire l'analyse, les constats ne suffisent pas. Seule l'évaluation de la situation et des forces en présence permet d'envisager un combat

Avant-propos à la nouvelle édition en poche 13

de tous les instants. Résister au laminage de la langue de bois qui pétrifie les paroles et les écrits des éducateurs ; résister au management industriel débridé qui écrase les dispositifs institutionnels ; résister aux procédures de formatage, démarche-qualité, référentiels, domaines de compétence et autres avatars du psycho-socio-biopouvoir qui tel un rouleau compresseur écrase sur son passage les capacités d'invention des acteurs sociaux comme des usagers, etc., autant d'expressions de la résistance qui se déploient dans le travail social dans ces trois dimensions ouvertes dès le départ de l'aventure de Psychasoc, sous l'éclairage de la psychanalyse : clinique, institutionnelle, politique.

Ne s'agit-il pas pour les professionnels de «l'éducation spéciale», comme le médecin Itard nomma à l'origine cette profession, de s'exprimer pour que ce métier de l'ombre, ce métier de «trouvailleur soucieux» de l'humain, prenne toute sa place ? Cette «fraternité discrète» auprès des plus démunis de nos contemporains n'a-t-elle pas force de résistance face à «la plus formidable galère sociale[10]» ? Les éducateurs réclament à cor et à cri une reconnaissance publique de leur travail. Le plus simple n'est-il pas de prendre le risque de donner à lire, à voir, de faire savoir ce qu'il en est de ces métiers de l'intervention sociale, véritables «môles de résistance» en acte (M. Chauvière) ? Alors que tout dans notre société néolibérale tend à réduire la valeur à la seule valeur marchande, les éducateurs, ainsi que tous les métiers du travail social, ne sont-ils pas aux avant-postes d'un combat pour l'humain ? Les décideurs, financeurs, responsables politiques veulent savoir légitimement ce que font les travailleurs sociaux, quel usage ils font des deniers publics. Dans cet ouvrage, dont je sais dans les retours nombreux que je reçois, notamment d'éducateurs en formation, qu'il a ouvert des voies nouvelles, j'ai donné ma position, en acte… de résistance. J'espère que d'autres prendront la suite. Je ne crois pas apporter des réponses. Comme Marcel Proust le dit de l'écrivain, dont on attend qu'il nous donne des réponses, je ne peux donner dans le meilleur des cas que des désirs[11] !

L'acte éducatif ne se soutient que d'une chaîne solidaire entre des cercles concentriques, véritables poupées russes du social : PIC, politique, institutionnel, clinique. « C'est un pic, c'est un roc, c'est un cap… » C'est d'abord un acte politique, qui ne peut se poser aujourd'hui qu'en s'opposant à des politiques sociales réactionnaires. C'est ensuite un acte institutionnel. D'où ma critique des institutions sociales et médico-sociales actuelles, devenues les mandataires des appels d'offres de l'État et des collectivités locales et les gestionnaires de la misère humaine, là où les responsables politiques s'en déchargent. C'est enfin, au cœur de la pratique éducative, un acte clinique fondé sur une rencontre humaine et un compagnonnage.

D'où aussi mon souci de créer des espaces où la transmission des valeurs humaines, républicaines et démocratiques se met en acte. Psychasoc, à ma petite mesure, relève de cette tentative. Mais aussi *Psychanalyse sans frontière*[12], lieu de réflexion et d'invention, hors du cadre des institutions psychanalytiques prises dans des luttes de pouvoir imaginaires, engluées dans des querelles de clochers. L'organisation de trois congrès sur « Travail social et psychanalyse » à Montpellier est venue ponctuer cette tentative.

Pour que des actes se produisent, il y faut des lieux, des idées, des collectifs qui les soutiennent et des livres, tel celui-ci auquel les éditions érès donnent une nouvelle vie dans une collection de poche. L'acte, que ce soit au niveau politique, institutionnel ou clinique, se profile toujours comme acte de résistance. Un acte ça dérange, forcément. « Ce qui vient au monde pour ne rien troubler ne mérite ni égard ni patience », écrivait René Char.

NOTES

1. M. Détienne et J.-P. Vernant, *Les ruse de l'intelligence : la métis des Grecs*, Paris, Flammarion, coll. « Champs », 2009.
2. M.-J. Sauret, *Malaise dans le capitalisme*, Toulouse, PUM, 2009.
3. Revue éditée aujourd'hui par les éditions érès.

Avant-propos à la nouvelle édition en poche

4. P. Eyguésier, « Le DC des professions sociales », dans J. Rouzel, *Travail social et psychanalyse*, 2e congrès, Nîmes, Champ Social, 2008.
5. J. et F. Rouzel, *Le travail social est un acte de résistance*, Paris, Dunod, 2009.
6. http://www.psychasoc.com
7. Voir le dernier ouvrage de M. Chauvière, *Trop de gestion tue le social : essai sur une discrète chalandisation*, Paris, La Découverte, 2007.
8. D.-R. Dufour, *Le Divin Marché: la révolution culturelle libérale*, Paris, Denoël, 2007.
9. J. Rancière, *La haine de la démocratie*, Paris, La Fabrique, 2005.
10. J. Lacan, « L'agressivité en psychanalyse », *Écrits*, Paris, Le Seuil, 1966.
11. M. Proust, *Contre Sainte Beuve*, Paris, Gallimard, coll. « Folio », 1987.
12. Voir *Psychanalyse sans frontière,* ouvrage collectif publié en numérique par les Éditions du Champ social, 2010.

Passeur. L'obscur

                                    « *Je fais profession d'obscurité* »
                                    Paul Celan, *Le Méridien, Discours de Brême.*

Né au milieu des mots, autrement dit un champ de ruines,
l'ironie noire qui me porta au monde me greffa aussi la langue
    des bourreaux.
Rien n'était là pour faire écrin aux tourbières et assurer pour un
    temps les contraintes de la lumière.
Rien n'avait couvé sous la peau du monde.
Le charnier était total et vide et total.

Courbés sur le râteau, les jardiniers avaient perdu jusqu'au sens
    des allées.
Les astres sortaient du nid comme on sort d'une boucherie,
    abreuvés.
Le premier matin fut semblable à tous les autres.
Qui dirigeait l'orchestre ?
Qui frappait du poing sur la table ?
Qui posait les valises au bord des fenêtres ?

Il y eut une accalmie et l'ombre décapitée en profita pour se
    blottir dans la braise.
De vieux rêves qui traînaient là servirent un temps de tapis.
Lorsque j'ouvris les yeux, nulle mésange, nulle musaraigne,
    n'ourlait le feuillage de cendre.

Un de ces rudes me prit au corps et me jeta sur son dos.
Sur un chemin qui s'inventait au fil du marcheur, il me porta jusqu'à la rive, là où les rayons du désir se font plus vifs, là où les poissons obscurs reviennent en pleine lumière, là où l'incompréhension est de la noce.

Le passeur m'attendait. Depuis toujours il m'attendait. Le prix à payer du passage, sel, sang et eau, je l'ai tiré de mon corps même, sacrifiant parfois des morceaux entiers de ma propre chair.

Et me voici ici sur l'autre rive, rivé au versant de la haine et du soleil, accroupi sous des peaux d'être qui laissent filtrer le désastre par tous les trous.
Me voici parmi vous, un soir de pluie, traînant un sac d'osselets pour le change.
J'ai beau frôler vos yeux de mes mains, toucher votre épaule, tendre l'oreille vers vos silences et vos démangeaisons, donner de la voix du fond du corridor, au bout du compte, que recueille le pêcheur en son filet ?
Bien sûr nous irons encore ensemble au bois visiter le renne et traquer le ciste, mais la clairière jamais ne se refermera.

(décembre 1995)

L'éducateur est un passeur

Comme devant certains accidents de la chaussée, où un panneau vous avertit: «Attention! trous en formation», il faudrait peut-être écrire avant de commencer: «Attention! éducateur en formation»... La formation n'est-elle pas recherche de formes qui traduisent une pratique autrement reléguée dans l'indicible? En cela la formation ne saurait être que, pour de vrai, permanente. Le mot formation dit un processus: on parle de glacier en formation; il dit aussi l'inscription collective de ce processus: on parle de formation de jazz. La formation, que l'on ne saurait restreindre à l'acquisition d'un quelconque diplôme, exige de trouver forme dans l'écriture. Et de plus elle exige d'être rendue publique. À quoi servirait que les éducateurs écrivent pour laisser pourrir leurs écrits au fond d'un tiroir? Il faut que ça circule. Mais circulant, ça nous échappe. C'est peut-être pour cela qu'il est si difficile à certains de franchir le cap de la publication.

Voici un livre monstrueux. Monstrueux au sens mythologique du terme. C'est une chimère. Comme le Sphinx, la Licorne, la Tarasque..., animaux fabuleux assemblés d'éclats de chair et de formes empruntés à des animaux existants.

Aujourd'hui on a enfermé les productions d'écriture dans des cloisonnements bien rigides: d'un côté la littérature grise que personne ne lit (thèses universitaires, mémoires...); de l'autre la littérature sérieuse dite scientifique: sociologie, ethnologie, droit, mathématiques... Puis dans la cour de récréation, s'ébattent les joyeux bambins de la littérature dite de fiction : romans, nouvelles... Et enfin, au fond de l'étagère, tout en bas des rayonnages poussiéreux : la poésie.

Ce livre a ceci de monstrueux qu'il n'entre pas dans les cases trop serrées. Il a été composé de bric et de broc, en dehors des règlements frontaliers qui régissent le genre écrit. C'est un livre passe-muraille. Je l'ai voulu à l'image de l'acte qu'il soutient. En effet, cerner l'acte éducatif exige d'en passer par ce métissage de l'écriture. Le lecteur trouvera au fil des pages, des styles, des tons, des factures, des textures changeants. Comme les saisons. Comme la pluie et le beau temps du quotidien des éducateurs. Ce que je n'avais pas osé faire dans *Parole d'éduc*, paru en 1995 dans la collection « L'éducation spécialisée au quotidien », j'essaie ici d'en donner la mesure. Contes, poésie, littérature, nouvelles, frayages théoriques, récits de pratique, autobiographie, conférences, billets d'humeur, bonne ou mauvaise, trouvent ici leur place. Ce bric à brac, à l'image protéiforme des actes quotidiens d'éducateur, m'a permis de tourner autour, de cerner les entours de ces actes fuyants, fragiles, éphémères. Je nommerai cette démarche : acheminement vers la clinique éducative, en faisant un emprunt au titre de Martin Heidegger : *Acheminement vers la parole*.

On y trouvera quelques redites, quelques redondances. En vieillissant, je m'aperçois que je procède à partir d'une pensée en mouvement qui, comme les enfants jetant caillou sur étang font des ronds dans l'eau, irradie à partir d'un point central. Elle est poussée par une force désirante. Elle n'a pas encore de forme. Puis elle va l'onde, elle se déploie, elle trouve ses mots, et au bout du compte les idées naissent. Mais les cercles que produit le mouvement d'écriture sont concentriques. C'est pourquoi ils sont parcourus par des lignes de force, voire des séismes qui se répètent et se réfractent. Mais que certaines pensées se répètent ne veut pas dire que ça tourne en rond ni que deux idées, exprimées dans deux contextes différents, reviennent au même. Cette manière de procéder, qui est la mienne, a quelque chose d'oriental qui peut dérouter. Quelque chose des *Mille et une nuits*, récit qui revient sur soi, se love et se déploie en arabesques, récit qui tient en haleine le Sultan, faute de quoi, vous savez bien, Shéhérazade y laisserait sa tête... Cela peut déranger les esprits orthodoxes et carrés. La pensée orientale procède d'une place accordée au vide, de l'éloge du rien ; la pensée postmoderne étouffe, elle, à partir d'un trop plein. Dans cette façon de procéder, j'ai trouvé une manière de faire place au vide, d'inscrire graphiquement dans la chair du texte ce qui lui échappe, ce qui m'échappe, et qui ne résiste pas à l'enfermement.

J'ai toujours dit que l'acte éducatif avait un tranchant de subversion. L'acte d'écriture qui en constitue le lieu de formalisation, de mise en forme, doit donc aussi supporter sa charge d'imprévu, d'inconnu, de monstrueux. Car la pensée n'est pas séparable de son mode de production. Les éducateurs, dont je suis, se sont trop souvent aliénés à des écritures savantes, écritures des maîtres et des clercs : discours médical, et surtout psychiatrique d'après-guerre ; discours psychologique ensuite ; relayé dernièrement par le rouleau compresseur de la politique, de l'économie, de la sociologie. Quel est le discours qui permettrait de rendre compte de l'acte éducatif ? Il n'existe pas. Il est à inventer, dans la résistance aux écrits pontifiants, voire pétrifiants, qui gouvernent notre secteur. La tyrannie de l'écrit n'opère que pour autant qu'on laisse dans les mains des petits maîtres le soin de l'exercer.

Il est difficile de donner à voir le travail éducatif. Ce travail commence toujours par une rencontre. Une rencontre singulière avec un enfant, un adolescent, voire un adulte, placé, pris en charge comme on dit, parce qu'il est en souffrance. Que l'on catalogue la souffrance dans des étiquetages et des nosographies n'est pas l'essentiel pour un éducateur. Au-delà de ce marquage social, le plus souvent inféré du discours médical, l'éducateur cherche à se frayer un chemin vers un sujet. Comme Diogène, le philosophe cynique de l'Antiquité, les éducateurs cherchent des hommes. Ils avancent souvent à tâtons, dans le noir. Ils avancent avec ce qu'ils sont, avec leur histoire, leurs émotions, leurs affects. Ils avancent en terrain découvert, sur des sentiers non balisés. Chaque rencontre est nouvelle et réclame de réinventer à chaque fois l'acte éducatif. Ils vont là où l'autre est sans visage; là où on ne le voit plus qu'affublé du masque de la folie, du handicap, de la débilité, de la délinquance... Ce voyage au pays de l'Autre ne laisse pas indifférent. L'éducateur y est pris, corps et biens. Chaque rencontre singulière l'affecte dans son corps, dans son âme... Ce voyage vers le pays de l'éclairement ne va pas sans trouble, sans obscurité... Pour rendre compte de ce travail très spécial, les éducateurs doivent faire flèche de tout bois. Ils n'ont pas de langage prêt-à-penser. Ils empruntent à divers champs, divers territoires de pensée, des bribes de mots. Ils ne peuvent, comme le poète, que suggérer, évoquer, faire sentir, leur acte. D'où, parfois, un sentiment d'éclatement qui peut saisir le lecteur. Ce sentiment est à la mesure de ce que vit un éducateur en situation. Il se transfère à l'endroit du texte, dans sa texture, dans sa chair langagière, quelque chose du vécu d'éducateur. Voyager vers l'humain ne va pas sans risque, ni sans un certain dérangement...

Bien entendu le lecteur trouvera ici au bout du compte une fiction. Seule approche viable, à mon avis, d'un acte de théorisation. *La théorie comme fiction*, titrait Maud Mannoni. Et pourquoi pas la fiction comme théorie? Quant à Freud il insiste sur ces théories que se font les enfants pour donner sens à leur venue au monde.

Avantage pour le lecteur: il pourra s'y promener à sa guise et finalement frayer son passage au fur et à mesure de sa progression. Il n'y a pas de sens unique dans ce livre et encore moins de sens interdit.

L'éducateur est un passeur...

Remerciements

Je remercie vivement les différentes revues qui ont publié en totalité ou en partie certains des textes qui suivent, et que j'ai pour la plupart remaniés. Sans cette participation active de la presse sociale spécialisée, il serait difficile de soutenir une écriture vivante: *Lien social,* VST (revue des CEMEA), *Empan, La revue de l'ARDESS* (Association régionale des directeurs d'établissements sanitaires et sociaux), *Ephémère* (revue de psychanalyse de Montpellier), TSF (revue de l'IRTS de Montpellier), *Les cahiers des entretiens de Saint-Étienne, Inf'Ormes* (revue du Collectif Saint-Simon à Toulouse).

Une clinique du sujet

> « D'habitude on regarde le plein, pas le creux.
> Pour moi, c'est quelque chose qui se fait autant. »
> Marguerite Duras, *Les parleuses*.

Liminaire 1
Éducateur aux pieds nus

J'ai toujours vécu sur le parvis des temples où les églises, les partis, les systèmes ne cessent de célébrer le même rituel obsessionnel pour conjurer la peur de vivre. À chacun sa place.

Je ne crache pas sur la cérémonie (fût-elle psychanalytique), ni sur les cérémonieux, je dis juste que j'occupe la place du bouffon, du bateleur, du cracheur de feu. Car il s'agit de sortir de l'idolâtrie qui se résume toujours à s'adorer soi-même, en érigeant collectivement des statues de petits dieux à son image.

*L'idolâtrie psychanalytique, qu'elle soit de l'*IPA*, portant en procession les os blanchis de la pensée freudienne (trois quarts d'heure de séance pile, analyse didactique et* tutti quanti*) ou lacanienne (fétichisation des slogans, des mathèmes et des bouts de ficelle), l'idolâtrie psychanalytique se nourrit des mêmes rites qui ne font que masquer les mêmes trouilles : génuflexions devant la statue du maître, répétition quasi hypnotique des mêmes formules usées, amulettes, gris-gris... en lieu et place d'une pensée sans cesse en éveil, sans cesse fluviale et navigable, une pensée en mouvement.*

Loin de ces blockhaus et de ces abris mensongers, je prendrai position pour une certaine pratique d'éducateur aux pieds nus, puisant aux sources analytiques une certaine légèreté de l'être, fût-elle insoutenable, une certaine solitude aussi, mais « nous sommes solitude », aimait à dire Rilke. Je défends volontiers cette position exposée, sans le battle dress, *ni l'armement lourd d'une pensée prête-à-porter, d'une pratique figée. En cela, je ne crois pas trahir Freud qui écrivait dans sa préface de 1925 à* Jeunesse à l'abandon *d'August Aichhorn :* « *Si l'éducateur formé à l'analyse par expérience vécue est amené, dans certains cas limites ou complexes, à recourir à l'analyse pour étayer son travail, il faut lui reconnaître sans détours le droit de s'en servir : l'en empêcher relèverait de questions mesquines.* » *En cela, je ne crois pas trahir mon engagement d'éducateur, qui se justifie d'une certaine pratique des médiations. J'ai toujours pensé que plutôt que de traquer le symptôme, la clinique ne se justifiait que d'ouvrir chez le sujet du sens, et les sens, à la vie.*

Exils

En hommage à Samuel Beckett, qui a rejoint, irrémédiablement, le territoire de l'Autre…

> *« Je voudrais un mot-image
> qui parle à l'imagination du peuple :
> qui dise que nous sommes avant tout des sans asile,
> des bagnards évadés,
> et que ce soit la communauté de la recherche
> qui nous rassemble. »*
> Joë Bousquet, *Lettre à Carlo Suarès*,
> Carcassonne, le 19 juin 1929.

> *« J'ai peur,
> peur de ce que mes mots vont faire de moi… »*
> Samuel Beckett, *L'innommable*.

La vie n'a pas de sens. Pas de sens autre qu'elle-même. Et nous, pourquoi sommes-nous nés dans cette vie-là ? Pourquoi y sommes-nous pris comme dans un sac ? Sommes-nous tombés dans le monde tels des anges déchus, telles des statues de pierre, soudain en chute libre du haut des cathédrales, ailes brisées, corps fendus ? Avons-nous ainsi fait irruption, nous les humains, les faits de terre, les jaillis de terre, en miettes, dans ce monde ? Un ventre de femme nous a portés, je le sais. On l'a dit. Bien dit, soupesé, agrafé. Un ventre de monde nous a reçus. Un ventre de terre nous accueillera, pour tout dire, après le coup de semonce. De ventre en ventre. De niche en niche. De cache en cache. Chaque jour qui fait le monde nous voit courir après cette impossible planque. Sans cesse inachevée, trouée, pétée, ficelée, bricolée comme un vieux parapluie qui prend eau de toutes parts, au moindre vent d'ouest.

Alors quel sens tout cela aurait-il? Je vous le demande. Si ce n'est le sens du courant que charrie la rivière au bas du jardin, emportant du même coup les miasmes et les déchets. Cette rivière qui nous traîne dans sa vie remuante, nous hale, nous entraîne et nous polit comme des galets, que la marée frotte et laisse sur le sable et reprend. Une vie de galets. Je n'ai pas choisi de vivre, vous non plus sans doute. C'est à rejoindre et à épouser ce non-choix, appelons-le destin par commodité et par habitude, que nous sommes attelés, comme des bœufs au joug.

Et les bœufs tirent le soc de l'araire dans l'air bleu du petit jour, et le paysan qui doit gagner son pain, et le pain de sa femme et le pain de ses enfants, et creuser le sillon, dans la glèbe, et semer son grain, et désherber et arroser les pousses, et moissonner, le paysan, attelé lui aussi à la tâche, les lacère, les bœufs, jusqu'à l'os, parce que, qu'on le veuille ou non, la vie suit son cours.

Alors on ne sait plus si la vie a un sens, enfin, une direction, disons du bord du champ à l'autre bord. Ou bien est-ce que de suer sans cesse, enchaîné, c'est insensé?

Failles. Fêlures.
Fêlé, pété, givré, timbré. Un trou dans le monde. Une crevasse. Ravin, ravine, césure, moule éclaté, oripeau claquant au vent, vieille outre éventrée. Lieu des questionnements jaillissant à pleins bouillons. Obturé. Emmuré vivant.

A. jaillit dans le monde comme un impact de balle. Il vient au monde de son pas chaloupé, raté, brisé.

La première chose qui surprend, c'est son silence. Le silence l'entoure, l'étoffe, l'habille. Il se déplace dans cette aura silencieuse comme un poisson dans l'eau. Même quand il crie, le monde du silence l'habite.

Exils

Sa mère m'a surpris. Sa mère et cette chose qu'elle poussait devant elle, bien en évidence, comme on pousse une boule de neige sur une pente poudreuse pour préparer un bonhomme.

Cette chose : A. Stagiaire éducateur, j'avais pris mon service à 16 heures…

Son regard a croisé le mien, comme si deux abeilles s'envolaient de ses orbites et venaient se poser sur mes propres yeux pour les butiner. Il s'est précipité en hurlant de cette voix au tranchant silencieux : « Man, man, man ».

A. a heurté de l'épaule la porte des chiottes, et s'est blotti tel un jeune veau au pied de la cuvette.

La mère : « Sois sage mon chéri, à dimanche. »

Avant de sortir sans me saluer – je faisais partie des murs ? – elle m'a glissé dans la main un sac de Prisunic, qui contenait ses affaires de la semaine et un paquet de crayons de couleur.

Elle a tourné les talons. La porte a claqué. Je suis resté seul avec la chose qui gémissait, pelotonnée, vautrée, dans ce petit espace dédié aux déjections.

Je me suis fait un scénario dans la tronche : « Il se prend, on le prend pour une merde… » En matière de « nosographie », ça valait sûrement pas un clou ; mais pour moi, jeune éducateur promu à la surveillance du pavillon 5, ça me rassurait et ça constituait une assez bonne entrée en « matières ».

A. est né dans l'insensé, dans ce royaume de l'entre-deux qui laisse l'ensemble des humains perplexes.

Comme de bien entendu, il y a eu de grands pédiatres, psychiatres, médecins, psychologues, thérapeutes de tous poils, pour se pencher sur son cas. Pas trop, se pencher ; on peut tomber. Ils l'ont pesé, soupesé. Ils ont fait le tour de son corps décharné comme d'un monument.

Ce corps recouvert de vêtements qui ne peuvent le contenir, tant il semble éparpillé, et comme dispersé à la surface de sa propre peau. Tout ce beau monde a craqué. Quand on craque, le plus simple est de produire un mot, un de ces mots bouche-trous, bouchon de l'angoisse, un mot qui rive son clou à toute échappée de question, un de ces gros mots derrière lesquels on se croit à l'abri, bien au chaud dans sa citadelle de savoir, un de ces mots énormes : « Autiste », ils ont dit.

Et ils l'ont, chacun dans son langage et avec ses outils, épinglé dans le sacro-saint dossier. Et ce mot gisait là, à côté de sa photo au regard d'abeille, perdu dans ce dossier. Et le mot et la photo, pourtant, malgré tout, le représentaient. Ils y ont ajouté des tableaux, des diagrammes, tests, résultats d'analyses diverses. Mais ils fuyaient la question, l'énigme, la seule que tout leur art n'avait suffit à camoufler : « Qu'est-ce qu'on fout sur terre ? »

Et A. restait planté là, comme un inévitable point d'interrogation. Il était né et pourtant, il n'était pas au monde.

Tout d'abord la mère de A. Bien en chair, gentille, polie, toujours un mot aimable pour le boucher ou le boulanger du quartier. Un corps de femme qui aurait trop mangé, toujours un peu gauche, un peu lourde, sirupeuse. Des yeux qui fixent le sol devant vous, qui vous font penser que peut-être vos lacets sont dénoués, ou que vous avez marché dans quelque crotte de chien sur le trottoir.

Ses cheveux, qu'elle a auburn relevés de mèches grises qu'elle se fait teindre, lui tombent en pluie sur les épaules. Quand elle parle à A., elle donne des ordres : « Fais ci, fais ça », ou tout simplement : « Ici, là. » Si bien qu'on se demande si vraiment elle pense, ou si elle est habitée par une frénésie impérative. Sans doute la souffrance est-elle si tendue dans son corps qu'elle se met à vibrer comme la corde d'un arc sans archer qui décoche ses traits.

À A. elle ne parle pas, elle ordonne. Peut-être aussi donnant des ordres essaie-t-elle de contrebalancer ce que la naissance de A. a déclenché de chaos et d'apocalypse dans son monde. Elle rétablit de l'ordre, *a minima*. Dans ces moments tragiques où elle communique sur ce mode avec A., les mots se pressent aux confins de ses lèvres, et dans le même temps, elle affiche un sourire inaltérable. Les mots sortent en paquets de paroles dures comme pierres. La souffrance qui l'habite tout entière lui fait, dans ces instants où elle donne de la voix, ouvrir toute grande la bouche, sur laquelle continue de courir, évanescent, le fantôme de son sourire, comme si elle n'en pouvait plus d'avoir contenu si longtemps l'insupportable.

Le père de A., aux dires de tous les voisins, est un brave homme. Bon mari, bon père. Jamais un mot de travers. Jamais un mot plus haut que l'autre. Il ne parle que pour le nécessaire. «Bonjour, bonsoir, comment allez-vous?» À la maison il reste coi, retranché derrière le journal qu'il lit de bout en bout, petites annonces comprises. De retour de l'usine sur le coup de 8 heures, il rentre la poubelle. Harassé par ces longues heures passées, pour un salaire de misère, à scruter dans un binoculaire l'implantation de puces dans un circuit électronique.

Quand une puce apparaît au mauvais endroit, il jette la carte imprimée de façon rageuse dans un bac près de la chaîne. Le temps passe sans bruit. Parfois quand il regarde sa montre, il n'en croit pas ses yeux «Déjà 6 heures!» Vite un saut jusqu'au vestiaire où les ouvriers pépient sur les petites choses de la vie, mais il ne participe pas aux discussions. Il passe, digne, accroche au portemanteau sa blouse bleue pigmentée de rouge à l'endroit de la poche sur le cœur, parce que son stylo fuit, enfile sa veste, toujours la même, d'un gris anthracite, puis s'engage dans le long couloir qui le conduit à la grille de l'usine. Il tend sa carte à la machine de pointage, qui l'avale et la recrache, avec un trou, un de plus, dans la case du jour. Un trou qui témoigne de ces huit heures passées, attelé, enchaîné.

Quant à A., il ne le voit pas. Il a juste dit au début qu'il fallait le placer, parce qu'à la maison, A. faisait déplacé, le mot lui a échappé. Et depuis, ça fait bientôt quinze ans, rien. Il s'abrite derrière le bunker de son journal. Dehors la bataille fait rage.

A. est né de ces deux-là. On pourrait presque dire qu'il est né entre eux deux. Comme s'il venait se glisser et s'insinuer dans une vie bien huilée, et jeter du sable dans la mécanique.

A. est sorti du ventre de sa mère par un beau jour de Premier Mai.

Dehors le défilé battait son plein: banderoles, slogans, syndicats. Fête du travail: le jour où justement personne ne travaille. Sauf la mère de A. écartelée, les pieds dans l'étrier.

La poche des eaux s'était percée trop tôt. La sage-femme a dû mettre en œuvre tout son savoir-faire pour sortir A. Elle a même été chercher de l'huile, s'en est enduit la main droite qu'elle a glissée dans le vagin pour lubrifier. Mais ça résistait. Ça ne voulait pas venir. Depuis longtemps le défilé était passé, et il planait dans la clinique un silence poisseux. Il a bien fallu avoir recours aux forceps. Depuis longtemps la mère de A. ne poussait plus. Elle attendait, comme si ça ne l'habitait plus. Comme les spectateurs avant l'ouverture du rideau. Ils viennent de manger au restaurant ou en famille, leur ventre glougloute de digestion. Ils se laissent aller. Ils attendent. Ils ne savent plus trop quoi. Ils n'y sont pour rien.

La sage-femme est revenue avec les fers. Elle a forcé le passage, et comme les fers rentraient difficilement, elle a incisé à vif.

La mère de A. a eu un sursaut, comme les spectateurs, au moment des trois coups avant que le rideau ne se lève.

«C'est fait», elle a dit.

– Pas encore. De la patience, bon Dieu!»

Puis elle a senti tout son ventre se vider. Comme si on le retournait comme un gant. Elle a soufflé un grand coup, et soupiré: «Mon dieu, mon dieu!»

La sage-femme reprenait en chœur: «Bon Dieu de bon Dieu!»

La mère de A. a chaviré en arrière, ses yeux ont plongé, elle a perdu conscience et s'est affaissée doucement sur l'oreiller.

À son réveil, A. était là, menu, immobile, les pieds serrés dans la main de la sage-femme qui de l'autre lui claquait vigoureusement les fesses: «Tu vas gueuler, tu vas gueuler?» Mais ça ne bronchait pas.

Elle a commencé à s'énerver et a apostrophé les infirmières qui se tenaient pénardes en cercle autour d'elle. «Allez, mesdemoiselles, envoyez-moi ça au bloc. Vous voyez pas qu'il est cyanosé ? Au bloc, au bloc. » A. ne pesait pas lourd. Toute sa vie, qui n'avait pas encore pris son envol, reposait entre les mains de ces quelques femmes. Rapidement la sage-femme a tendu le corps inerte à une infirmière qui s'est précipitée dans le couloir, et l'a emporté, comme les ouvriers, ce matin-là, emportaient au devant d'eux un drapeau rouge, ou noir, ou bleu-blanc-rouge.

Au bloc, le toubib a fait fissa. Il a collé sur le nez de A. un masque de caoutchouc qui diffusait un mauvais mélange d'air reconstitué : azote + oxygène.

De violacé qu'il était, A. a viré au rose puis au rouge. Tout son corps s'est convulsé pour sortir un cri, tant la brûlure dans ses poumons immaculés était féroce. Mais le cri n'est pas sorti par sa bouche, il s'en est allé vers sa tête, et personne n'en a rien su. Il n'a pas gueulé, comme la sage-femme lui en avait intimé l'ordre. Il est né dans la vie, à l'envers, avec un cri resté à l'intérieur, qui ne pouvait trouver une porte de sortie pour signaler sa présence.

A. est né jour pour jour, un an plus tard, à la place d'un autre A. celui que papa et maman avaient tant désiré, et qui n'avait pas daigné faire son entrée dans le monde. A. est venu occuper un trou qu'avait creusé la mort-naissance de l'autre A. Il s'y est logé. Papa et maman avaient trop de chagrin. Il fallait bien un sacrifice pour les faire vivre.

Je côtoyais A. depuis trois mois chaque jour, sauf le samedi et le dimanche, où sa mère venait le chercher pour le week-end. Je m'étais habitué à ce grand corps décharné, qui errait comme une âme en peine dans le grand parc de cinq hectares ou bien aux alentours immédiats du château qui abritait le pavillon. Parfois on le retrouvait aux cuisines barbouillé de moutarde jusqu'aux yeux, poursuivi par un chef cuistot en pétard.

En général A. passait ses après-midi à musarder sur un banc. Il trimbalait partout son éternel sac de Prisunic avec ses crayons de couleur. Personne ne l'avait jamais vu en faire usage. Or de jour en jour les crayons diminuaient en taille. J'avais pour habitude, après le repas, de faire un brin de conduite aux enfants du pavillon, jusqu'à l'école. A., lui, avait un régime à part. Pourvu qu'il ne dépassât pas les limites de l'institution, il était libre d'aller et venir à sa guise. C'est de cette façon que je me suis aperçu de ses habitudes. En rentrant de l'école, je pris moi aussi l'habitude de le rejoindre sur son banc. J'y passais auprès de A. une heure ou deux. Je devisais avec lui comme je l'aurais fait avec quelque ami. Je lui racontais mon dimanche, mes parties de pêche dans les lacs de montagne, lui décrivais la beauté de ma fiancée qui vivait aux Antilles et que j'avais hâte de rejoindre un jour. Mais avant il me fallait finir ma formation. Je lui faisais partager mes lectures. Je lui ai même lu, certains après-midi où l'orage menaçait, des passages de la *Divine comédie*, qui retenait à cette époque toute mon attention de lecteur et de chercheur, puisque j'envisageais d'en faire le point d'appui de mon mémoire sur « Schizophrénie et création ».

« Au milieu du chemin de notre vie, je me trouvai dans une forêt obscure, car j'avais perdu la voie droite, etc. »

Je faisais l'hypothèse qu'à travers des créations délirantes, que ce soit dans l'écriture ou la peinture, les schizophrènes reconstruisaient un monde. Ils se rassemblaient dans leur dispersion. D'où le rôle fondamental de la création dans le traitement de ces malades. Le travail des soignants consistant surtout à leur fournir les moyens de soutenir cette re-création. Et d'apporter, en parallèle, certains éléments d'interprétation qui puissent faire corps avec l'œuvre.

Ainsi le processus d'équilibre était-il à viser, en prenant pour point d'appui ces mécanismes communautaires engagés dans la création. Dans cet ordre d'idée, le dessin du schizophrène était aussi important que le rapport du psychiatre. Tous les deux relevaient du même processus.

Pendant que je faisais ainsi part à A. de mes réflexions, illustrant dans la pratique mes convictions intimes quant à l'accompagnement des malades mentaux, lui ne bougeait pas d'un poil, ne sourcillait pas. Sans réaction. Un jour, j'ai apporté son dossier. Je le lui ai lu, lentement, en expliquant certains mots difficiles : « aphasique », « dysharmonique », « hébéphrénie catatonique », etc. Tout y est passé. Rapport de la sage-femme. Rapport du pédopsychiatre. Notes du médecin. Comptes rendus d'entretiens de l'assistante sociale avec les parents. Extraits de synthèse au pavillon… Quinze ans de mots accumulés que je faisais sonner à ses oreilles comme un verre de cristal. Mais rien ne le délogea de son mutisme pétrifiant. Vers 5 h, lorsque je revenais au pavillon, A. ne me suivait pas, même pas du regard. Par contre, quand, pour l'apercevoir, je jetais un coup d'œil, du pavillon, par la fenêtre qui donnait sur le parc, il avait disparu. Il ne refaisait surface que vers 7 h, heure à laquelle nous était servi le repas.

À plusieurs reprises, j'ai questionné chacun sur ces deux heures d'absence. Mais depuis belle lurette, on ne se souciait plus guère des allées et venues de A. Du moment qu'elles se passaient à l'intérieur des limites. « Il est encore en train de faire des conneries à la cuisine », suggérait l'un. « Il essaie de monter sur le toit », affirmait l'autre. A. en effet adorait grimper sur le toit du château où il se lançait dans un ballet aussi éblouissant que dangereux. Il évoluait en arabesques savantes, ondulait sur la faîtière, disparaissait derrière la pente du toit pour réapparaître en bout de gouttière, à deux doigts du vide. Là il se plantait bien droit sur le bord et se laissait balancer, en avant, en arrière. En bas, tout le monde retenait son souffle.

Nul n'osait intervenir de peur de le faire tomber.

Soudain, il ouvrait tout grands ses bras qu'il déployait comme des ailes, et au moment où tous craignaient le pire, pensaient le voir s'écraser trois étages plus bas sur le balcon de la cour d'honneur, il repliait ses bras et revenait tranquillement vers la lucarne qui lui avait livré accès au toit. Lorsque cette lucarne fut condamnée, il escalada la gouttière sur les trois étages pour y parvenir.

Donc entre 5 et 7 pas de A.

Un beau jour, je trouvais A. accroupi contre le mur. Il grattait les plinthes avec ses ongles. Ce geste, il le renouvelait chaque soir avant de se mettre au lit. Or, ce soir-là, sans doute encore tout animé de l'esprit poétique du Dante dans lequel, pour les besoins de mon mémoire, je venais de plonger pendant deux heures, et aussi, il faut bien le dire, le cœur et l'estomac réjouis par le civet de lièvre que nous avait servi au repas, le cuisinier, ce soir-là donc, en riant je lançais à A. : « Qu'est-ce que c'est cette plainte ? De quoi tu te plains ? » Là, pour la seconde fois, ses yeux d'abeille croisèrent, velours délicat, le champ de mon regard. « Faut pas le dire, l'éduc… »

J'en restai comme deux ronds de flan. Une fois passée l'émotion :

« Mais tu parles ?

– Faut pas le dire, l'éduc… »

Sa voix roulait dans sa bouche, caverneuse, pesante, dense. Elle venait de loin. Puis plus rien. A. partit se coucher. Me laissant décontenancé. Le lendemain, la scène du banc se renouvela. J'avais épuisé la lecture du dossier, et j'allais attaquer, autre ouvrage que je potassais pour le mémoire, *Le guide des voyageurs de l'au-delà*, autrement dit le *Bardo Thödol*, livre ésotérique tibétain écrit vers le VIIIe siècle.

Ce livre merveilleux avait maladroitement été traduit en 1954 par Evans-Wentz sous le titre fumeux de *Livre des morts tibétains*. Je fis part à A. de mon dépit devant cette traduction et surtout les commentaires déplorables qu'y avait ajoutés l'auteur, pétris d'un galimatias ésotérique, où la confusion ne le cédait qu'au ridicule. De plus Evans-Wentz tirait vers le morbide ce monument de sagesse de vie.

« En fait, confiais-je à A., Bar en tibétain, ça veut dire entre ; do, c'est deux ; thö, c'est l'écoute ; et Dol, la libération.

Donc tu comprends, il faudrait traduire : la libération par l'écoute entre deux. Quelque chose comme ça. Ou bien… »

Je stoppai net. A. avait glissé sa main dans la mienne. Il se leva et m'entraîna en direction d'un vieux bâtiment désaffecté qui avait jadis servi d'écurie et abrité une dizaine de chevaux. Il fallait enjamber des paquets de tuiles brisées mêlées à de la terre. Le toit était éventré et avait déversé dans l'écurie, tuiles, poutres, lambris, pêle-mêle.

A., tout en pressant le pas, ne cessait de jeter des regards circulaires, craignant qu'on ne l'épie, sans doute. Tout au fond du bâtiment A. lâcha ma main. Il tira de sa manche de pull une

Exils

bougie et un briquet, et fit de la lumière. Le sol à cet endroit était pavé de ces anciennes terres cuites rouges, les tomettes, qui ont fait la renommée des carreleurs du Sud-Ouest.

A. souleva deux carreaux et dégagea un trou, une niche d'où il tira une boîte de fer blanc légèrement rouillée, frappée aux armes des «Galettes de Pont-Aven».

Il me glissa la boîte sous le bras, en insistant comme la veille: «Faut pas le dire, l'éduc...», tout en roulant des yeux où se lisait le plus grand effroi.

Une fois les carreaux remis en place, A. disparut comme un cabri en sautant allègrement par-dessus les gravats. J'emportai la boîte, en prenant soin de ne croiser personne et m'enfermai dans la chambre de garde pour en explorer le contenu. En l'ouvrant je découvris deux rouleaux de papier WC griffonnés, et même criblés d'une écriture étrange, tracée à l'aide de crayons de diverses couleurs, uniquement en lettres majuscules.

Pour lire le texte, il fallait dérouler l'ensemble.

Je surveillai le repas, mis tout le monde au lit. A. avait replongé dans son mutisme de plomb habituel. Comme si de rien n'était.

Et je passai la nuit à déchiffrer les deux rouleaux.

LES ROULEAUX DE A.

Y'a du monde là-dedans. Du monde. Du beau et du moins beau.

Dans le sac de peau.

Je ne sais ni quand ni comment ils y sont entrés, par quelle faille, quel canal. Peut-être vivaient-ils là avant moi, bien avant que je m'y installe. Ou bien ont-ils fait irruption plus tard, dans la terreur du déjà né? C'est ça. Par un beau matin de printemps, ou une nuit sans lune, ils sont entrés par la lucarne, m'ont houspillé, bousculé, vilipendé: «Pousse-toi de là que j'm'y mette.»

Ou alors, je reviens à mon idée, j'y reviens, après coup, il faut bien envisager toutes les éventualités, il s'agit là d'une question sérieuse, question de vie ou de mort, comme on dit quand on ne sait plus trop qui est soumis à la question. Il faut bien voir à droite, à gauche, peser le pour et le contre, soustraire, abstraire, additionner, compter, couper. Et savoir sur qui compter. J'y étais, j'y fus, j'y entrais après, bien après eux. Ils occupaient les lieux depuis des temps immémoriaux. Ils étaient dans la place et tenaient bon. Il a fallu bagarrer sec, jouer des coudes, et des coups de latte, pour creuser mon trou, m'enraciner.

Que certains d'entre eux, tout ce temps, aient tenu jusqu'à ce jour, solidement arrimés en roc, fiers, debout, bravaches, pérorant, piaffant, et tonitruant, que certains aient persisté, alors que moi, de mon côté, il m'est arrivé à maintes reprises de plier genou en terre, de me faire la malle, de me barrer, m'inclinerait à pencher pour leur présence, enfin, je dis présence, leur occupation du territoire sonnerait plus juste, bien antérieure en tout cas à mon entrée en scène. Encore que j'aie très bien pu, autre hypothèse, profiter d'un moment de leur absence à tous, occupés qu'ils auraient été à quelque obscur conciliabule à l'extérieur, ou même aux frontières, au sujet de quoi, je n'en sais rien, pour me frayer passage.

On n'en sort pas. Le seul fait tangible et palpable, sur lequel il me soit donné de m'appuyer, reste que j'y suis bel et bien, enfin, bel et bien, c'est une autre histoire. J'y suis et eux aussi. On raconte toujours, pour des raisons de commodité, à la réflexion équivoques, l'histoire par le début. Or il me semble à moi, à voir les choses en face, que tout n'a pas commencé par le commencement. Je veux dire par là que le commencement, celui où je faisais mon entrée, ne peut, pour aucun être sensé, sain de corps et d'esprit, être considéré comme le vrai commencement. Je dirai plutôt, pour affiner ce que j'affirme, que je me trouve en présence d'un commencement qui n'en finit pas. Un commencement perpétuel. Pris dans une suite, un lignage, un sillage qui perdurent dans l'espace et le temps.

Ça peut sembler facile comme explication, mais à dire vrai, ce n'en est pas une, c'est un fait. Et ce fait fonde à lui seul la dimension du mensonge. Voilà, le mot est lâché, comme les lions, comme tous les autres. Le mot qui justifie ma présence dans le sac, avec les autres, certains connus, d'autres moins, tous margoulins, trouble-fêtes, sous-fifres, mirlitons de première. Car j'ai omis de dire qu'il en vient de partout et à tout instant. De toute race, toute taille, toute consistance. Des blancs, des noirs, groupés serrés, tous unis, pour quoi donc, grands dieux! si ce n'est pour me piquer la place? Qui va à la chasse la perd. C'est bien pour ça qu'ils n'arrêtent pas de me pousser au-dehors, vers les marges, aux confins des frontières, par des sentes tortueuses, espérant, les diables, que je me rompe le cou en quelque crevasse, ou que je tombe, tout simplement dans une embuscade.

Depuis quelque temps, je sens d'ailleurs qu'ils me houspillent avec plus d'insistance, plus de hargne, prenant prétexte de n'importe quelle futilité de la vie quotidienne, que ce soit la marche à pied, la respiration, ou tout simplement l'exercice de la pensée et du raisonnement. Ils se font pressants: «Va courir ci, va voir ça.»

Je connais le truc. J'y cours, j'y vais voir, pour donner le change. Mais au fond nul n'est dupe, pas plus eux que moi. D'où le mensonge. Chacun ment à l'autre et se ment à lui-même. Quelle ambiance! Le premier dont je me souvienne, mais était-ce le premier? c'est le Vortex. Si je l'affuble de ce mot, c'est qu'il suscite un certain nombre d'idées et d'images, dont l'ensemble ne peut être énuméré de façon exhaustive, par exemple, le tourbillon, le maelström, la goule, le spire, la galaxe, le strident, le perçant, le crissant, le sifflant...

J'avais dû m'assoupir, dans la moiteur de l'après-dîner qui berce l'estomac, et libère l'esprit de ses attaches matérielles, pour un voyage vers des terres lointaines, quand, soudain, sans crier gare, il m'est tombé dedans. Dedans littéralement. Il préparait sûrement son coup depuis belle lurette, en fin stratège, observant l'avancée de mon assoupissement, ou bien sur foi d'espions qu'il avait envoyés au front, en avait déduit un plan d'attaque, une politique d'infiltration. Il a pu faire irruption aussi bien par l'oreille que la fontanelle. De toute façon, il ne demeure aucune trace historique de sa percée, aucun texte de l'époque qui puisse en témoigner à ce jour. Peut-être, dans un avenir plus ou moins lointain, quelque scribe studieux, fouillant les archives d'époque, ramenant au jour les monuments enfouis, tombera-t-il sur un indice, un signe, une trace qui lui fera déduire le lieu et l'heure de l'effraction. En attendant, à ce jour, il faut se contenter d'avancer quelques hypothèses. Mais rien ne permet de trancher pour l'une plus que pour l'autre. J'aimerais, par naïveté et simplification extrême de l'esprit, opter pour son passage par l'oreille droite, quoique – j'insiste – rien ne l'atteste. C'est pure supputation de ma part. Et sans doute suis-je guidé par mon penchant à sortir en toutes circonstances de l'indécision, fût-ce au prix de m'en remettre à la fortune. Tout dans l'homme n'est-il pas livré à la fortune ? Certes, ce point a son importance, mais en fin de compte, il ne change rien à l'affaire. Il est entré dans le sac. De cela au moins, je suis sûr. Il est entré en trombe. En tournoyant sur lui-même à une vitesse folle, tel un astre qui aurait perdu son sens de la gravitation, et irait s'écraser sans jamais s'écraser, éternellement, dans le vide interstellaire. Ce dont je me souviens, et rien que ce souvenir ravive en moi une souffrance intolérable, c'est de cette sensation de brûlure intense qui m'a aussitôt taraudé la chair. Un ballon, s'il pouvait parler, mais les ballons n'ont pas de bouche pour ça, c'est bien connu, exprimerait une semblable perception lorsqu'on le perce avec une aiguille. Il a surgi de nulle part, et de partout, c'est la même chose. Ce fut effroyable.

Il tournait à grande vitesse sur sa pointe acérée. Son corps, mais peut-on parler de corps face à un tel phénomène, vibrait d'étincelles d'acier, sans doute des lames de rasoir, pour ouvrir la voie une fois la percée faite. Son corps – admettons – froid, métallique et sonore à la fois. Je dis sonore parce que ce qui m'a le plus surpris, c'est que ce corps d'acier tenait en même temps de la voix humaine.

Mais une voix chauffée à blanc, poussée en ses stridences les plus extrêmes, une voix se déplaçant rapidement, sifflante et cisaillante. Et ça rentrait en moi comme dans du beurre. Sous la peau, l'être ; la peau, elle scie. Et ça faisait sauter les chairs, comme le menuisier fait valser les copeaux sous le passage de son rabot. Et ça giclait. Après quoi, comme si de rien n'était, le trou s'est refermé sous son passage. L'envahissement avait opéré. Et il était là prisonnier autant que moi finalement. Depuis, bien sûr, j'ai appris à l'apprivoiser. J'ai visité, sous sa conduite, son monde. C'est un monde entièrement construit de colère. Parfois, j'en viens même à le plaindre. Tout en me tenant à distance respectueuse, à cause du cri et des rasoirs.

Il y en eut d'autres, bien d'autres, pour m'envahir l'espace.

Chacun à sa façon, chacun avec sa dureté ou sa délicatesse.

Citons pêle-mêle (j'y reviendrai, car chacun a une histoire singulière): le Chroniqueur, le Mirador, l'Imitateur, le Fouineur, le Puisatier, le Sermoneur, pour le masculin, et du côté du féminin, la Belladone, la Psyché, la Matrone, la Pompadour, la Sylvie, la Commère, la Trouée… Je dis masculin, et féminin, encore que le mot soit bien inadéquat. Je mesure la difficulté de rendre compte de leurs qualités intrinsèques à chacun. Il y faudrait ajouter de la couleur, des bruits, des gestes, des figures, des diagrammes. Je dis homme, je dis femme, par commodité, sans quoi la vie serait indescriptible.

Je passai la nuit à décrypter ces deux rouleaux. Le lendemain, à l'heure du banc, je rejoignis A. et lui rendis sa boîte enveloppée dans du papier journal. Il partit discrètement la remettre dans sa cachette, au fond de l'écurie désaffectée. Et revint s'asseoir sur le banc. Il me fixa de ce regard qu'il avait eu à deux reprises, doux comme un duvet: «Bardo Thödol, libération par l'écoute de ceux qui sont restés coincés dans l'entre-deux… Faut pas le dire, l'éduc…»

Brusquement, il s'arracha au banc, courut comme un dératé jusqu'à la porte de la poterne. Cinq minutes plus tard, il était sur le toit. Il ne se lança pas dans cette danse qu'il nous avait donnée à voir si souvent. Pas d'arabesque, pas d'entrechat. Il fila tout droit jusqu'à la gouttière de zinc, et là, ouvrant tout grand les bras, dans un saut prodigieux, se lança dans le vide.

Le sujet dans tous ses états

«*Dans une chambre en hiver, près d'un poêle allumé, un bonhomme de philosophe ayant assez guerroyé pour concevoir des soupçons sur la philosophie qu'on enseigne à l'université, s'enferme à double tour pour reconstruire le monde qu'il a vu si troublé. Il a traîné ses guêtres dans les campagnes militaires de la guerre de Trente Ans, peut-être a-t-il envahi Prague avec les armées suédoises, il en a beaucoup vu, un peu trop. Il est las. Il veut de l'irréfutable, et surtout, aucune illusion. Il va construire sa pensée en solitaire. Il s'enferme, arrête le temps, réfléchit. Où est l'indubitable?*»

Catherine Clément, *La putain du diable.*

La notion de sujet s'est tellement usée dans le champ socio-éducatif que parfois nous en perdons le sens. j'ai eu à cœur ici de restituer ce concept central du travail éducatif dans sa perspective historique. On le verra passer du champ de la philosophie à celui de la psychanalyse, après bien des pérégrinations. Concept qui étaie la clinique éducative, le sujet n'est pas la personne, ni l'individu. Le sujet est, nous allons le voir, le mode de naissance de l'humain dans la collectivité, son avènement dans l'espace social, ce qui lui donne une place de «un parmi d'autres». Le sujet est un processus produit par l'opération du langage. Le sujet est donc naissance et renaissance permanentes. Il est ce par quoi un être humain se fait naître sans cesse.

Le sujet dans tous ses états

La réflexion qu'inaugura René Descartes en ces années sombres du milieu du XVIIe siècle, qui voient l'Europe à feu et à sang, est toujours vivante, parce qu'elle touche à l'essence de l'homme. Elle touche au vif du sujet.

La notion de sujet est une invention philosophique datable de cette époque. C'est un concept qui évolue, au fil d'une épistémé en mouvement, toile de fond sur laquelle se construit l'explication de l'homme par l'homme. D'une vision du monde autocentré, formé par la magie du nombre et la répétition des rythmes au Moyen Âge, à une représentation éclatée de l'univers postmoderne qui est le nôtre, il y a un long cheminement de la pensée occidentale, fait de ruptures et de continuités, qui passe par Descartes, pour aboutir à des élaborations aussi hétérogènes en apparence que celles de la psychanalyse telle que Jacques Lacan en construisit les coordonnées, ou bien de la physique nucléaire. On pense dans son siècle, sur un fond conceptuel déjà déterminé.

Descartes intervient dans ce moment de l'histoire où l'ancien monde bascule sur son axe, pour livrer naissance à l'homme nouveau. Dans tous les domaines où s'exerce la pensée, que ce soient les arts, la philosophie, la politique, nous assistons à des bouleversements. La pensée du Moyen Âge, comme en témoigne encore l'ouvrage, publié tardivement en 1556, signé de Bertrand de Glanville, et portant ce titre savoureux: *Le grand propriétaire de toutes choses très utiles et profitables pour tenir le corps en santé*, est entièrement organisée par un ordre du monde préréglé et fermé, où le chiffre est roi.

Les premiers signes d'une nouvelle épistémé, d'une nouvelle vision de l'homme et du monde, apparaissent au XVIe siècle, en cette époque que l'histoire a repérée comme porteuse d'une certaine renaissance. Ainsi en va-t-il en Italie pour un sculpteur et architecte comme Brunelleschi, qui dans la foulée de Giotto met au point la perspective, et modifie durablement les conceptions architecturales en y introduisant la notion de projet. Le dôme de Santa Maria del Fiore à Florence témoigne de cette naissance d'un nouveau monde. L'architecture n'obéit plus à un ordre issu du discours religieux, elle intègre une certaine projection de l'homme dans l'avenir, elle met ce projet en perspective, et place en l'homme une capacité d'autodétermination. Alberti et, un peu plus tard, Léonard de Vinci ne feront qu'en tirer les conséquences et formaliser la découverte de Brunelleschi. Il est normal que la même époque voit poindre des explorateurs du lointain tels que Christophe Colomb ou Vasco de Gama, qui mettent en œuvre dans une dimension géographique ce que les architectes italiens, inventeurs du concept de projet, lancèrent peu avant dans un espace réduit.

Dans un autre domaine, des chercheurs comme Giordano Bruno, Copernic et Galilée mettent radicalement en cause les constructions de l'univers telles que l'Église en fit dogme. On sait quel prix il leur en coûta: Bruno fut brûlé vif et Galilée dut se renier. Pour ces explorateurs de l'univers, la terre n'est plus le centre du monde, comme le pensaient leurs prédécesseurs, mais elle tourne autour du soleil. Ce bouleversement dans l'espace sidéral et cosmique, qui nous fait passer d'une représentation géocentrique à une représentation héliocentrique, est le signe d'un certain nombre de décentrages, dans la conception de l'univers, de l'homme et de la société. C'est toute la pensée du centre comme cause organisatrice de la pensée qui est touchée: si la terre n'est pas le centre de l'univers visible, Dieu n'occupe plus le centre de l'univers invisible, et le Roi, désigné de droit divin, n'est plus le centre de l'univers social, ce que la Révolution française mettra en acte deux siècles plus tard. Une nouvelle conception de l'espace se fait jour. D'un espace colonisé par la pensée religieuse hiératique, on passe à un espace modulable par l'homme, un espace où l'homme projette ses propres représentations. Et, bien sûr, une nouvelle conception du temps l'accompagne. La notion de projet, dont l'étymologie nous signale la première occurrence en 1480, avec le sens d'éléments architecturaux, tels les balcons, placés en avant des bâtiments, introduit une modification radicale de la conception du temps. On passe d'un temps cyclique qui rythme la vie du Moyen Âge, réglé par les calculs savants des computs, à un temps linéaire, en progression, où l'inconnu est

Le sujet dans tous ses états

sans cesse devant soi, à apprivoiser. Le temps du projet qui naît au détour de la Renaissance place l'homme au cœur de son développement. Il peut penser le temps à venir et le construire dans un projet. L'homme devient être de choix, mais du coup aussi d'incertitude. Les questions s'ouvrent, et le temps est venu, dans ce contexte en plein bouillonnement, de se poser des questions sur l'être de l'homme lui-même. Si le centre de l'univers s'est déplacé du cœur du monde au cœur de l'homme, alors qui est cet être que je suis? Sur quel fondement de certitude reposent ma vie et ma pensée. Je ne suis plus pensé par les dogmes de l'Église, je pense par moi-même. Je suis actif dans ma perception et ma pensée du monde. Descartes ouvre du coup la voie à cette notion très moderne de liberté.

De quoi puis-je être assuré? se demande Descartes dans son poêle. Si l'on reprend la démonstration du philosophe, la réponse n'est pas simple. En effet, ces passants dans la rue que je suis par la fenêtre, qui hâtent le pas, pressés par la pluie fine de printemps, ne sont peut-être que des habits agités de soubresauts par quelque automate mécanique. Il ne faut pas se fier aux apparences. Ou peut-être que je rêve! On peut toujours se pincer. Mais qu'est-ce qui prouvera qu'on ne rêve pas que l'on se pince? Même si le grand Novalis affirme que «quand on rêve que l'on rêve, on est près de s'éveiller», qu'est-ce qui fonde la différence entre le rêve et la réalité? Qu'est-ce qui est vrai? Entre les ombres qui s'agitent sur les murs de la caverne de Platon et le monde des idées claires, où est le passage? Qu'est-ce qui peut m'assurer que l'un soit plus vrai que l'autre?

Et après tout, peut-être qu'un malin génie m'a envoûté et a ensorcelé le monde. Il est alors permis de douter même de ce que les convenances nous font appeler «la réalité». Cette réalité ne serait-elle qu'un artifice suscité par le charme d'un esprit malin? Ne sommes-nous, hommes apparemment faits de chair et de sang, que les ombres projetées d'un mauvais esprit? C'est en suivant le fil de ce raisonnement, dont j'essaie ici de retrouver le chemin, que Descartes tombe sur un noyau dur. Au bout du compte, je peux douter de tout, sauf du fait que je suis en train de douter.

Que reste-t-il comme certitude quand il ne reste rien ? Il reste : moi, je. Il y a face au monde et à moi-même un acte indubitable de pensée, que Descartes exprime dans la langue latine, *cogito* : je pense, je réfléchis, je médite. Cette pensée, pensée du monde ou pensée sur soi, est pensée de quelque chose : pas de pensée sans objet. Mais elle renvoie du coup à celui qui pense : pas de pensée sans sujet. Même si l'objet de la pensée n'a pas la garantie de l'existence, nous l'avons vu, il peut être rêvé ou être l'invention chimérique d'un génie malin, le sujet qui pense existe. Pourquoi alors ne pas conclure à l'existence de l'esprit malin, capable de me duper et de me faire croire que c'est moi qui pense ? Parce que Dieu existe, et existant il est garant de mon existence de sujet et de celle du monde qui m'entoure. Le cogito est finalement sous-tendu par un acte de foi, qui en assure le *happy end*.

Il me semble cependant, en reparcourant à ma façon le chemin de Descartes, que deux failles apparaissent dans son raisonnement. La première est de nature ontologique. Quand je pense, je suis. Mais qu'en est-il de l'être lorsque je ne pense pas, que je rêve, que je suis évanoui, que je meurs ? Qu'est-ce qui m'assure d'une permanence de l'être, de ce qui dure dans l'être ? L'homme qui s'éveille est-il bien le même que celui qui s'était endormi ? C'est bien sûr à cet endroit que Descartes a recours à un artifice qu'il faut bien dénoncer. À la place du malin esprit, il met Dieu, le maître du temps, le maître de l'infini. Puisque de l'idée d'infini, je ne puis être la cause, il faut bien qu'un être supérieur la garantisse. Évidemment, il y a là un premier creux dans la pensée du cogito où la critique ne manquera pas de se loger. La dernière en date vient de la linguistique : après tout, « Dieu » est un signifiant comme un autre, qui fait fonctionner un certain nombre de représentations. Rien ne garantit dans la réalité un référent qui lui corresponde, même si la proposition est grammaticalement correcte. Un fou peut bien se promener en assurant à qui veut l'entendre qu'il est Napoléon, on n'est pas en droit de le croire, car il n'y a pas, dans le monde de ce sujet, de réalité qui corresponde à ce signifiant. On pourrait ainsi reprendre l'argumentation du cogito en poussant le doute jusqu'en ses ultimes conséquences. Même si la cause divine m'est bien utile pour trouver enfin un socle de certitude, si j'essaie de m'en passer que reste-t-il ? Il reste que je suis en train de l'écrire. Il reste qu'un être de lettre apparaît dans le monde à cet instant, il reste que je puis dire je et l'écrire, et que ce je-là est mis en jeu par un jeu d'écriture. Le sujet est ici une création langagière, je suis fait (et refait) de mots. Mais en dehors de ces mots qui suis-je ? Et voilà que je bute sur un obstacle, et que je ne puis que répondre « rien », puisque tout ce que j'en voudrais exprimer, je ne pourrais le faire que dans le langage. Il y a donc ce que je pense, ce que j'écris, et ce que je suis. Ce que je pense, visiblement je ne le suis pas, et ce que je suis, je ne le pense pas. À la rigueur, comme le conseille Lacan, je peux écrire le cogito cartésien, sous cette forme : « Je pense : donc je suis. » Et du coup rien ne m'assure de l'existence, sauf à en faire l'épreuve et le pari à chaque instant. Je est un être de langage, un parlêtre, dit Lacan.

La deuxième faille que l'on pointe dans le raisonnement de Descartes est bien connue, elle est d'ordre logique : c'est le solipsisme du raisonnement. De quelle nature est ce sujet qui se prend lui-même pour objet de pensée ? Et que penser du processus réflexif qui lui permet de s'appréhender soi-même ? La question est de taille.

Exprimée au pied de la lettre, on voit la certitude se décomposer : qui est ce je qui prend le moi pour objet de connaissance ? Et l'on voit alors apparaître deux instances, que la pensée freudienne saisira au bond : le moi et le je. « Le moi n'est pas maître en la demeure », affirme Freud. Quant à Lacan, faisant retour à sa façon à la pensée freudienne, il affirme : « Là où je pense, je ne suis pas. Là où je suis, je ne pense pas. » L'aboutissement logique du cogito n'est-il pas cette division du sujet, cette incomplétude de l'être, cette faille au cœur de l'homme, ce manque fondamental, que la pensée moderne, frappée au sceau de la barbarie des camps de la mort nazis, déstabilisée dans ses certitudes par les faillites de la science et de la technologie (Tchernobyl, le sida qui résiste...) découvre au firmament d'un millénaire finissant, qui inaugure une vision renouvelée du sujet et du monde, comme essentiellement frappé à tout jamais d'inconnaissance? Il y a au bout du compte, dans le sujet, quelque chose qui nous échappe. Quelque chose qui échappe, voilà une autre façon de désigner l'inconscient freudien. Le sujet est troué par cette échappée : je est un autre. Et finalement, la signification du moi demeure par essence une énigme. « Qu'en conclure au point où nous en sommes ? » questionne Guy Le Gauffey, dans son étude consacrée à *L'incomplétude du symbolique, de René Descartes à Jacques Lacan*. « Sinon que ce que nous avons relevé comme impossibilité de figuration pour l'ego n'est pas exactement du même ordre que l'interdit portant sur une représentation qui n'aurait pas d'objet mondain, et qu'à s'obnubiler sur cet interdit (avec tout son inévitable arrière-plan religieux), on note ce qui a trait à l'impossibilité. Ego est un nom de Trou ; ajoutons maintenant : relativement aux "idées", c'est-à-dire aux figures prises dans le jeu représentatif. »

Il semblerait qu'à cet endroit de la pensée cartésienne, quelque chose reste indécidable, indéfiniment ouvert. Voilà sans doute pourquoi l'aventure du cogito constitue non seulement un moment inaugural de la réflexion philosophique moderne, mais aussi un haut lieu de la pensée, d'où ne cessent de repartir les successeurs de Descartes. Si le cogito est une source pour la pensée, c'est que de cette source jaillit un questionnement incessant. Le cogito, en mettant l'accent sur l'être de l'homme, ne le laisse pas tranquille. Car la question « qui suis-je ? » appelle un mode de réponse qui ne peut aboutir. Je, dont Rimbaud a beau jeu de célébrer qu'il est un autre, est à la fois le lieu de la question et l'énigme qui la supporte. Dans ce retour sur soi, dans ce retournement impossible, on sait par quel procédé Descartes s'en sort : il se livre pied et poing liés, au mouvement bien connu d'une pensée en miroir ; je pense que je pense que je pense... Un peu comme dans ces images de notre enfance où, sur des boîtes de vache-qui-rit, s'alignaient des perspectives de joyeux bovins, avec à l'oreille une boîte de vache-qui-rit, etc. Cela donne le vertige. Il n'est pas étonnant que Descartes tombe alors sur la question de l'infini. Mais l'infini n'est-il pas, dans le raisonnement cartésien cette pensée construite par l'imaginaire, dont les manipulations virtuelles de nos ordinateurs nous révèlent la substance, cette pensée telle qu'on peut la voir figurée par deux miroirs face à face qui «réfléchissent» à l'infini? La réflexion de Descartes ne serait-elle qu'illusion d'optique? Les travaux du philosophe sur la matière tendant à représenter le monde physique et biologique comme un enchaînement exclusif de cause et d'effets; sa conception d'un vivant mécanique étalonné à l'aune de l'animal-machine; ses travaux sur l'optique, où il débouche sur les lois qui portent son nom, de la réflexion et de la réfraction de la lumière, sont là pour nous donner à voir les conséquences ultimes d'une pensée qui ne peut se dégager d'une conception de l'homme et de l'univers, dont le parangon est la maîtrise. Descartes, homme de son temps, fait écho à ces paroles que son contemporain, le dramaturge Pierre Corneille, met dans la bouche de son héros Britannicus: «Je suis maître de moi, comme de l'univers.» Descartes ne peut interroger, malgré son honnêteté, le processus de pensée qui l'amène à conclure le cogito. L'eût-il interrogé, qu'il eût vu s'ouvrir un gouffre sous son pas. En effet qui (ou qu') est-ce qui pense que je pense et que je suis? Il faudra attendre l'invention freudienne de l'inconscient pour ouvrir la brèche. C'est d'ailleurs sans doute le plus grand scandale provoqué par le père de la psychanalyse que d'avoir révolutionné, comme Copernic et Darwin en leur temps, la conception de l'homme et du monde, en présentant à l'aube du XXe siècle la figure d'un être déchu, en exil, décentré de lui-même et de l'univers, jouet de forces qu'il ne maîtrise pas, fabrication shakespearienne, toute de bruit et de fureur, né de cette machinerie, voire de cette machination, que constitue l'appareil à penser du langage.

Voilà pourquoi Descartes est et demeure un phare de la pensée moderne. Sa pensée constitue la pierre de touche à partir de laquelle ne cesseront de proliférer des questionnements multiples. Écrivains, philosophes, penseurs, artistes s'y sont attelés à sa suite. Et chacun de produire, comme je le tente ici, son propre cogito. Le cogito apparaît ainsi comme une histoire sans fin, une métaphore de la condition humaine : l'homme ne serait-il pas finalement cette question qu'il se pose sur soi et sur le monde, et qu'il ne peut résoudre ?

Trois siècles après Descartes dans l'Allemagne pré-hitlérienne de 1931, Husserl parcourt le même chemin dans ses *Méditations cartésiennes*. Lui aussi essaie de construire du solide. Il débouche sur la notion d'ego transcendantal, sorte de conscience pure, abstraite de toute détermination empirique. Il inaugure la méthode de «l'époqué» qui consiste, dans la foulée de Descartes, à suspendre tout jugement concernant la réalité du monde. Le sujet peut alors s'accomplir soi-même, grâce à une méditation adressée, non de soi à soi, mais «au moi vivant dans le monde». La suspension du jugement intervient dans ce moment précis de relation de la conscience avec elle-même. Ce que Husserl appellera plus tard «la réduction phénoménologique». On pourrait encore citer de nombreux épigones de la pensée cartésienne, considérer comment le concept de sujet, invention de la modernité s'il en est, évolue en passant chez Kant, Hegel, Heidegger... Mais pour ne pas alourdir la démonstration, nous en retiendrons quatre : un philosophe, Sartre ; un ethnologue, Claude Lévi-Strauss ; et deux psychanalystes déjà cités : Freud et Lacan.

La traduction que Sartre donne du cogito porte sur l'essence de la liberté : j'ai peur d'être libre, je ne peux pas faire autrement, donc je suis. «L'homme, affirme Sartre, est d'abord un certain projet qui se vit subjectivement. Rien n'existe préalablement à ce projet : l'homme sera d'abord ce qu'il a projeté d'être.» Ce à quoi Merleau-Ponty fait écho lorsqu'il déclare, dans sa *Phénoménologie de la perception*, que «le monde est inséparable du sujet, mais d'un sujet qui n'est rien que le projet du monde et le sujet est inséparable du monde, mais d'un monde qu'il projette lui-même». La garantie est maigre, et elle repose au bout du compte, comme pour Descartes, sur un acte de foi, même si elle est illustrée, de l'avis du père de l'existentialisme, par la vie d'un écrivain comme Jean Genet. L'homme, au bout du compte, serait auto-engendré. Alors qu'en est-il de la liberté et de l'être du fou ? Qu'en est-il de la liberté et de l'être dans la pensée sauvage, pour un aborigène, dont l'être renvoie avant tout à sa place dans l'espace social? Le retour du colonialisme et de l'ethnocentrisme de la pensée occidentale, ses interventions de réification des sujets et des cultures différentes, le génocide orchestré scientifiquement d'une partie de l'humanité lors de la dernière guerre mondiale, mettent en pièce cette pensée totalisante et somme toute totalitaire dans ses effets.

Pour sa part, à la fin de *Tristes tropiques*, Lévi-Strauss, sans citer Descartes, formule à son tour un doute, empreint d'amertume sur cette globalité sans faille du sujet: «Pourtant, affirme-t-il, j'existe. Non point certes comme individu: car que suis-je, sous ce rapport, sinon l'enjeu à chaque instant remis en cause de la lutte entre une autre société, formée de quelques milliards de cellules nerveuses abritées sous la termitière du crâne, et mon corps, qui lui sert de robot? Le moi n'est pas seulement haïssable: il n'y a pas de place entre un nous et un rien.» L'in-dividu s'avère finalement divisé. Alors il ne reste plus au sceptique qu'à s'abîmer suavement, dans les seuls objets de compensation et d'«unique faveur» que constitue la contemplation du monde, celle «[...] d'un minéral plus beau que toutes nos œuvres... d'un parfum, plus savant que nos livres... ou d'un clin d'œil alourdi de patience, de sérénité, et de pardon réciproque qu'une entente involontaire permet parfois d'échanger avec un chat [...]». Après la mort de Dieu, annoncée par Nietzsche, voici la mort de l'homme.

L'ethnologue, qui inaugure son récit-totem par cette phrase terrible: «Je hais les voyages et les explorateurs», épouse la philosophie (mais est-ce une philosophie?) bouddhiste. Le monde est une illusion créée par la Maya (encore un esprit malin), le monde est souffrance parce que nous ignorons cet état de fait. Le monde est en feu, lance le Bouddha, dans son discours du parc aux cerfs, il y a 2 500 ans. Le monde est en feu à cause du désir, de le changer ou d'en changer. Tant que l'homme est dans l'ignorance de l'illusion, il se croit libre. Il n'est libéré que de s'anéantir comme sujet. C'est en cela que le bouddhisme n'est pas une philosophie, mais une pratique mystique. Supprimons le désir de l'homme, prône toute mystique, et il épousera le grand tout, qu'on le nomme paradoxalement Dieu ou néant. L'homme en souffrance redeviendra alors ce qu'il est vraiment : une goutte d'eau fondue dans l'océan de l'univers.

Freud, lui, propose une version germanique du cogito : *« Wo es war, soll Ich werden. »* C'est une phrase qui a fait couler beaucoup d'encre. Pour la comprendre, il faut tout prendre en compte, y compris les qualités graphiques des lettres. Ainsi, que le *« es »* soit écrit en minuscule et le *« Ich »* avec une majuscule doit imposer un sens. Mot à mot, la phrase est simple « Là où ça était, il faut que Je advienne. »

Freud donne ici la formule de ce que nous annoncions précédemment, à la suite de Jacques Lacan, comme division du sujet. La seule voie ouverte par la psychanalyse est de se reconnaître comme « soumis » (ce serait sans doute la traduction la plus fidèle du *subjectum* latin, autrement dit, étymologiquement : jeté dessous, d'où est issu notre sujet), soumis à l'ordre du langage, soumis à ce que Lévi-Strauss avait déjà dégagé sous l'instance du symbolique, soumis à une combinatoire et à un ordre du monde qui lui préexistent, du fait du langage. L'inconscient est cette instance qui naît de la collusion du vivant biologique avec l'appareil à penser qu'est le langage. Le langage, comme espace de représentation, construit un monde et une réalité, qui ne cessent, dans l'instant où l'homme parle, de le séparer du réel. Le langage, mis en acte sous l'espèce subjective de la parole, est en soi une opération de division, mais une division qui ne tombe pas juste : il y a un reste, c'est l'inconscient. Puisque tout acte de langage exhausse un signifiant et refoule un signifié, le sujet qui supporte cette opération s'en trouve à chaque instant divisé, entre ce qu'il est et ce qu'il pense. Ce que la pensée lacanienne désigne sous le terme de sujet est le résultat de cette opération de division. Ces forces, nées de la confrontation du psychique et du somatique, « à la frontière », nous dit Freud, les pulsions, la psychanalyse, dans une pratique qui la sépare radicalement alors de la philosophie, propose à l'homme de les assumer tout en s'en détachant, en les faisant advenir au langage. Dans ses *Nouvelles conférences sur la psychanalyse*, Freud pourra alors faire appel à la métaphore de l'assèchement du Zuiderzee par les Hollandais, gagnant sur des terres fertiles. Là où sont les marais du «ça», que gagnent les terres arables du «Je», mais au prix d'un assèchement. Autrement dit, plus le sujet tente de se libérer des forces de l'inconscient, et plus il s'aliène au langage. Plus il se veut libre et plus il s'enchaîne. Le langage, et son exercice singulier dans la parole et l'écriture, singulier au sens où aucun sujet ne peut en faire l'épreuve à la place d'un autre, le langage donc produit sans cesse cet assèchement. Le langage est le signe de l'exil permanent. En tant qu'êtres parlant, nous sommes tous des exclus, exclus du monde du tout, verts pâturages de l'enfance ou paradis perdu. L'être parlant qu'est l'homme, et qui produit un sujet déhiscent, est assigné à résidence dans son seul lieu de vie: celui de la parole et du langage. Mais évidemment, ici j'anticipe sur les prolongements que Jacques Lacan apportera à la pensée freudienne. Freud ne pouvait formuler sa pensée en l'espèce, parce que, pour penser ainsi, il faut avoir recours aux outils conceptuels de la linguistique moderne telle qu'elle naît avec Ferdinand de Saussure au début de ce siècle, recueillie par ses élèves en 1913 dans son *Cours de linguistique générale*. C'est à partir de ces apports fondamentaux que Lacan reprendra la route du cogito, en se contentant, comme je l'ai déjà laissé entrevoir, de modifier la ponctuation de l'énoncé. Il en donne alors deux versions: «Je pense: "donc je suis"» et «Je suis celui qui pense: "donc je suis".» Entre le «je pense» et le «donc je suis», s'ouvre un abîme. Voici revenu le temps de l'incertitude et de l'indécidable, que Descartes croyait enfin combler. Voici revenu l'ère du soupçon. Le Malin génie, le retour. Rien ne tient. Entre «je» et «je», s'ouvre la faille. Si je pense que je pense, alors qui suis-je, qui est ce je, qui ne cesse de se diviser en permanence? Retour à la case départ. Le cogito est remis en jeu.

Dans un petit ouvrage paru en 1993, consacré à *L'éthique (essai sur la conscience du mal)*, le philosophe Jean Badiou remet une fois de plus sur le métier la question du sujet, «centrale depuis Descartes». L'homme existe-t-il? s'interroge Badiou.

Michel Foucault déjà, en son temps, avait fait scandale en énonçant que l'Homme avec un grand H, conçu comme sujet, est un concept historiquement daté, produit de la culture à partir d'un certain registre de discours, et non une référence intemporelle, un maître-étalon de la valeur humaine, fondement des droits et de l'éthique. Le discours qui lui donnait forme étant en voie de désintégration, que reste-t-il du concept? Dans la même veine, Louis Althusser affirmait que l'histoire n'était pas, contrairement à ce que pensait Hegel, le devenir absolu de l'Esprit, sorte d'avènement au firmament de la modernité d'un sujet-substance, mais un processus rationnel réglé, qu'il nomme «un procès sans sujet». Du coup, l'humanisme n'est plus qu'une construction imaginaire qui se dégonfle comme une baudruche. Jacques Lacan, on l'a vu, pour sa part, en distinguant absolument le Moi et le Sujet, achève l'entreprise de démolition du concept. Si sujet il y a, il n'a aucune substance, aucune nature. Le sujet lacanien dépend des lois contingentes du langage, et de l'histoire, toujours singulière, précise Badiou, des objets du désir. Il n'existe aucune norme dont puisse se soutenir l'idée d'un sujet humain dont la philosophie aurait pour tâche de définir les droits et les devoirs. «Ce qui est ainsi contesté, conclut Alain Badiou, c'est l'idée d'une identité, naturelle ou spirituelle de l'Homme, et par conséquent le fondement même d'une doctrine éthique.» Reste alors en l'homme, au-delà de l'animal vivant, du fait d'être mesuré à l'aune du langage, quelque chose d'indestructible, qui se révèle en des événements limites. «Ce que nous avons enduré, dit un rescapé des camps de la mort, aucune bête n'aurait pu le supporter.» Varlam Chalamov, dans un récit poignant (*Récits de la vie des camps*), en déduit que là est l'Homme dans ce qui fait qu'il s'agit d'une bête autrement résistante que les chevaux, non par sa constitution physique plutôt fragile, mais par son obstination à demeurer ce qu'il est, autre chose qu'un mortel. C'est dans cette identité d'homme comme immortel que prend racine la subjectivité. Ainsi constitué comme immortel, l'Homme se soutient de l'incalculable, et de l'impossédé, il naît chaque jour de la rencontre avec l'incertitude et l'innommable. L'éthique, que

Lacan, dans son séminaire de 1959-1960, définit comme éthique du bien dire, indique le lieu de la responsabilité subjective, le lieu de la parole où naît et renaît sans cesse un sujet à l'endroit du signifiant, comme pur effet de la rencontre avec le réel. Le sujet est appelé, par la force d'évocation du langage, à se faire naître à chaque instant. Et j'en conclurai provisoirement avec Bertrand Ogilvie[1], auteur d'un ouvrage sur la formation du concept de sujet chez Lacan, que le «sujet transcendantal» c'est l'Autre, «le lieu transcendantal est situé dans l'Autre». Par Autre, Lacan désigne le principe d'altérité du langage. S'il y a une fonction transcendantale, le sujet n'en est pas le principe, tout au plus en est-il l'effet. Rimbaud le disait bien, à tout jamais «je est un autre». Insaisissable énigme fichée au cœur de l'homme, dont l'être même se soutient de ce point d'obscurité et d'inconnaissable. Si le nom de cette énigme est le désir, alors «pour nous le sujet a à surgir de la donnée des signifiants qui le recouvrent dans un Autre qui est leur lieu transcendantal par quoi il se constitue dans une existence où est possible le vecteur manifestement constituant du champ freudien de l'expérience, à savoir ce qu'il appelle le désir». L'envers du désir, c'est le désastre, ce qui tente de constituer une vérité comme puissance totale. Il semblerait que trois cents ans d'élaboration philosophique nous conduisent à cette évidence: le sujet est pas-tout, et c'est en prenant en compte cette incomplétude même qu'il peut advenir comme humain. Mais l'expérience vitale du sujet n'est jamais accomplie une fois pour toutes, elle est à remettre sans cesse sur le métier. Comment le sujet répond, dans le langage, de ses actes, et de ce qui lui arrive à chaque instant, dans l'imprévu, l'inconnu et l'indécidable, voilà ce qu'il reste d'une subjectivité que cinq siècles d'histoire et de tourment, cinq siècles de lumière et d'obscurité, ont fait voler en éclats. En cette fin de millénaire, le sujet se fait «acéphale, ruine de l'âme», comme le précise Georges Bataille: «Au-delà de ce que je suis, je rencontre un être qui me fait rire parce qu'il est sans tête, qui m'emplit d'angoisse parce qu'il est fait d'innocence et de crime: il tient une arme de fer dans sa main gauche, des flammes semblables à un sacré-cœur dans sa main droite. Il réunit dans une même éruption la naissance et la mort. Il n'est pas un homme. Il n'est pas non plus un Dieu. Il n'est pas moi, mais il est plus moi que moi : son ventre est le dédale dans lequel il s'est égaré lui-même, m'égare avec lui et dans lequel je me retrouve étant lui, c'est-à-dire monstre.»

Dans la construction des cartes, les anciens cartographes avaient coutume d'inscrire, là où ils débouchaient sur des territoires inconnus : «Ici commence le territoire des dragons.» Il y aura toujours en l'homme un territoire des dragons, car c'est ce qui le fait humain, et parfois trop humain. Le sujet n'est pas, il se fait et se défait, dans une topologie complexe où prennent place l'autre et son discours. Sujet et sens n'existent pas en soi. Ils se produisent et se reproduisent dans l'avènement et l'événement du discours. «*In initium erat verbum*», affirme l'évangéliste saint Jean. Avant tout, il y a la parole. «*Et verbum caro factum est*», poursuit-il. Et la parole a pris corps.

NOTE

1. B. Ogilvie, *Lacan. La formation du concept de sujet*, Paris, PUF, 1987.

Le trou bleu[*]

> « *Ne m'ont-ils pas, pour mieux m'exclure,
> attribué leurs rêves inimaginables
> et leurs réalités scélérates ?
> Sitôt qu'un fenouil maigre leur offre la liberté
> de me mettre en joue,
> ils me confèrent la dignité d'affolé.* »
> René Char, *Aromates chasseurs II, Vindicte du lièvre.*

Je ne sais pas si vous êtes au courant : Grothendieck a disparu. C'était dans un article qui lui était consacré dans *Sciences et vie* de l'été 1995. Vous me direz, première nouvelle, qui c'est ce Grothendieck ? Tout d'abord, c'est un de mes amis. On s'est connu dans les années soixante-dix, dans une communauté. Nous avions, l'un comme l'autre, cette idée que la vie puisse changer, sans remettre ce changement aux lendemains qui chantent : nous voulions nous y mettre tout de suite.

Mais Alexandre, c'est surtout un des plus grands mathématiciens de notre siècle. Un des pères de la topologie. Né à Berlin en 1928, il est l'auteur d'un monumental traité : *Éléments de la géométrie algébrique,* paru entre 1962 et 1965. Il a reçu la médaille Fields (l'équivalent du prix Nobel en mathématiques) en 1966. Nommé au Collège de France, Alexandre commença son premier cours en disant : « À une époque où sur terre, un homme sur trois meurt de faim, si les mathématiques ne nous servent pas à résoudre ce problème, on peut jeter la science à la poubelle. » C'est lui aussi qui, le premier, a mis le doigt sur les fuites dans les dépôts de déchets nucléaires...

Alexandre avait fondé avec des amis une revue d'écologie, *Survivre et vivre*, à laquelle j'ai participé. Il y exposa souvent son point de vue sur les conditions d'une vie un peu plus vivable dans nos sociétés modernes. Il a démissionné de l'enseignement le jour où il a su que ses recherches étaient exploitées par l'armée. Alexandre était (pourquoi était? voilà que ça commence à se troubler) un artiste, un poète mathématicien. Il comparait souvent les maths à l'expression musicale et insistait sur l'harmonie des formules... Et en plus, il était très doué pour la ratatouille.

Alexandre a disparu, ça m'a fait un coup au cœur, j'ai été profondément troublé. On aurait annoncé sa mort, j'aurais été peiné; mais dans cet état d'incertitude (« il a disparu »), c'est le trouble qui s'empare de moi, qui m'assaille. Le trouble qui me jette dans la confusion des sentiments. Le trouble qui me trouble.

« IL Y A DES TROUS BLEUS... »

« Il a des troubles. » Ce sont les premiers mots que l'on m'ait transmis à propos de Max, un jeune psychotique de quatorze ans, avec qui j'ai fait un bout de chemin, il y a quelques années, dans une institution toulousaine, où j'exerçais comme éducateur. Ce jour-là, je n'ai pas pu m'empêcher d'entendre: « Il a des trous bleus. » C'est joli, des trous bleus! À condition de ne pas tomber dedans. Max, lui, était tombé. Ou il n'en était jamais sorti du trou bleu : trou océanique du maternel; vie d'avant la vie, limbes où errent les âmes des enfants non baptisés... Trouble, tel était son nom. Dans un blues, le Texan Calvin Russel chante:
> *I was born in a world of trouble*
> *Trouble is my first name*
> (Je suis né dans un monde de trouble
> Trouble c'est mon prénom)

Max, précédé de cette image troublante, a déboulé un beau dimanche soir au pavillon de l'internat. J'étais seul. Je faisais la rentrée des enfants. Deux ou trois débarquaient le dimanche soir, et la plupart des autres, le lundi matin. Il est arrivé comme un fauve. Allure marxiste (comme Groucho dans les films des frères Marx, je veux dire), dégingandé, les bras ballants, le dos voûté, les genoux demi-pliés. Un orang-outan. Il a poussé la porte du pavillon d'un grand coup de tatane, et a surgi, comme un diable. Il s'est jeté la tête la première dans les WC, et s'est affalé, à même le sol. Il est resté là, prostré, mais le visage tourné vers le haut : il me considérait. On ne se connaissait pas. On a fait connaissance. Il ne grognait pas, ne disait rien. Sa mère est alors apparue, essoufflée, dans l'entrebâillement de la porte : « C'est toujours comme ça. C'est sa façon de dire bonjour », me rassura-t-elle. « Il se prend, ou on le prend, pour une merde, un déchet, un rebut. Il ne rencontre l'autre qu'assigné à cette place de déchet obscène », ai-je pensé, par devers moi, mais je ne l'ai pas dit à sa mère. J'ai pensé.

C'est ce que produisait en moi le trouble de cette rencontre. « Tenez, voilà ses affaires », dit la mère de Max, me tendant un sac où un rapide coup d'œil me permit de faire l'inventaire. Gisait là, bien au chaud du sac Prisunic, un capharnaüm de petites billes, de perles, de morceaux d'étoffe chiffonnés en boule… Un monde de boules. Max se leva, agrippa son sac. « À Max », dit-il. Il sauta prestement, sortit des WC en courant comme un crabe, et disparut par la porte de sa chambre. La mère me souhaita le bonsoir. Et pendant toute la soirée Max passa son temps à se branler dans sa chambre, le sac de boules près de lui : de temps en temps, il caressait ses trésors.

Ce dimanche, Max était seul au pavillon. Et moi aussi. Solitude de fond de l'éducateur, face à l'énigme du psychotique. Je passai une mauvaise nuit. Les mots qui, des années plus tard, viennent sous ma plume témoignent de ce trouble qui s'empara de moi : diable, orang-outan, fauve… Ils témoignent de ce que, dans ma représentation de l'humain, Max mettait à mal un système cohérent, dans lequel je m'étais calfeutré. Max détruisait mon image trop bien faite de l'humanité. Max aussi faisait donc partie de l'humanité. Je ne comprenais plus rien. J'étais troublé. Comme Max.

Le terme de trouble qui insiste ici, pour désigner mon sentiment dans la rencontre avec Max, ou bien pour cerner, de façon illusoire, ce qui agitait Max, doit être déplié, ouvert, fracturé. C'est un mot étrange, mais qui souvent croise le travail éducatif.

J'emprunte à deux auteurs la méthode de réflexion que je propose ici. Tout d'abord Jacques Lacan qui déclare dans son séminaire I : « Chaque fois que nous avons, dans l'analyse du langage, à chercher la signification d'un mot, la seule méthode correcte est de faire la somme de ses emplois [1]. »

Le second auteur est Michel Serres qui, dans son introduction d'*Hermès I*, nous propose ceci : « Imaginons dans un espace de représentation, un diagramme en réseau. Il est formé, pour un instant donné... d'une pluralité de points [sommets] reliés entre eux par une pluralité de ramifications [chemins]. Chaque point représente soit une thèse, soit un élément effectivement définissable d'un ensemble empirique déterminé. Chaque chemin est représentatif d'une liaison ou rapport entre deux ou plusieurs thèses, ou d'un flux de détermination entre deux ou plusieurs éléments de cette situation empirique [2]. »

Voici donc la méthode que je propose ici, en m'appuyant sur ces deux auteurs, pour explorer les incidences du mot « trouble ». Il s'agit non seulement de lister ses emplois, mais de raisonner sur leurs articulations. Il est indispensable d'éclairer ce point si l'on veut se donner une chance de comprendre l'emploi massif de ce mot (« trouble du caractère et du comportement, trouble psychique, trouble organique »...) dans le secteur sanitaire et social qui est le nôtre.

Il ne semble pas, à en croire les recherches étymologiques de Jacqueline Picoche [3], que l'on puisse repérer la racine indo-européenne du terme. Par contre, on en connaît deux premières occurrences, en latin et en grec. La *turbè* est, en Grèce ancienne, une danse dyonisiaque. Les danseurs sortent de la *polis* (la cité) pour une danse érotique et troublent la loi en la subvertissant.

Le trou bleu 63

En latin, la *turba* désigne l'agitation d'une foule, puis la foule en mouvement. D'où l'ancien mot français de *tourbe*, pour désigner la foule. *Turbare*, c'est mettre en désordre. Et *perturbare*, troubler profondément. L'adjectif *turbidus* est l'équivalent de notre troublé; et *turbulentus*, c'est, bien sûr, agité et turbulent. Je ferai un sort particulier à *turbo*, célèbre auprès des amateurs de vitesse automobile, mais qui nous intéresse ici par l'usage qu'en fit Lucrèce dans son *De natura rerum*. Le *turbo* chez Lucrèce est à l'origine du monde spatial. Au départ, nous raconte Lucrèce, quand, au début de son ouvrage, il s'interroge sur la création du monde, le monde est composé d'atomes qui tombent de la nuée, en ligne droite. Puis apparaît un remue-ménage (le *turbo*), une déclivité *(clinamen)*. Dès le début, ça ne tourne pas rond. Et les atomes, jusque-là bien sages, bien rectilignes, se mettent à bouger dans un autre sens. Le *turbo* vient troubler l'ordre établi. Mais sans ce mouvement rapide et circulaire, qui fait changer de direction, pas de vie, pas de monde, pas d'ordre. La démonstration de Lucrèce nous intéresse parce qu'elle laisse apparaître la puissance dynamique du trouble. L'expression de la vie est composée à la fois de mouvements directionnels et de déviations. Même si, comme le chantait Brassens: «Les braves gens n'aiment pas que l'on suive une autre route qu'eux», le trouble est, pour Lucrèce, à l'origine du mouvement de la vie.

En français, les occurrences sont les suivantes: troubler (XIe siècle), trouble (XIIe), trouble-fête (XVIe), troublant (XIXe), tourbillon (XIIe), turbulent (XIIe), turbulence (XVe), perturber (XIIe), perturbation, perturbateur (XIIe), imperturbable (XVe), turbine et turbo- (ce dernier en composition, turboréacteur, etc., XXe). Il faut ajouter à cette famille une naissance récente. Le père en est Anatole France qui proposa, dans cette série, «trublion», mot qu'il utilise pour désigner, dans un contexte archaïsant, le partisan du prétendant au trône de France, surnommé «Gamelle». Trublion, qui a connu par la suite une certaine gloire, est formé à partir du bas latin, *trublium*, qui désigne justement une gamelle, et joue sur sa ressemblance avec trouble.

Mettre de l'ordre dans les tourbillons

Max était un vrai tourbillon. La plupart du temps, il mettait le turbo. Il entrait, sortait, faisait des courants d'air. Il ne tenait pas en place, sauf quand il se masturbait, barattant son sexe à grands renforts de coups de tête contre les murs, ou bien lorsqu'il jouait, extatique, avec les petites boules que contenait le sac de Prisunic qui ne le quittait pas. Tout le monde en avait marre au pavillon. Max était un ouragan qui épuisait son monde. Pris en charge depuis dix ans, Max arrivait au bout des ressources de l'institution. En dix ans, il s'était passé bien des choses. Max avait appris à vivre parmi les autres. Il avait apprivoisé la présence troublante d'autrui. Tant bien que mal. Quand l'extérieur (les autres, comme on dit) surgissait trop brutalement dans son monde, il se raccrochait à un morceau de corps (son sexe, qu'il masturbait « à mort », comme dira une éducatrice), comme lors de notre première rencontre, ou bien il se cognait le nez à coups de poing jusqu'à se faire saigner. La vue du sang qui giclait l'apaisait brusquement.

Qu'est-ce que nous faisions ? Eh bien, nous, ce que nous pouvions. D'abord, pour le protéger de sa propre violence. Pas question de le contenir artificiellement, de le ficeler dans une camisole textile ou chimique : nous nous mettions à l'endroit du trouble. Lorsque parfois Max se frappait le crâne contre un mur à le fracasser, un éducateur avait inventé de s'interposer entre le mur et lui. Et il lui parlait. Lorsqu'il se masturbait de façon compulsive, nous restions un bon moment avec lui, et tentions d'expliquer avec des mots... d'expliquer quoi ? Je crois que nous exprimions notre désarroi, notre incompréhension, notre trouble profond. À l'endroit du sujet, et sans doute dans ce lieu de vie d'avant le sujet où le psychotique perdure, dans ce grand désordre du biologique qu'est la vie, nous tentions d'introduire un peu d'ordonnancement.

Car il ne suffit pas au petit d'homme d'être sorti du ventre de sa mère pour naître, il lui faut advenir, dans une seconde naissance, au monde de la parole et du langage, pour prendre place

Le trou bleu

parmi les humains, ceux que Lacan a proposé d'appeler, d'un joli néologisme, les parlêtres. C'est par lettre que nous tenons dans le monde. Nous sommes êtres de lettres. Lettres de l'écriture, lettre comme missive, et parfois, comme Max, lettre morte. Il faut qu'une lettre trouve son destinataire. Mais bien avant, encore faut-il qu'elle soit écrite[4]. Ce qui s'écrivait chez Max, c'était du tourbillon, du gribouillage, du brouillage, des bavures... De la parole d'avant les mots, comme dit Antonin Artaud. Le corps non protégé par le symbolique, non socialisé, est soumis aux ravages, au maelström des forces biologiques à l'état brut. On assiste, pour reprendre les catégories de Lacan, à un déferlement du réel.

Alors comme Pierrot, nous lui prêtions notre plume, «pour écrire un mot». Si la chandelle de Max était morte, s'il n'avait plus de feu, nous lui prêtions notre flamme, pour qu'il se réchauffe. Nous tentions au jour le jour, au gré des rencontres, une greffe de signifiants. Ça a l'air bien savant dit ainsi, mais le travail éducatif, ce travail de jardinier-greffeur, est très concret. C'est dans les petits rien du quotidien qu'il s'exerce. Chaque événement est, de la part de l'éducateur, le théâtre d'une invention souvent efficace. Pour s'en faire une idée, il faut considérer que le monde du psychotique est habité par un grand trou, un peu comme le trou noir que les astrophysiciens découvrent dans l'univers, si l'on veut.

Le monde, on devrait dire, au sens premier du terme, l'immonde (ce qui est soumis en permanence au désordre du turbo) du psychotique est comme un tissu déchiré. Les éducateurs font du ravaudage, des reprises dans ce tissu troué. Ils tentent de jeter de la trame, de greffer des morceaux de symbolique, pour que ça tienne. Et ça tient plus ou moins bien. Le travail éducatif, c'est du rapetasse. Passer du trou noir au trou bleu ; passer du sans-forme au blues, et accompagner l'enfant en souffrance pour qu'il fasse résonner (raisonner ?) dans un espace collectif, la *blue* note du jazz de sa vie ; voilà tout l'art de l'éducateur.

Le trouble : des mots pour le dire

En nous appuyant sur le dictionnaire *Lexis* et sur le *Larousse* en cinq volumes, nous allons passer en revue les emplois du mot « trouble ».

Au sens propre, comme adjectif, le mot a trois significations. Il se dit d'une chose qui n'est pas limpide, dont la transparence n'est pas complète (eau trouble). Il désigne une situation mal éclaircie, suspecte (une affaire trouble). Il sert à caractériser ce qui n'est pas pur (désir trouble) et se dit aussi d'une image pas nette. Il entre dans la composition de quelques expressions : œil trouble (œil terne), regard trouble, temps trouble (mauvais temps), vins troubles (vins dont la fermentation reprend au printemps), vue trouble (vue brouillée et, au sens figuré, vision intellectuelle). Trouble peut également se décliner, avec le même sens, comme adverbe.

D'autre part, il s'agit d'un nom masculin qui revêt trois types de significations : un état de non-limpidité, de non-transparence (le trouble de l'atmosphère) ; un point de trouble est le point de congélation d'une huile de pétrole (qui alors se trouble) ; en hydrologie, le terme désigne des matériaux fins en suspension dans l'eau.

Passons aux sens figurés. Le trouble est tout d'abord une agitation confuse, tumultueuse, un état d'inquiétude, de confusion, d'émotion. Ensuite, il traduit la désunion, l'altération des relations entre des personnes (jeter le trouble) ; c'est aussi l'état d'une personne troublée (le trouble de l'âme). En droit, il désigne l'atteinte à la tranquillité d'un possesseur ou d'un locataire. En pathologie, et c'est surtout cet usage qui a fait des petits dans le champ médico-social, le trouble traduit un mauvais fonctionnement d'un organe ou d'une fonction psychique, au regard d'une norme qu'on appelle la santé (troubles intestinaux ; troubles de la personnalité). En un sens élargi, généralement au pluriel, au niveau social, le terme sert à désigner une émeute, un soulèvement populaire (les troubles sociaux). Enfin, en littérature, c'est un terme qui marque l'affection amoureuse. On trouve

Le trou bleu 67

également deux mots composés : le trouble-fête est une personne importune, indiscrète, qui empêche une réjouissance ; chez La Fontaine, apparaît, mais il ne semble pas que l'usage commun en ait été retenu, le trouble-ménage.

Toutes les semaines, nous faisions une réunion d'enfants au pavillon. Passé le temps du repas, nous réorganisions l'espace, disposant les tables en un carré autour duquel nous nous installions ; cet aménagement de l'espace n'a l'air de rien, mais on peut y voir à l'œuvre l'outil de base d'un éducateur : la *symbolisation*. Différencier les espaces, les organiser en fonction de leur usage, en attraper au vol quelque chose, et comme je l'écrivais précédemment, s'y inscrire. Il y a un temps et un espace pour manger, pour faire passage, par l'orifice buccal, de l'extérieur du corps à l'intérieur ; et un temps et un espace pour parler, pour livrer passage de l'intérieur vers l'extérieur. Voilà la différenciation primaire dont nous proposions aux enfants de faire l'épreuve, à travers un espace de socialisation où l'expression de chacun, quelle qu'elle fût, avait sa place.

Parce que les mots, comme la nourriture, empruntent la même voie, mais en sens inverse.

Ou bien, si l'on reprend la bande de Möbius, figure géométrique unilatérale, il y a une continuité entre extérieur et intérieur, et la différenciation se fait dans le temps. Si d'un côté, on inscrit « manger », et de l'autre « parler », il faut effectuer un demi-tour de la bande, pour passer de l'un à l'autre.

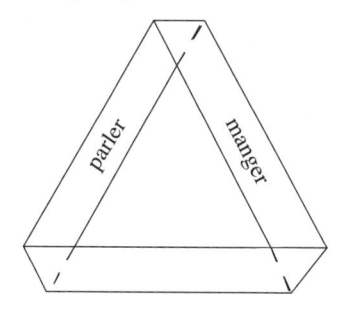

Comme le dit l'Ecclésiaste: «Il y a un temps pour tout; il y a un temps pour chaque chose. Il y a un temps pour naître et un temps pour mourir; un temps pour planter et un temps pour arracher ce qui a été planté [...].» Et donc, comme nous le mettions en scène au pavillon, un temps pour manger et un temps pour parler. C'est à ce niveau primaire, voire primitif, du quotidien, en prenant ancrage dans ces rythmes primordiaux qui organisent socialement l'espace et le temps, qu'interviennent les éducateurs. Il ne s'agit pas, comme le pensent et l'agissent certains, de faire du dressage d'enfants pour qu'ils se tiennent bien en société; ça, c'est de la barbarie. Il s'agit de faire que vivre ensemble prenne sens pour un sujet. Et quand du sens il n'y en a pas, il s'agit, pour les éducateurs, d'en injecter, d'en greffer, donc de proposer à l'enfant psychotique diverses situations structurées dans l'espace et le temps par le langage, pour qu'il s'en imprègne. Ce travail d'empreinte, d'«innutrition», comme disaient les poètes de La Pléiade qui se plongeaient dans les textes des auteurs antiques au XVe siècle, permet à un enfant de retisser son fil, de renouer ses trames effilochées, de prendre place.

Les réunions d'enfants au pavillon avaient lieu chaque mardi entre 13 h et 13 h 25. Le mardi était le jour de réunion des quatre éducateurs, qui réfléchissaient ensemble toute la matinée et parlaient entre eux des enfants du pavillon, au nombre d'une quinzaine. C'était, donc, un jour hautement dévolu à la parole. Ce jour-là, les éducateurs mangeaient ensemble, à une table ovale, légèrement en retrait des trois tables des enfants, lesquelles, rectangulaires, étaient disposées, dans l'espace, de façon à former avec celle des éducateurs, un carré. Les enfants choisissaient leur place à table en début de semaine. Et le mardi, une fois achevé le repas, débarrassée la table et passé le balai, tous les enfants se distribuaient autour des tables à nouveau assemblées.

« manger »   « parler »

Enfants et éducateurs étaient ainsi disséminés autour de cette grande table unique, au gré du désir, autrement dit, pas n'importe comment. La notion de place, pour les enfants et les éducateurs, mais aussi pour chacun dans la vie de tous les jours, participe d'une structuration latente qui n'apparaît pas d'emblée. On peut, parfois, la voir émerger à travers la lutte des places : je veux être auprès de toi, c'est moi le premier (dans la file, ou dans le pouvoir, c'est du pareil au même). Se bousculer pour être, ou ne pas être à côté, en face, à droite, à gauche, pour ne pas voir, ne pas être vu d'untel, d'une telle... Autant de stratégies que nous proposions aux enfants de jouer, afin de s'essayer à trouver leur place, un lieu de vie où ils puissent se poser et prendre place. Donc, un jeu éminemment symbolique que ces réunions d'enfants du mardi.

Il y a une façon, propre à chacun, d'habiter l'espace (un lapsus m'a d'abord fait taper, l'espèce !) qui se révèle et qui préside à toute prise de parole. Pas de parole si l'on n'a pas de place, si l'on n'a pas pris place. Ou alors, c'est une parole hors jeu, hors je, hors scène, obscène, un cri, un non-sens, un effroi... Cette approche permet au sujet de se situer dans un espace symbolique certes, mais aussi géographique, topographique, spatial, d'où la parole peut prendre son envol, dans toute sa matérialité. Voilà pourquoi ces réunions étaient obligatoires. Il ne me souvient pas que les enfants aient jamais opposé de grande résistance pour participer à ce temps de réunion. C'était, pour eux, un moment de jeu étonnant. Bien entendu, il n'y avait aucune obligation de parler. Il était simplement énoncé par les éducateurs présents qu'il s'agissait d'un temps et d'un lieu dévolus à l'échange. Les enfants étaient invités à parler. Cordialement invités. Quels que soient leur âge, leur difficulté à vivre, leur niveau scolaire ou social. On aurait pu appeler cela, comme dans les villages d'Afrique, « l'arbre aux palabres », « l'arbre aux paroles ».

Dans ce passage structurant entre le manger et le parler, on peut voir à l'œuvre un travail très subtil de structuration proposé aux enfants. S'il y a passage entre manger et parler, il y a aussi différenciation, rupture. Cette rupture est marquée par la réorganisation de l'espace et le cadre posé: on est là pour parler. Denis Vasse a approfondi cette distinction dans un article, consacré justement à cette dissociation entre les pulsions[5]. La réunion venait prendre place dans toute une série de séquences dont l'enchaînement signifiant permettait aux enfants psychotiques de s'abriter, comme dans une seconde peau, une peau symbolique; afin que la parole advienne, que chacun advienne, et chacun selon ses voies impénétrables, à la parole… Il s'agissait pour nous, dans ce déploiement, cette invention d'espaces et de temps organisés, et en même temps soumis au hasard, de monter une praticable, un fond de scène, sur lequel les enfants puissent jouer leur rôle[6].

Toute l'institution, du cuisinier au psychiatre, était ainsi soignante, puisqu'elle favorisait chez chaque enfant, à son rythme et bien souvent de façon mystérieuse, un enracinement dans la réalité du monde, lequel, à être fait d'échanges entre humains, est fabriqué avec du langage. Ce terme de réalité est lui aussi sujet à caution. On veut adapter ces enfants-là à la réalité. Mais qu'est-ce donc que cette sacro-sainte réalité? Un commencement du monde de Lucrèce. Un ordre immuable, implacable, tyrannique… Et puis, ça se trouble, et c'est alors que l'univers (uni vers quoi? On se le demande), commence à vivre. La réalité est tramée, pour chacun, des mailles d'un filet langagier. Notre univers d'humains est fait de signifiants qui nous représentent. Le sujet est en représentation. Pas d'autre passage possible pour exister, venir au monde à chaque instant, que de se mettre en scène dans les mots. La réalité est une création permanente et subjective. Pour reprendre l'expression de Mallarmé, elle se trame avec « les mots de la tribu »; mais à chacun, et chacun à sa mesure, de faire aller la navette qui croise les fils.

Le trou bleu

Voilà le genre d'idée qui m'a amené, dans ma pratique d'éducateur, puis de formateur et aujourd'hui de psychanalyste, à toujours prendre appui sur ce que trame le sujet de sa réalité, à faire confiance aux mots que chacun prononce. Car l'énonciation des paroles, j'y insiste, n'est pas, contrairement à ce que soutiennent les sciences de la communication, une transmission de message ; c'est un mode de création du sujet, le principe incessant de sa venue au monde. Que je comprenne tout de suite ou non, cette réalité n'a pas d'importance. Je dirai même, au contraire. On croit trop souvent comprendre les autres trop rapidement. Ils ont à peine ouvert la bouche que nous nous sommes déjà fait notre cinéma. En fait, pour découvrir la réalité intime d'un autre, y compris de l'autre en soi-même, il faut du temps et il faut des conditions, un cadre, une relation. Au bout du compte, il y aura toujours quelque chose qui nous échappe. « Ce qui nous échappe », c'est ainsi que, parfois, Freud désignait l'inconscient. Ce n'est que dans l'écoute des signifiants, qui tracent la réalité de chacun, que nous pouvons, dans un effet de représentation, arriver à percevoir ce qu'il vit. Le paysage ne se détache que très lentement des brumes. Et je dois dire que des pans entiers de ladite réalité que vivent les autres et que je vis, me restent obscurs. À vous non ?

Méfions-nous de la prétendue transparence des institutions. Méfions-nous de placer ces enfants, dont la réalité étrange et étrangère nous trouble, sous surveillance permanente. Méfions-nous de notre regard porté sur eux qui ne traduit que notre profond embarras. Méfions-nous de les réduire à ce que nous imaginons qu'ils sont ou devraient être. Écoutons-les. Et pour cela, créons des espaces où la parole, dans tous ses atours et ses entours, puisse les faire naître. Ne cédons pas trop vite au trouble, à ce qui nous gêne, nous dérange. N'arrangeons pas trop vite leur monde à notre guise.

ORDRE ET DÉSORDRE

Si l'on reprend notre exploration du mot trouble et si nous suivons le conseil de Michel Serres, ce qui apparaît flagrant, c'est que le trouble passe une frontière. C'est ce que montrent un certain nombre de classements en ethnologie, où surgissent, entre deux listes d'objets, de plantes, d'animaux, de coutumes, etc., des objets inclassables qui produisent et attirent le trouble. Jack Goody pour les listes d'objets[7], et Marlène Albert-Llorca pour les listes de plantes et d'oiseaux[8], ont évoqué cette même question, chacun à quelques années de distance. C'est le problème soulevé par tout classement : il y a toujours des éléments qui échappent. Par exemple, en psychopathologie, une fois définis les repères freudiens, psychose, névrose et perversion, il reste des sujets qui n'entrent dans aucune catégorie. Et c'est comme ça qu'on invente une nouvelle catégorie : les états-limites ou borderline (les frontaliers !).

Parler, écrire, c'est classer : le haut et le bas, les hommes et les femmes, le soleil et la lune, le rouge et le noir... Ce qui n'est pas classé par les opérations de la combinatoire incessante du langage reste hors jeu, dans l'entre-deux, et provoque l'angoisse. C'est ainsi que l'on peut comprendre que des animaux comme la chouette ou la chauve-souris – parce qu'ils sont à la limite des classements, qu'ils sont insaisissables par l'ordre des choses qu'imposent les discours – provoquent le trouble, la peur, l'angoisse, la haine, la cruauté... Qui a vu, crucifiée sur une porte de grange la dépouille d'une chouette, sait de quoi je parle. Il en va de même de l'homosexuel (homme ou femme ?) ; du serpent (poisson ou animal terrestre ?) ; de l'adolescent (enfant ou adulte ?) ; du crépuscule (chien ou loup ?) ; de la banlieue (le lieu de bannissement en bon et vieux français, ville ou campagne ?)... Voilà pourquoi un certain nombre d'êtres qui échappent à nos catégories, qui les dérangent et les chamboulent, comme les psychotiques, nous troublent si profondément. Comme ils troublent notre ordre des choses, on dit qu'ils sont troublés. Alors que, si l'on reprend Lucrèce, on peut comprendre qu'ils viennent remettre un peu de désordre dans un monde où un trop plein d'ordre fait étouffer ceux qui l'habitent.

Les fous nous ouvrent des portes sur ce qu'il y a en nous de plus humain, mais aussi de plus indécidable : la vie est à créer et à apprivoiser en permanence. La vie n'est pas une opérette bien réglée : il y a de l'imprévu, de la surprise, de l'échappée belle. La vie, viennent nous montrer ces enfants agités par ce que nous appelons la folie et qui en souffrent d'autant plus que nous ne les acceptons pas comme tels, est un mystère, où l'insu, l'inouï, ce qui nous échappe, frétille et nous surprend à chaque instant. À nous de saisir ses poissons nacrés. Mais la vie va vite. « Le lion ne bondit qu'une fois », aimait à dire Freud. Il faut donc le saisir par la crinière. L'instant suivant il a fui. Ces enfants-là nous invitent à magnifier l'instant. *Carpe diem*, cueille le jour, profite de l'instant, prônait Épicure, tout en énonçant, deux siècles avant Lucrèce, les principes d'un monde soumis à l'aléatoire (toujours le trouble). Une société, écrivait Maud Mannoni dans *Le Monde*, se mesure à sa capacité à protéger des êtres que l'on dit inutiles pour la production, comme les fous, mais qui ont pour fonction de nous rappeler à notre humanité, de nous rappeler sans cesse que nous ne pouvons pas renfermer la vie dans notre poing : elle nous échappe.

Certains, comme les psychotiques ou les autistes, parce que leur histoire est ainsi faite, parce que... souvent on ne sait ni pourquoi, ni comment..., sont posés à ce point d'échappée. Ils sont aux frontières du monde. Ils sont dans cette vie d'avant la vie des humains, la vie d'avant les mots. Ils explorent les infra-mondes. Souvent, ces enfants sont très sensibles aux éléments, l'eau, le vent, le feu, la terre... Ils travaillent dans l'élémentaire de la matière. Ils nous demandent, mais sans les mots ; c'est pourquoi nous nous devons de les protéger dans cet état, de les aider à y vivre un peu moins mal. C'est souvent notre trouble qui guide notre approche soignante de ces enfants. Nous voudrions qu'ils cessent de nous troubler, de nous déranger. Et nous inventons des systèmes, bien souvent tortionnaires, pour qu'ils deviennent comme nous, dans la norme, pour qu'ils arrêtent de chambouler l'ordre de notre petit monde.

C'est pourquoi il faut être très prudent sur tous les systèmes thérapeutiques mis en place, et se poser au préalable un certain nombre de questions d'éthique. En effet, même dans les pires théories éducatives, dans les plus tyranniques, c'est toujours pour le bien de l'autre que l'on prétend agir. Pouvons-nous accepter de vivre avec ce trouble que les fous, les déviants, les anormaux, ensemencent en nous, et de ce lieu de non-savoir, de ce lieu où nous sommes, au plein sens du mot, «dérangés», accepter de faire un pas nouveau à la rencontre de la vie, qui ne nous a pas demandé notre avis sur ce qui doit vivre ou non?

C'est dans cette fameuse réunion d'enfants du mardi que Max, un jour, s'approcha de moi et, d'une voix rauque, rocailleuse, d'une voix qui venait de loin, me demanda: «Joseph, la piscine...» Max formulait un désir. Déjà depuis quelque temps, accompagné en classe par une institutrice qui l'aimait bien, il avait commencé à émettre des sons, parfois des mots entiers, mais le plus fréquemment, ces mots n'étaient pas adressés. Il parlait aux murs, même pas aux murs, aux murmures. L'écho des phonèmes, les sons de la langue se répercutaient en lui comme en une caverne creuse. Il advint que cette institutrice, avec qui il se sentait si bien, mourut. Pendant plusieurs semaines, Max pleura et confia à tous ceux qui passaient près de lui: «Partie, Mado...» Max mettait en scène, et en relation, ce qui fonde tout humain: la coupure avec l'origine de la vie, présentifiée par la mère.

L'homme n'est homme que parce que le symbole l'a fait homme. Parler, jouer du symbolique, c'est ainsi, à chaque fois, se couper de son point d'origine, c'est se couper du vivant qui nous habite, pour le retrouver transformé, dans le symbole. Le symbole, s'il fait lien entre les hommes, fait aussi coupure[9]. En pleurant et en mettant en mots son chagrin, Max se coupait de l'univers maternel, sans mot et sans limite. Il abordait le rivage de ses frères et sœurs en humanité. Leur témoignant son désespoir et sa déréliction quant à l'objet aimé, il faisait le passage, de l'être aimé incommensurablement à ce qui le représente, des mots qu'alors il pouvait échanger avec d'autres et qui le faisaient vivre aux yeux des autres. La coupure s'effectuait et le sujet, comme effet du langage, pouvait faire son apparition.

C'est peu de temps après que Max tomba malade. C'est plutôt bon signe lorsqu'un enfant psychotique entre en maladie. La maladie est une histoire symbolique. C'est un langage, un langage sans mot s'entend, un langage où des morceaux de corps, pris en otage par ce qui cherche à se dire, résonnent de messages, un langage où le réel du corps, l'organisme, se fait blason, armoiries, de ce qui cherche à se dire, un langage où l'être se fait porte-enseigne, mais langage tout de même. La maladie obéit au sens. J'en voudrais pour preuve que, selon les peuples, ce sens n'est pas le même. La maladie introduit donc le réel à un apprivoisement symbolique. Il y a des maladies qui parlent. Encore faut-il quelqu'un pour écouter, pour entendre ce que ça veut dire. Ça parle dans le corps. Est-ce que ça peut être restitué au malade pour qu'il s'en fasse le sujet ? Voilà l'enjeu de la démarche thérapeutique et éducative.

Donc, Max m'avait demandé en réunion, et de façon somme toute assez éloquente puisque profilée, comme le dit Lacan, dans le défilé de signifiants, à aller à la piscine. Demande à laquelle je dis oui, soutenu en cela par l'équipe des éducateurs et des thérapeutes. Les premières séances eurent lieu dans le petit bassin de l'institution aménagé en salle de psychomotricité. Max sautait dans l'eau, éclaboussant, gesticulant, joyeux. Il se blottissait sous l'eau, prenait le tuyau de la douche qu'il démontait et se branchait sur le nombril. Puis il faisait des bulles, encore des bulles, toujours des bulles. Des bulles d'air sous l'eau. Bien entendu, je ne pus m'empêcher de barjoter. Il revit, pensais-je – mais le terme est inexact, on ne vit chaque instant qu'une fois –, il met plutôt en scène des signifiants visuels, un peu comme des rébus, que je ne peux m'empêcher de relier à l'univers de la naissance : les eaux amniotiques, l'océan de néant bienheureux d'avant la naissance, le cordon, et une première déchirure qui apparaît dans l'eau sous la forme d'air. Il paraît que les fœtus crient dans l'utérus. S'il en est ainsi, ils crient des bulles d'air.

Mais assister des heures entières à ce manège, même si j'en comprenais tout le sens et l'intérêt pour Max, commença à me lasser. La répétition du même immuable rituel bloquait l'avancée de Max. Je commençais sérieusement à m'ennuyer et Max tournait en rond. C'est alors qu'intervint la piscine, la vraie, la piscine municipale. Une fois par semaine, j'emmenai Max dans la vieille 4L de l'institution, à la piscine du centre ville. Et c'était une drôle d'aventure. Max, qui aimait beaucoup la voiture, s'amusait à la secouer dans tous les sens. Un jour, au feu rouge, il fit éruption hors de la voiture et se précipita sur un distributeur de boules de chewing-gum multicolores : « Les boules, les boules. » J'insérai un franc dans l'appareil, pour qu'il lui remette ce qui portait l'obscur objet de son désir. Une fois à la piscine, aux heures où nous la fréquentions, il n'y avait pas grand monde, et Max se faisait un plaisir de m'attirer au fond de l'eau et, là, il reprenait l'émission des bulles d'air. Mais cette fois, il n'y avait plus de cordon ombilical. Il y avait, face à lui, au fond de l'eau, moi, mon corps, un autre, quoi ! Il me caressait le visage, étonné de rencontrer au fond des eaux abyssales la figure d'un autre. Au fond, tout au fond, il n'était donc pas seul, livré aux éléments les plus primitifs. Et il m'envoyait en reconnaissance des messages de bulles. C'est, du moins, ainsi que je les reçus. Je fis le pari que les bulles – tout dans l'attitude de Max me le laissait croire – ça signifiait, ça s'ignifiait si l'on veut, ça embrasait le monde. Je fis ce pari parce que l'expression de Max obéissait aux deux lois de base du signifiant : celle de l'adresse et celle du code.

Mais que voulait dire Max dans ces bulles d'air ? Je ne le sais et ne le saurai jamais. C'est une énigm qui demeure. Je n'avais pas le loisir de les réchauffer pour les entendre, comme les personnages que Rabelais met en scène et qui décongèlent les mots que l'air glacé de la banquise a gelés. Plusieurs fois j'ai abordé la question avec Max, hors de l'eau. Mais il n'accrochait pas, se contentant de susurrer : « L'est bonne, hein, l'est bonne, hein, Joseph... » Oui, oui, elle était bien bonne ! Comme le personnage du *Grand bleu*, Max allait se réfugier au fond du fond de son origine : eaux matricielles, océan bleuté. Mais, en m'y entraînant, il prenait aussi appui sur moi pour remonter à la surface. Du fond, il remontait des parcelles d'altérité. Le noir était troué de bleu. Et, dans le trou bleu, s'ouvrait une clairière ; une petite ouverture qui se déployait à travers l'eau, et fleurissait en surface comme promesse de paroles. Parole d'air, dans un trou d'eau, mais pas paroles en l'air.

Inquiétante étrangeté

Freud raconte une histoire : un jour, dans un train, il est pris d'une peur panique. Il a vu s'avancer vers lui, l'air menaçant, un homme étrange. Il se lève d'un bond pour demander des comptes sur cette intrusion dans le compartiment où il voyageait en toute quiétude, et l'homme fait de même. Il y a chez Freud un moment de vacillement, de doute, un moment où la raison bascule sur son axe, un moment de trouble intense. Il perçoit alors que l'homme en question c'est son reflet dans la vitre du compartiment. « Inquiétante étrangeté », conclut Freud. Dans l'habituel, dans l'ordre du monde, qui dort comme une eau calme, quelque chose vient troubler le sage ordonnancement. Les repères sont chamboulés et les représentations s'affolent. Le nouage de la réalité se relâche.

C'est une question que Freud retravaillera dans un texte célèbre en essayant de dégager un concept : *das unheimliche*, le non-familier. « Ce concept est apparenté à ceux d'effroi, de peur, d'angoisse… L'inquiétante étrangeté sera cette sorte de l'effrayant qui se rattache aux choses connues depuis longtemps et de tout temps familières. » Quoi de plus commun qu'un autre homme, une autre femme, un enfant. Mais lorsque cet autre-là est pris de folie, psychotique, délirant, quelque chose du familier du visage de l'autre s'efface, il y a un moment d'égarement. « Ces derniers actes [la crise épileptique et les manifestations de la folie, précise Freud], font sur le spectateur l'impression de processus automatiques, mécaniques, qui pourraient bien se dissimuler sous le tableau habituel de la vie[10]. » C'est une question que Freud reprendra dans son commentaire du roman de W. Jensen, *La Gradiva*[11]. Le trouble signale un remaniement des représentations.

Dans le roman de Jensen, Norbert Harnold est très intrigué par la découverte d'un bas-relief représentant une femme qui marche (*Gradiva*, en latin). En bon spécialiste des œuvres du passé, il l'étudie, sans cesser d'en être fasciné, et finit même par l'accrocher au-dessus de son bureau. Geste que Freud renouvellera, comme le héros de Jensen, dans son cabinet de Vienne, au-dessus de son divan. Dans les premières pages du roman, Norbert rêve de Gradiva, qui de statue de pierre, commence à s'animer dans le fantasme. Suit une apparition : il voit, en pleine rue, marcher la jeune fille. La statue fait effraction dans la réalité. Le trouble est alors intense. Norbert est-il dans le monde du rêve ou dans la réalité quotidienne ? Les catégories se mélangent. Ici, ce qui fait retour dans le personnage, c'est le désir refoulé, qui prend les atours du bas-relief. Mais les choses se compliquent, puisqu'il croise aussi une jeune fille bien réelle, qui joue de son trouble. Le trouble introduit une confusion des sentiments et des repères de la réalité subjective.

Dans la séance inaugurale de son séminaire consacré à l'angoisse, le 14 novembre 1962, Jacques Lacan parle abondamment du trouble. Il relie ce terme à la déstabilisation du moi. Le trouble modifie l'imaginaire. Lorsqu'on reprend la liste des occurrences du mot, citée plus haut, on peut en effet constater qu'une des connexions qui unit ces différents usages, c'est la prépondérance et la surdétermination de l'imaginaire (l'image trouble, l'eau trouble, la transparence, etc.). À partir d'une recherche d'étymologie du mot « émouvoir », Lacan arrive à un terme disparu de la langue française, dont l'usage a culminé au XVIe siècle : « esmayer » c'est-à-dire, troubler, effrayer, mais aussi se troubler. Il existe aussi « s'esmayer ». Le mot nous vient du bas latin populaire où, sous la forme de *exmagare*, il signifie : faire perdre son pouvoir, sa

Le trou bleu

force. Lacan relie le trouble à l'émoi (et pas à l'émotion) : « L'émoi est trouble, chute de puissance [12]. »

Le trouble met en cause l'imaginaire du moi, il froisse les images que je me fais des autres et de moi-même. Le trouble signale ce passage des frontières qui contiennent le territoire du moi. Quelque chose fait irruption du dehors, mais aussi du dedans, quelque chose qui n'a pas de visage, l'innommable, le réel. Ce n'est que lorsque la parole peut apprivoiser la chose qu'elle s'humanise et que le monde des représentations peut se reconstruire. Souvent, c'est ce trouble que provoquent les personnes frappées par la psychose. Mais ce trouble que leur rencontre produit en nous, nous pensons qu'ils en sont la cause. C'est parce qu'ils sont fous, dérangés, qu'ils nous troublent. Si le lecteur m'accompagne dans mon cheminement tortueux, il comprendra que c'est parce que nous nous faisons une idée du normal, que ce qui est hors-norme, é-norme, nous bouscule. Nous sommes donc chacun, quand il nous saisit, la cause inconsciente du trouble qui nous met en dérangement. Nous sommes responsables de ce qui nous arrive à chaque instant. Nous avons à en répondre.

Le Lévitique, dans la Bible, parle du trouble provoqué par l'apparition de la lèpre [13]. Ce qui trouble, c'est l'apparition du mal, sous l'aspect d'un morceau de chair non domestiquée (non d'hommestiquée, pourrait-on écrire), hors langage. Ce qui apparaît à l'état brut, c'est la viande. D'où une série de pratiques rituelles et thérapeutiques que le texte développe en détail, qui visent, dans un premier temps l'exclusion, et dans un second la réintégration des porteurs du mal. Le trouble a partie liée avec ce qui échappe au langage, donc avec ce qui est vécu comme le mal, le diabolique qui s'oppose au symbolique. On sort du trouble en lui donnant forme. À partir du moment où le trouble a pris forme, a investi une substance, on peut le manipuler, agir sur lui en le faisant passer, à travers les processus symboliques de nomination, de forme en forme, le transformer. C'est le grand principe de tous les systèmes diagnostiques et thérapeutiques [14]. Cette transformation s'opère dans le corps même, dans l'affect et l'émotion. Le corps du troublé se met à se coloriser : le trouble fait rougir (c'est du côté du désir), ou pâlir (c'est du côté de l'effroi et de l'angoisse). Les émotions aussi s'inscrivent dans un codage culturel.

La grande sainte Thérèse fut troublée toute jeune. À l'âge de seize ans, après une série de crises que l'on qualifierait aujourd'hui d'hystériques, elle est laissée pour morte, envahie et possédée par la jouissance. On prépare son enterrement. Elle s'en sort par l'écriture. L'écriture fait ravinement à la jouissance à l'état brut et permet à Thérèse de passer à un autre positionnement dans le monde. Ses premiers textes sont des textes de loi, fondateurs de l'ordre du Carmel : elle écrit, réagissant au trouble qui l'a saisie, les règles de vie collective de la communauté religieuse. Un peu plus tard, dans *Le château de l'âme*, elle invente une véritable topologie de l'appareil psychique, le comparant à sept demeures. Mais, dès la première demeure qui est la connaissance de soi, le trouble réapparaît : le démon vient ternir la sérénité des lieux. Cette première chambre baigne dans une lumière trouble, alors apparaissent les serpents... et «les couleuvres, les vipères et ces autres reptiles venimeux qui s'y sont glissés avec l'âme, l'empêchent de considérer la lumière [...][15]».

Le trouble saisit les images du moi. Le problème qui se pose, c'est qu'aujourd'hui, l'image, c'est le dogme. L'humain se juge sur les apparences. Pierre Legendre critique et déconstruit ce point de vue lié à la modernité dans son *Dieu au miroir. Étude sur l'institution des images*[16]. L'image est aujourd'hui le point de gravitation de tout système normatif. À notre époque, comme au temps de la ferveur théologique où l'on promouvait l'*imago Dei*, nos sociétés doivent affronter l'exigence universelle : fabriquer l'homme pour qu'il ressemble à l'homme, c'est-à-dire mettre en scène le miroir absolu et fonder le lien social sur l'image. Les critiques de cette modernité basculant dans l'imaginaire n'ont pas manqué, que ce soient les travaux du situationniste Guy Debord sur *La société du spectacle*[17], ou, plus récemment, ceux de Régis Debray sur la médiologie, la culture médiatique[18]. Dans cette course à la reproduction du semblable, qui vise à gommer le trouble qui témoigne qu'il y a de l'autre, du dissemblable (non semblable, mon frère!), les processus de normalisation se font tyranniques et tortionnaires : il s'agit de ne voir qu'une seule tête, en donnant en pâture, à travers la télé, les mêmes représentations figées. Comme on dit, mieux vaut être riche, beau et malin que… Malheur aux éclopés, psychotiques, cas sociaux, délinquants, arriérés… Il va falloir qu'ils rentrent dans le moule. Ce qu'on désigne, aujourd'hui, du nom d'insertion recouvre cette tentative de mise au pas. Tous semblables, voilà le slogan. Alors que la devise révolutionnaire insistait sur «tous égaux» en précisant… devant la loi. Tous égaux devant la loi qui régit les humains, la loi de la parole et du langage, c'est le contraire de «tous semblables».

Les établissements médico-sociaux sont aujourd'hui traversés par cette régression vers les images et, le plus souvent, essaient de faire plier les personnes hors norme vers ces emblèmes totémiques aliénants. En prônant les modèles d'une certaine réussite sociale, faisant fi qu'autour d'eux le monde est en train de s'effriter, elles nient, du même coup, ce qui peut constituer la voie originale des sujets qu'elles accueillent. À vouloir sans cesse le bien de l'autre, ne fait-on pas montre, comme le pensait Emmanuel Kant, de la plus grande des tyrannies? Il y a dans l'homme, quel que soit son état physique ou mental, quelle que soit sa constitution, quelque chose qui échappe au règne des images. L'homme habité et même construit par la vibration du verbe échappe à l'image.

Il me souvient que, dans mon enfance, un rituel de l'église catholique consistait à voiler les statues pendant le temps du carême, reprenant les quarante jours passés dans le désert par Jésus. Hors images, ce temps de carême conduisait les fidèles jusqu'à la résurrection de la chair, le temps pascal où la chair resurgit, transfigurée. Cet interdit de la représentation que l'on trouve également dans les deux autres monothéismes, l'islam et le judaïsme, ouvre des portes à la dimension symbolique qui seule peut servir de fondement à l'être dans son humanité. «Poétiquement habite l'homme sur cette terre», écrit le philosophe Martin Heidegger dans sa réflexion sur l'essence de la parole. « Dans quelle mesure l'homme habite-t-il poétiquement ? S'il habite ainsi, c'est qu'il parle. Comment l'homme parle-t-il ? Il parle en tant qu'il répond à la langue. C'est la langue qui proprement parle. Les mortels ne parlent jamais que pour autant qu'ils répondent. C'est-à-dire en ayant confié leur être à la parole[19]. »

Pour que la parole trouve son chemin

Nous avions fait vœu, dans cette institution, que la parole trouve son chemin, que la parole en souffrance (comme on le dit d'un paquet à la poste !) trouve sa voie et amène l'être au jour. Il fut décidé que Max puisse passer dans une autre structure. Une ferme thérapeutique. Un mercredi, Max alla la visiter. Je ne sais pas ce qu'il en pensait. Au retour, son visage était sans expression. Mais quelques jours plus tard, lorsqu'il croisait quelqu'un, il lui glissait malicieusement à l'oreille « les poules… » En quelques années, nous étions passés des « boules » aux « poules » Juste une lettre qui change. Juste une lettre, mais c'est tout le positionnement de l'être qui suit. Max commençait à sortir d'un univers rond, global comme un globe, sphérique, un univers de boules qu'il trimbalait partout dans son sac de Prisunic incapable d'inscrire dans le langage un symbole qu'il puisse échanger avec les autres.

Il était passé des boules du sac aux bulles d'air dans la piscine, et aujourd'hui, par un de ces miracles dont la langue est le théâtre, il passait aux poules. C'est quelque temps plus tard que Max alla à la ferme. Et il s'y plut. Il trouva sa place parmi les humains et les animaux, au plus près du travail de la terre qu'il aimait tant, jusqu'à la manger. Max ne sera jamais rentable dans un système de production, mais il a produit quelque chose de précieux chez ceux qui l'ont côtoyé. À travers le trouble qu'il nous inspira, le dérangement qu'il nous causa, il nous enseigna à l'écouter dans ce qu'il y avait de plus humain en lui. Quelques jours avant de partir, je trouvai Max assis dans la cour de l'institution. Je m'assis à quelques mètres de lui, faisant rouler au

Le trou bleu

sol un ballon qui traînait par là. Nous fîmes des passes. Passes, passages, passerelles, ponts... Le ballon passant de l'un à l'autre tissait entre nous quelque chose d'une reconnaissance. Ce ballon allant-venant de l'un à l'autre, c'est la matière même, la *materia prima* du langage.

«Au revoir Max, j'ai été content de te connaître...», et Max me renvoya le ballon. C'est sur cet échange que nous nous quittâmes. Les bulles nous avaient amenés au jeu de ballon, qui se joue à plusieurs. Jeu des échanges collectifs, jeu de socialisation. Le mot ballon est caché dans le mot symbolique. L'étymologie, dont je fais grand cas comme science de l'archéologie des mots et de leurs significations, nous révèle que le mot symbole est formé à partir du préfixe *sun*: avec; et *bolon*, du verbe *balein*, lancer. C'est du *balein* grec que nous viennent ballon et balle. *Sun-balein*, faire symbole, c'est proprement lancer ensemble.

La disparition d'Alexandre Grothendieck m'a profondément troublé, parce qu'elle participe de l'indécidable: est-il mort ou vivant? Dans quelle catégorie le caser? Et comment réagir? J'ai eu des nouvelles d'Alexandre, il y a quelques années, ensuite nous nous sommes perdus de vue. Il donnait quelques cours de maths à Montpellier, et refusait de publier les recherches qu'il poursuivait. Il s'était installé au fond d'un petit mas au-dessus de Lodève et cultivait son jardin. Ses collègues mathématiciens avaient fait l'impossible pour que le CNRS lui attribue une reconnaissance et un salaire minimum. Lui était ailleurs.

Un jour, j'ai lu un entrefilet dans le journal. Alexandre était convoqué au tribunal pour avoir accueilli chez lui un moine Shingong, venu du Japon sans papiers. Alexandre déclara au tribunal qu'il se fichait des papiers, que les rencontres entre humains se font en dehors de ces papiers qui vous assignent à résidence... Il fut condamné à une légère amende. Il paraît que, ces derniers temps, il habitait une cahute du côté d'Avignon. Il avait refusé le prix Crafoord pour son œuvre et vivait pratiquement en autarcie des produits de son verger. «Seule concession au monde moderne, précise le journaliste, une machine à laver[20].»

La dernière photo de lui, que publie *Sciences et vie* en août 1995, date de 1991, l'année de sa disparition. Elle le montre barbu, chauve, le visage tourné vers la gauche dans une certaine tension, il semble parler à un interlocuteur invisible, il semble dire: «Et toi, qu'est-ce que tu fous là [21]?»

Notes

* Ce texte est paru dans l'ouvrage sous la direction de Charles Gardou, *Les professionnels auprès des personnes handicapées*, érès, 1997.
1. J. Lacan, *Les écrits techniques de Freud*, Séminaire I, Paris, Le Seuil, 1975, p. 262.
2. M. Serres, *Hermès I, La communication*, Paris, Éditions de Minuit, 1969, premières pages d'introduction.
3. J. Picoche, *Nouveau dictionnaire étymologique du français*, Paris, Hachette-Tchou, 1971, p. 672.
4. J. Rouzel, ouvrage en préparation sur «La lettre de l'inconscient», thèse de doctorat d'études psychanalytiques, en cours à l'université Paul Valéry de Montpellier. J'y insiste sur la dimension de l'écriture comme lieu d'inscription, de traçage, de marquage de l'humain. C'est cela la socialisation, ou ce que l'on appelle, sans en comprendre le sens, l'insertion : la capacité de l'homme à s'inscrire parmi les autres. Le lieu d'inscription et d'écriture étant le symbolique, le langage au sens large. Cette dimension d'écriture est présente dans la cure analytique, mais aussi dans le travail éducatif.
5. D. Vasse, *La dissociation entre le parler et le manger*, document du centre Thomas More, mars 1985.
6. Les notions de «greffe» de symbolique et de «praticable», que j'esquisse ici, sont empruntées à J. Oury, aux ouvrages duquel on peut utilement se reporter, notamment, *Création et schizophrénie*, Paris, Galilée, 1989.
7. J. Goody, *La raison graphique. La domestication de la pensée sauvage*, Paris, Éditions de Minuit, 1977.
8. M. Albert-Llorca, *L'ordre des choses. Les récits d'origine des animaux et des plantes en Europe*, Paris, CTHS, 1991.
9. Sur cette question que recouvre le concept de médiations, on pourra lire le numéro d'*Empan* que j'ai dirigé. *Empan* n° 4, Toulouse, février 1991. Le symbole comme coupure-lien est également évoqué tout au long de l'œuvre conséquente de D. Sibony, notamment dans *Entre-deux. L'origine en partage*, Paris, Le Seuil, 1991.
10. S. Freud, «L'inquiétante étrangeté», *dans : Essais de psychanalyse appliquée*, Paris, Idées/Gallimard, 1983, p. 163-210.
11. S. Freud, *Le délire et les rêves dans la Gradiva de W. Jensen*, Paris, Folio Essais/Gallimard, 1986.
12. J. Lacan, *Séminaire X. L'angoisse*, 1962-1963, inédit.

13. M. Douglas, *De la souillure*, Paris, Maspero, 1981.
14. Cette question nécessiterait des développements que je ne puis fournir ici. Ce n'est pas mon propos. L'apprivoisement du mal et sa captation par les processus symboliques sont abordés dans mon ouvrage sur l'ethnologie du feu auquel je renvoie. J. Rouzel, *Ethnologie du feu. Guérisons populaires et mythologie chrétienne*, Paris, L'Harmattan, 1996.
15. Sainte-Thérèse d'Avila, *Œuvres*, Limoges, chez Bardou, imprimeur-libraire, 1840, tome 5, p. 24.
16. P. Legendre, *Dieu au miroir. Étude sur l'institution des images*, Paris, Fayard, 1994.
17. G. Debord, *La société du spectacle*, Paris, Gallimard.
18. R. Debray, *Vie et mort de l'image. Une histoire du regard en Occident*, Paris, Folio/Gallimard, 1994. *Cours de médiologie générale*, Paris, Idées/Gallimard, 1991.
19. M. Heidegger, *Acheminement vers la parole*, Paris, TEL/Gallimard, 1976.
20. R. Ikonikoff, « Mais où est passé le génie des maths ? », *Science et vie*, n° 935, août 1995, p. 52-57.
21. De cette rencontre avec Max, qui bien évidemment ne s'appelait pas Max, j'ai donné une version de fiction intitulée : « Exils » en début de cette partie. Le travail de la fiction, roman ou nouvelle, permet souvent d'aller plus loin dans l'exploration des situations et l'expression des sentiments. Il semble que, dans l'écriture, les éducateurs s'attachent trop souvent à raconter des anecdotes, alors qu'à mon avis, ce qui a du poids, c'est de dire la vérité, la vérité du vécu. La fiction, bien souvent, permet de mettre à jour la structure de vérité calquée sur la structure du récit. La fiction vaut théorie, en ce qu'elle met en scène les figures du désir de l'intervenant social.

Les formations de l'éducateur

Qu'est-ce qu'on fout là?

Tenter de répondre à la question, c'est entrer dans les nimbes du désir. Qu'est-ce qui nous pousse? Qu'est-ce qui nous attire? Quel est ce moteur superpuissant qui fait que je me mets une fois de plus à écrire sur mon métier et à côté...

Dès qu'on pose cette question surgit une difficulté: y mettre des mots pour donner un visage au désir qui n'a pas de forme. Le désir *a priori* n'a pas de visage, pas de forme et pas d'objet, si ce n'est, comme le disait Luis Buñuel, un obscur objet. Le désir est toujours désir de... Trois petits points: à nous de remplir les trois petits points. Le désir ouvre sur un texte troué, un texte qui n'est pas encore écrit.

Commencer à remplir les trois petits points, c'est commencer à parler, et à écrire. Qu'est-ce que tu fous là? C'est toujours la question que posait François Tosquelles lorsqu'il démarrait une réunion avec les éducateurs. Que ce soit une réunion de synthèse, de fonctionnement, peu importe. Le point de départ de tout collectif est cette prise de présence et d'existence de chacun. Répondre à la question, c'est se faire naître au groupe. Il ne suffit pas d'être sorti du ventre de sa mère pour être né. Sur ce plan nous ne sommes guère différents des grands mammifères. La naissance ne se produit que dans l'ordre du langage. C'est pourquoi la naissance est sans fin. Nous n'avons pas d'autre voie que d'en passer par des mots pour exister. Des mots qui nous représentent comme sujet, des mots qui mettent en scène ce qui nous porte. Nous sommes loin des tartes à la crème de la communication. Parler et écrire ça ne sert pas à communiquer. Sur ce plan l'être humain n'est pas performant, et je crois que nos cousins biologiques, les mammifères, font mieux. Il suffit d'entendre le chant des baleines ou des dauphins, pour voir ce que c'est la communication. Le langage humain, ça sert avant tout à dire que l'on est là, et que l'être qui est là est représenté dans une forme, qu'il prend forme. Parler et écrire sont donc des processus de formation, puisqu'ils nous donnent forme. Évidemment, c'est à renouveler à chaque instant. C'est pour ça que la formation, au sens de *gestaltung*, production de forme, formalisation, mise en forme, est sans fin. Il faudrait entendre le mot formation comme on l'entend dans d'autres domaines: on parle des glaciers en formation par exemple, ce qui donne l'idée d'un processus. On parle aussi d'une formation de jazz, ce qui renvoie à la dimension collective. Lacan disait aussi qu'il n'y a pas de formation des psychanalystes, il n'y a que des formations de l'inconscient. Il y a un mot inventé par Jean Oury, c'est celui d'enforme. L'enforme fabrique un espace, un site, c'est de l'ouvert. L'enforme est le risque que prend un sujet de donner à voir et à entendre ce qui l'habite.

Le mot forme est produit par une métathèse du grec *morphè*. Métathèse, c'est un chambardement des phonèmes, une espèce de verlan linguistique. *Morphè* ça désigne un moule. D'où l'apparition au XIIe siècle du mot formage, moule dans lequel on met en forme le caillé pour faire ce qui va s'appeler aussi le formage, première appellation dans notre langue de notre actuel fromage. Bref la formation, c'est tout un fromage... De là à vouloir, comme on le voit trop souvent dans les formations d'éducateurs, mettre les gens en moule, il n'y a qu'un pas... La formation, c'est pas le moulage à la louche, c'est pas du formatage, c'est la découverte de ce qui en soi est en formation, de ce qui demande à prendre une forme, dans le métier, mais aussi dans la vie de chaque jour... C'est pourquoi il n'y a de formateur que celui qui apprivoise ce processus en soi et essaie de le transmettre. Mais nul ne peut former quiconque à sa place. La formation, chacun se la coltine en permanence, que l'on soit dit formateur, élève ou professionnel… La question qui se pose à chacun, c'est : « Quel est le bon moule pour moi, quelle forme va traduire au plus près ce que je ressens, ce que j'imagine, ce que je désire… ? »

Je vais parler d'une formation particulière, celle de l'écriture.

Tout d'abord une petite histoire. Ça se passe vers 1650, dans la petite ville de Provins, dans la Brie. Tout le monde en a marre des écrivains. C'est une véritable invasion. Ils ont proliféré : il y en a partout, et surtout dans les champs, dans les vignes. On les voit se balader dans toute la contrée. Ils passent leur temps à faire des trous dans les feuilles dans lesquelles ils impriment de drôles de caractères. Devant cette invasion, les responsables de la ville et de l'Église se concertent et décident un exorcisme général. Au jour dit, un dimanche, tout le chapitre de Provins est là, l'évêque en tête, suivent les édiles et la population. On jette force formules en latin, on chante des psaumes, on apostrophe les écrivains en les enjoignant à partir, on déambule par les chemins et les ravines, on arrose largement le tout d'eau bénite. Et la cérémonie finit par une action de grâce à la cathédrale. Est-ce que ça y fit ? Est-ce que cette action énergique fit déguerpir les écrivains ? L'histoire ne le dit pas.

Mais qui sont ces écrivains si mal aimés, dévoreurs de feuilles et inventeurs de caractères qui font frémir par leur étrangeté diabolique ?

L'écrivain est un insecte, une sorte d'*eumolpe*. Eumolpe, c'est celui qui chante bien, en grec, celui qui produit une belle mélopée. L'écrivain est une crysomèle venue d'Amérique tropicale, de forme bombée, à livrée étincelante, végétarienne. Ses noms communs sont l'écrivain ou le gribouri (celui qui gribouille). Dans la famille, on compte un cousin illustre : le doryphore, le porteur de lance, le porte-plume si l'on veut, hantise des cultivateurs de patates.

On le voit bien : l'écrivain n'a pas bonne presse. C'est celui qui gribouille, qui jette à la face du monde d'étranges caractères, et ne cesse de consommer des feuilles, plutôt des feuilles de papier pour l'écrivain qui nous occupe. L'écrivain fait des trous dans le monde, découpe et arrange dans le monde une réalité qui n'est pas ordinaire, qui n'est pas encore advenue, et qui dérange. Toute production de forme, que ce soit en art, en littérature, dans l'industrie ou dans le travail social, désorganise le monde et pousse sans cesse à le reconstruire. J'ai publié, en 1996, un livre d'ethnologie (*Ethnologie du feu. Guérisons populaires et mythologie chrétienne*, Éditions L'Harmattan), qui aborde cette question. J'ai fait une enquête auprès des guérisseurs des maux du feu (brûlures, dartres, zonas…) que l'on appelle des panseurs. Il s'est avéré que cette pratique thérapeutique *a priori* étrange est soutenue par tout un arrière-fond de représentations, qui plonge ses racines dans la mythologie chrétienne et au-delà dans les mythologies de l'Antiquité gréco-latine. Mais ce qui fonde avant tout au point d'origine ces pratiques, c'est que l'agent du mal a été nommé : c'est le feu. C'est le feu qui tue des milliers de personnes entre le VIIIe et le XIVe siècle dans une étrange épidémie, survenue juste avant la grande peste, et que l'histoire retient sous le nom d'« épidémie de Feu sacré » ; c'est le feu qui affecte le corps des brûlés, des « estiominés », comme on dit au Moyen Âge, ou ceux qui souffrent des dartres, du zona, etc. À partir du moment où les choses sont nommées, où le mal a un visage, on peut agir sur lui. Gilles Vigneault raconte ceci dans une de ses chansons. Un enfant a rendu service à un vieux poète et celui-ci ne sait pas quoi lui donner en échange pour le remercier. Il a une idée : « Tu vois cette étoile là-haut, celle qui brille plus fort ? – Oui dit l'enfant. – Sais-tu comment elle s'appelle ? – Non, dit l'enfant. – Eh bien, elle s'appelle Véga. Lorsqu'on sait le nom des choses, ajoute le vieux poète, on les possède. » Gaston Bachelard, ce philosophe étonnant qui avait d'abord été commis des Postes et télégraphes, dans un essai de 1938 consacré à *La formation de l'esprit scientifique*, appelle ce processus la substantification. L'inconnu se fait substance et peut alors entrer dans des réseaux de manipulation symbolique. La nomination d'un être, d'une chose, d'un phénomène, est le point de départ de son entrée dans le monde des animaux parlants que nous sommes. Donner un nom à un enfant, n'est-ce pas du même coup le reconnaître comme entrant dans la communauté des humains?

Ainsi le premier travail qu'opère l'écriture, c'est de faire advenir au monde une forme, et dès que cette forme est apparue, on peut s'y appuyer pour comprendre le monde, c'est-à-dire pour le penser et donc le mettre en ordre, agir sur lui. Mais cette mise en ordre du monde est sans fin. Lorsque l'ordre du monde stagne, s'enlise, lorsque certains tentent de s'en faire un capital, de savoir ou de richesse, le monde pourrit, il devient à proprement parler immonde... C'est bien ce que nous vivons aujourd'hui dans nos sociétés dites évoluées, et soumises au laminage du spectacle et de la marchandise.

Dès qu'une forme nouvelle apparaît, le monde est questionné. Les écrivains, comme tous les inventeurs de forme, sont des empêcheurs de tourner en rond, ceux par qui souvent le scandale arrive. Ceux par qui nous parvient cette nouvelle que l'on s'efforce de ne pas entendre : du monde nous ne sommes pas les maîtres, sans cesse dans notre vie quelque chose nous échappe, sans cesse quelque chose cloche.

Lorsqu'on s'interroge sur la pratique éducative, ce point de vue de l'écrivain (mais faudrait-il dire écriveur ou écrivant?) a toute sa pertinence. La pratique éducative, comme toute pratique, n'a pas de forme en soi. On peut passer vingt ans dans une boîte, ça ne dit rien *a priori* de ce que l'on y fait. Je sais bien que certains pensent, parce qu'ils travaillent depuis longtemps dans le secteur, avoir, comme on dit, de la bouteille. À mon avis de la bouteille, ils n'ont que l'étiquette : vingt ans dans une MAS, ou vingt ans dans un CAT, ou vingt ans dans une MECS, etc. Confucius écrivait que «l'expérience est une lanterne qu'on porte dans le dos». L'expérience en tant que telle, si elle n'est pas forgée et trempée au feu de la parole et du langage, est une illusion, un doux leurre, et parfois une douleur. Autrement dit, pour témoigner d'une pratique, il faut lui donner une forme, donc s'en détacher, s'en distancier, s'en séparer. C'est un mouvement différent d'organiser un camp avec un groupe d'enfants, et d'écrire et expliquer ensuite ce qui s'y est passé. L'écriture, comme la parole, est une construction, c'est au sens propre du terme, une fiction. Et c'est sans doute le seul mode un peu efficace de production d'un théorie. «La théorie comme fiction», écrivait Maud Mannoni, comme Freud parle des théories infantiles qui permettent aux enfants de se raconter l'histoire de leur venue au monde. L'expérience ne produit pas un savoir par génération spontanée. Il faut bien en passer par des processus et des procédés d'élaboration pour qu'une pratique prenne sens et consistance. Mais il ne suffit pas de raconter sa vie pour construire une pratique. C'est là qu'il faut importer des pièces étrangères à l'acte éducatif. C'est là qu'il faut prendre appui, pour penser l'acte éducatif, sur des leviers. «Donnez-moi un levier assez solide, disait Archimède, et je soulèverai le monde.» On appelle ça des concepts. Ce sont des mots qui offrent la particularité de découper dans le monde des champs de savoir, des territoires épistémiques comme on dit. Les champs de savoir auxquels sont confrontés les éducateurs sont multiples et foisonnants. On en rencontre un certain nombre en formation, un peu en vrac et en désordre : le droit, la psychologie, la sociologie, la psychosociologie, la psychopédagogie, l'économie, l'histoire, la psychanalyse, etc. On a l'impression, dans le champ éducatif, que l'on pourrait ajouter sans fin des savoirs, alors pourquoi pas… la tectonique des plaques et la scolastique byzantine… ?

Nous sommes devant une difficulté certaine lorsqu'il s'agit de rendre compte, d'écrire, un acte éducatif. Le champ n'est pas vraiment cerné. Il y a un problème de discours commun. Quel est le discours qui fonde ce groupe social particulier que l'on appelle les éducateurs ? Le terrain est mal balisé. Contrairement à d'autres champs de pratiques, comme la médecine ou la psychologie. Les concepts qui bornent le territoire qu'occupent les éducateurs sont soit des concepts mous (donc pas vraiment conceptualisés) : le quotidien, la relation, l'accompagnement, le soutien, l'autonomie, la responsabilisation, vivre avec, etc.; soit des concepts importés des autres champs de savoir mais qui ont du mal à prendre racine. Il me semble que les champs de savoir auxquels nous empruntons sont de deux types. Un grand champ qui concerne les relations des hommes entre eux, et l'on pourrait ici placer la sociologie qui est une dérive de l'ethnologie, et l'économie, le droit, etc. Et un autre champ qui concerne la vie intrasubjective des sujets, là on a la psychanalyse et la psychologie clinique... Mais en l'exposant ainsi je m'aperçois en même temps que ce découpage est faux. En effet, il n'y a pas d'un côté des sujets et de l'autre du social, pour aller vite. Le social et le sujet sont intimement imbriqués. Pas de social sans sujet; pas de sujet sans social. Ce à quoi ont affaire les éducateurs, c'est justement à cette imbrication, à cette insertion du sujet dans l'espace social, à son mode d'inscription dans la collectivité. Être un parmi d'autres, c'est ce qui fait souffrance, pour certains. Et c'est à ce point de souffrance qu'interviennent les éducateurs. Parce que l'insertion d'un sujet dans le social, ça ne se fait pas sans mal. Soit le sujet a pu s'en débrouiller ailleurs, dans sa famille, à l'école, et il n'a pas besoin d'éducateur. Soit il n'a pas pu réaliser ce processus d'insertion, c'est-à-dire prendre une place parmi les autres, et là il y a du boulot pour les éducateurs. Donc mon découpage n'est qu'à moitié efficace. Il faudrait peut-être inscrire les deux dimensions de l'acte éducatif sur une bande de Möbius: pour s'apercevoir que du social au sujet et du sujet au social il n'y a qu'un pas, il n'y a qu'un tour de piste à effectuer.

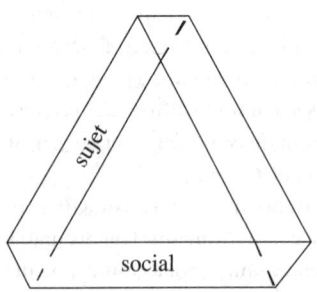

Les éducateurs, dont le boulot est l'accompagnement des sujets dans ces tours de pistes, ont à veiller à ce que ça ne tourne pas mal, à ce que ça ne tourne pas au vinaigre. D'où une difficulté lorsqu'il s'agit de rendre compte et d'en laisser une trace écrite.

Comment articuler sans les mélanger, la dimension du sujet et celle du collectif ? Comment articuler la dimension de la clinique et celle de la politique ? Comment prendre en compte chacun au cas par cas, et en même temps s'inscrire dans des orientations politiques qui gouvernent et décident du travail éducatif ? Comme le dit le proverbe : « Entre l'écorce et l'arbre, il ne fait pas bon mettre le doigt. »

« L'inconscient, c'est le social », affirme Jacques Lacan vers la fin de sa vie.

Déjà Freud avait levé le voile, qui, dans « Psychologie des foules et analyse du moi », posait que « l'opposition entre la psychologie individuelle et la psychologie sociale, ou psychologie des foules, qui peut bien nous paraître à première vue très importante, perd beaucoup de son acuité si on l'examine à fond [...]. La recherche psychanalytique nous a appris que toutes ces tendances sont l'expression des mêmes motions pulsionnelles qui, dans les relations entre les sexes, poussent à l'union sexuelle, et qui, dans d'autres cas, sont certes détournées de ce but sexuel ou empêchées de l'atteindre, mais qui n'en conservent pas moins assez de leur nature originelle pour garder une identité bien reconnaissable [1] ».

Prendre au sérieux la dimension de l'inconscient dans le travail éducatif, c'est en mesurer l'incidence aussi bien dans la rencontre clinique au cas par cas de chaque sujet, que dans les rapports des sujets entre eux, à savoir le lien social.

Il n'y a pas, comme l'affirment certains, sans doute pour se débarrasser d'une question qui les embarrasse, le sujet d'un côté et le social de l'autre.

Les éducateurs n'ont pas vraiment pris la mesure de cette double évidence : l'homme est un être parlant et c'est dans un espace de langage que se fait toute rencontre. Bombardés en formation et sur le terrain par des masses de savoirs de plus en plus éclatés, ils ne savent plus où se repérer. L'exigence éthique veut qu'au-delà des savoirs accumulés, chacun se questionne sur ce qu'il compte en faire au regard des personnes que le service social lui demande de prendre en charge. Du savoir il y en a à la pelle à ne plus savoir qu'en faire, c'est bien le drame! Du coup les acteurs de l'éducation spéciale ne savent plus à quel saint se vouer[2].

Depuis la création effective et reconnue de la profession d'éducateur, soit l'immédiate après-guerre, il semble que les éducateurs n'aient pas su dégager des pistes de formalisation spécifiques. Les éducateurs en sont réduits pour écrire et parler de ce qu'ils font, à voler des bouts de savoirs à d'autres… Ça ne fait pas un discours, ça fait des miettes de savoir, des concepts en kit, de la charpie, du charabia, voire parfois de la langue de bois… Les éducateurs ont depuis trop longtemps collé à des discours externes à leur acte. Pendant tout un temps, il y a eu une soumission au discours médical, surtout dans sa version psychiatrique. Celui qui savait dans les équipes, c'était le psychiatre ou le médecin-chef. Aujourd'hui nous sommes sous l'aliénation du politique, de l'économique et du sociologique. Il y en a même qui jurent dur comme fer que les éducateurs doivent obéir à la «commande sociale». Ce collage à la langue des maîtres a produit des ravages. Le manque de conceptualisation des actes éducatifs a fait que les éducateurs se sont livrés à des discours aliénants. Comment aujourd'hui produire un discours cohérent qui permette à la fois de rendre compte du travail spécifique des éducateurs, et de se confronter à d'autres professionnels et à d'autres discours? C'est toute la question. Soit les éducateurs que nous sommes allons faire reconnaître ce que nous faisons, soit cette profession disparaîtra. J'ai bien peur malheureusement qu'elle disparaisse pour laisser place à des formes plutôt barbares d'accompagnement social. On reviendrait alors au pas bon vieux temps des gardes-chiourme, des maisons de redressement et des colonies pénitentiaires. Les expériences récentes d'encadrement et de mise au pas de jeunes délinquants par l'armée devraient nous faire dresser l'oreille.

La lame de fond qui lamine le travail social aujourd'hui est terrible. C'est la même qui ravage l'ensemble d'une culture. Elle se manifeste dans une massification et une stigmatisation à outrance des populations. On ne parle plus, dans les discours qui soutiennent une prétendue cohésion sociale, de citoyens, encore moins de sujets, mais de groupes de population : les immigrés, les érémistes, les jeunes, les cas sociaux, les fous... Parfois même on écrase les personnes sur leur mode d'habitation : on dit les banlieues, les zones à risque, les cités... À cette massification des désignations correspond une massification des projets et des orientations. Il s'agit de veiller sur des groupes entiers, de veiller à ce qu'ils ne débordent pas, de mettre le couvercle sur la cocotte. Et dernière conséquence : la boucle est bouclée, on n'a plus besoin de professions spécialisées, éducateur, moniteur-éducateur, assistant de service social, etc. On fond ces professions dans l'ensemble flou des travailleurs sociaux et le tour est joué.

Sur vingt-cinq millions d'actifs en France, une fois enlevés les enfants et les personnes à la retraite, il y a onze millions de personnes sans emploi. C'est-à-dire que sont débranchées de l'appareil de production presque la moitié des forces vives du pays. Ceux qui ont du fric, du boulot, une certaine stabilité, ne veulent surtout pas que ça bouge. D'où l'inertie du projet social aujourd'hui. Et les travailleurs sociaux sont désignés, et souvent s'autodésignent, comme gardiens de cet ordre inique qui produit misère, pauvreté et gaspillage des ressources humaines. Pour occuper les travailleurs sociaux, on ne cesse pas de pointer de toujours nouveaux foyers d'incendie : sida, banlieues, échec scolaire, surendettement, SDF, enfants battus, chômage, maladies génétiques... On fait éclater les questions, et les travailleurs sociaux, auxquels se joignent aujourd'hui des cohortes de bénévoles, sont invités à colmater les brèches, et chacun y va de son gadget : téléthon, concert de charité, restos du cœur, entreprises intermédiaires, projets DSU (plutôt déçus !)... Parallèlement, dans l'ensemble mou du travail social, on voit poindre de prétendus nouveaux métiers : chefs de projet, ingénieurs sociaux, médiateurs en tous genres...

Massification et morcellement sont les deux faces de la même médaille. Il n'y a pas de sujet, il n'y a que des groupes sociaux et des problèmes. Et notre société va bon train, à l'allure d'un rouleau compresseur. On dirait qu'on ne peut pas décrocher d'une certaine idéologie du bonheur par la consommation. Je dépense, donc je suis, tel est le nouveau cogito. Nous avons construit une société sur ce mythe increvable du bonheur, ce mythe qu'à tout désir un objet de consommation pourrait répondre, et plus on veut faire le bonheur de l'humanité et plus ça va mal. Dans cet état d'esprit, les politiques sociales sont morcelées en permanence : dégagement des problèmes (ce qu'on appelle pudiquement les besoins des populations) et course infernale à de prétendues solutions... Et si le problème gisait surtout dans la manière de le poser ? Ça donne la mesure de tous ces gens, nos collègues de travail, nos frères, qui veulent malgré tout faire le bien des autres. Encore un petit effort camarades, le bonheur est en vue. Tout nous montre la cruauté de ce que cette illusion du bonheur a produit. Demain chantera..., en attendant nous sommes comme des castrats qui viennent d'être coupés.

Allons-nous encore longtemps, comme éducateurs, participer à ce cirque ? Allons-nous encore longtemps entretenir ce mythe ?

Quelle est la place des éducateurs dans ce chantier ? Il me semble que cette place ne peut être que subversive. Subversive au sens où il s'agit de faire entendre un autre son de cloche. La subversion, c'est ce qui déstabilise la version officielle, étymologiquement parlant, c'est la version du dessous, c'est la parole des sans-voix, des sans-grade... Et dans ce mouvement, le travail de l'écriture a toute sa place. Lorsqu'on écrit pour de vrai, ça dérange. On vous prend pour des insectes malfaisants à écraser. Le premier acte que produit toute tyrannie est d'ailleurs de jeter en prison ou d'assassiner toute personne qui s'exprime en dehors de la voix de son maître. Mais que s'agit-il d'écrire pour les éducateurs ?

Je vais revenir à mes catégories, qui valent ce qu'elles valent, et qu'il faut dialectiquement articuler. Il s'agit, à mon avis, de témoigner à deux niveaux : d'abord au niveau de l'engagement que nous soutenons auprès des sujets, quelles que soient leurs difficultés à vivre ; ensuite dans la confrontation au politique.

Dans cet engagement, si nous sommes un peu attentifs, nous verrons qu'il n'y a qu'une manière de faire les choses : laisser à l'autre une position d'acteur, de sujet responsable de ses choix, responsable de sa vie. Je définis ici un espace de clinique éducative en m'appuyant sur cette formule de Lacan : « Il n'y a de clinique que du sujet. » En tant qu'éducateurs, nous n'avons pas de savoir tout prêt sur l'autre, sur ce qui lui arrive, sur ce qu'il doit faire. Nous avons à l'écouter dans son désir et à mettre à sa disposition notre connaissance de l'espace social et de ses possibilités pour qu'il puisse y faire sa place. C'est ça l'accompagnement éducatif. Dans cet espace clinique, nous voyons bien que c'est en nous situant comme manquants, comme manquant d'un savoir et d'un pouvoir sur l'autre, que quelque chose peut advenir. Nous avons à transmettre cette dimension de manque, afin que les sujets pris en charge se réalisent aussi comme manquants, c'est-à-dire comme sujets désirants. Ce travail sur les limites et la responsabilité est la seule manière d'approcher l'autonomie, ce qu'en psychanalyse on appelle la castration, qui consiste à faire avec le manque... Sur le plan de notre confrontation au politique, nous avons à faire cas de cette opposition au mythe de la complétude, du bonheur parfait, de l'harmonie universelle, des lendemains qui chantent, qui fait des ravages... Nous avons à appuyer la construction d'un collectif à visage humain, où chacun puisse trouver sa place, où la parole de chacun soit prise en compte... Nous sommes dans ce moment de l'histoire de la démocratie où les fondements mêmes du collectif se lézardent. On n'a jamais autant disposé de moyens de communication, et pourtant la parole est dévalorisée, dévoyée. Elle est détournée en circuits de distribution de l'information ; elle est mise en spectacle. Ou bien on propose à chacun de s'exprimer, et une fois fait, le pouvoir reprend ses billes : on ne tient aucun compte de la parole des citoyens, c'est « cause toujours, tu m'intéresses ». Les espaces d'expression sont minés ou confisqués. Et ça se passe à tous les niveaux, depuis l'État qui a pour tâche de garantir les libertés publiques, jusqu'au sein des associations du secteur médico-social. Nous assistons à un retour cinglant des petits chefs, des petits maîtres, qui, sous couvert d'impératif économique, vous font fermer le bec. Si les directeurs d'institution sont formés au management, à la gestion, à l'ingénierie sociale, ils ne savent pas ce que parler veut dire.

Et pourtant, dans un contexte aussi dur, j'en appelle à l'écriture pour avancer. Je crois vraiment que ce n'est qu'au prix de faire savoir, et chacun à sa façon, chacun avec son style, ce qui nous soutient dans cette profession, ce que nous y faisons, ce que nous y défendons, qu'une avancée est peut-être possible. Écrire, ça sert à penser, ça produit de la pensée. Dans ce mode de production, je milite pour que l'éducateur fasse flèche de tout bois : poésie, littérature, écrits théoriques, récits de pratique, cinéma, vidéo…

Mais comment s'y prendre pour écrire ? C'est une question que l'on m'adresse souvent, en tant qu'écrivain et en tant que formateur. Je ne connais qu'une façon de s'y prendre : c'est en écrivant qu'on apprend à écrire. Et à condition que le désir nous y pousse, nous saurons bien trouver chacun la bonne forme. Nous avons un style et un discours communs à inventer. Nous avons à revivifier les mots de la tribu pour que chacun, y compris les plus démunis, y trouve son compte. Ce discours ne naîtra que si chacun s'y met. C'est un enjeu professionnel, et c'est un enjeu éthique. Éthique au sens où je l'entends, dans le sillage de Jacques Lacan : « L'éthique, c'est l'art du bien dire », non pas de dire le bien, non pas de dire bien pour ne rien dire, mais de dire ce qui nous travaille, nous habite, nous fait vivre chacun comme sujet soumis à l'ordre de la parole et du langage.

NOTES

1. S. Freud, « Psychologie des foules et analyse du moi », *Essais de psychanalyse*, trad. nouvelle, Paris, Payot, 1981, p. 123.
2. Pour explorer cette question, j'ai créé aux Éditions Théétète, une collection « Travail social et psychanalyse ». Un des premiers ouvrages à paraître sera *Jeunesse à l'abandon (Des jeunes en souffrance)* d'A. Aïchhorn, avec une préface de S. Freud, dans une nouvelle traduction, Théétète, Éditions du Champ social, Les Casers, 30700 Saint-Maximin.

Jeux d'échecs

> « *Le petit enfant qui entre pour la première fois à l'école, a déjà derrière lui une foule d'exigences affectives qui pèsent lourd.* »
> Anna Freud,
> *Initiation à la psychanalyse pour éducateurs.*

Dans le jeu d'échecs, dont l'origine se perd en Iran ou en Inde, l'échec annoncé au Roi est le prélude du Mat – mot qui en arabe désigne la mort. On pourrait dire qu'il se produit dans l'échec scolaire de certains enfants quelque chose de similaire : mise en échec du père et de la mère dans leurs désirs projetés sur leur enfant, cache-cache avec la mort et l'impossible chez l'enfant.

Bien entendu les « causes » (ce qui est cause de et ce qui cause de...) de l'échec scolaire offrent un éventail multiple de pistes. Des sociologues comme Bourdieu et Passeron ont rendu compte de ce phénomène, en décryptant l'aspect de reproduction de l'appareil social par l'école. Pour maintenir un certain état de choses quant aux hiérarchies sociales, un certain taux d'échecs s'avère indispensable. On assiste à un taux d'échecs d'autant plus important que l'on descend dans les catégories sociales ; le point maximum étant atteint chez les enfants de familles immigrées (Bourdieu et Passeron, *Les héritiers*, les Éditions de Minuit, 1968).

Baudelot et Establet, quant à eux, concluent dans *L'école capitaliste en France*, paru chez Maspéro en 1971, qu'«une des fonctions de l'école, c'est de répartir matériellement les enfants dans les deux réseaux qui préordonnent la répartition à des places tendanciellement opposées dans la division du travail, dans la société divisée en classes». En bref, la société a besoin de deux classes: des exécutants et des penseurs, et l'école est chargée de produire ces deux classes.

Les prévisions du septième plan présentant les besoins de l'emploi dans les différents secteurs professionnels ne faisaient qu'actualiser et perpétuer ce que Claude Grignon appelle, à juste titre, «l'ordre des choses». En effet le septième plan prévoyait, pour les besoins de l'emploi, les modalités suivantes: de niveau I à IV (bac ou plus) 22,3 %; de niveau V (CAP, BEPC, BEP) 34,1 %; de niveau VI (sans diplôme) 43,6 %. D'autre part, comme nous le rappelait Maud Mannoni dans *L'enfant arriéré et sa mère*, on recensait, dans les années soixante, un million d'enfants inadaptés. Ce chiffre, encore plus élevé si on l'actualise, n'est pas sans poser un problème politique: qu'en est-il en effet d'un système qui fabrique les inadaptés dont il a besoin?

Le problème de l'échec scolaire est intimement imbriqué dans ces questions de sociologie politique, et même si c'est sur un autre plan que je désire intervenir, il ne faut pas perdre de vue ces notions essentielles qui, si elles ne suffisent pas à rendre compte de tous les aspects du problème, en constituent la toile de fond. C'est à un aspect un peu négligé des raisons de l'échec scolaire que je m'attacherai ici: qu'est-ce qui, à travers l'échec scolaire, est mis en échec, chez l'enfant et chez les parents? En effet, si l'aspect sociologique est à prendre en compte, il n'explique pas tout, notamment les raisons d'échecs chez des enfants issus de milieux aisés, qui *a priori* ont «tout pour réussir». Que traduit dans ce cas, sous l'habit symptomatique de l'échec, le blocage de l'enfant devant l'apprentissage? Le symptôme de l'inadaptation scolaire, nous dit Mannoni dans *Le premier rendez-vous avec le psychanalyste*, peut avoir deux fonctions qu'il convient de distinguer:

1. Soit le symptôme a valeur de message, et dans ce cas il s'agit de l'écouter, de le recevoir ;
2. Soit le symptôme n'a pas valeur de message, et une rééducation simple suffira à remettre l'enfant sur les rails de l'apprentissage.

C'est à la première hypothèse que je m'attacherai ici. Je présenterai ainsi la question : « De quelles pressions, internes et externes – sauf cas de débilité mentale ou physique particulière –, l'enfant est-il l'objet, pour être dans l'impossibilité de se situer en tant que sujet de son désir propre ? »

Pour situer le problème, j'aimerais rappeler quelques notions clés de la psychogenèse de l'enfant, en m'appuyant en la matière sur les travaux psychanalytiques de l'école lacanienne.

Pierre Texier, dans un article intitulé « L'échec scolaire, échec de Sisyphe », écrit : « Lorsqu'un bébé commence à percevoir le monde autour de lui, il le fait à l'intérieur d'une structure qui, en général dans notre société, est la structure triangulaire du type de la famille conjugale. » Et c'est bien dans cette structure triangulaire de base que l'enfant prend racine et sens. Personnellement, je ne suis pas sans penser que toute situation existentielle a à voir avec cette triangulation, et que donc, toute situation d'échec relève d'un défaut dans cette structuration.

Concrètement, la conception est déjà triangulation : l'embryon vient « trinifier » la rencontre de l'ovule et du spermatozoïde. Peut-être est-ce pour cette raison que d'autres civilisations, comme la civilisation tibétaine, situent le nouage œdipien dès ce stade. Tout au long de la grossesse également, le fœtus est partie prenante de cette « sainte trinité ». Les travaux récents de Feijoo et de Tomatis ont montré que, dans l'utérus, l'enfant perçoit d'abord les sons graves. Bernard This, dans *Le père, acte de naissance*, va même jusqu'à dire : « Entre le vécu dans le liquide amniotique et le vécu à l'air libre, la voix du père sert de référence transitionnelle sécurisante. » De même, à la naissance, le placenta – cet organe si refoulé par les pratiques obstétriques de notre société – témoigne de cette triangulation. Parler de la « dyade mère-enfant », c'est occulter un peu vite cette trinification fondamentale. « Oublier le placenta, déclare Bernard This dans l'ouvrage précité, c'est maintenir l'illusion d'une fusion-confusion originelle dans une complémentarité parfaite.» À la naissance, c'est bien cette dyade illusoire narcissique qui éclate. Et la période de dépression dans laquelle entrent les jeunes mères est sans doute à la mesure de leur fantasme de plénitude. Or si une femme donne à l'enfant une naissance biologique, cela ne suffit pas pour qu'il prenne place parmi les humains. Il lui faut s'enraciner dans la vie psychique qui se caractérise de ce que les humains sont baignés et pétris par la parole, «structurés par la dimension symbolique», nous dit Lacan. «S'excorporer, continue Bernard This, n'est pas naître. Si l'enfant traversant le corps de sa mère vient se loger dans ses bras, restant orbité par le seul désir maternel, sans être référé par elle au père, l'homme qui se tient à côté d'elle, s'il est pensé comme objet de sa fabrication, partie de son propre corps, il n'est pas né. Il est encore dans le ventre de son désir, condamné dans sa prison dorée, soumis au devoir de lui faire plaisir.»

Le père vient en position tierce entre la mère et l'enfant, il vient, pour que l'enfant vive, rompre le charme. Cette position est le fondement même de l'interdit de l'inceste qui, comme l'a montré Claude Lévi-Strauss dans ses *Structures élémentaires de la parenté*, constitue le principe universel de toute socialisation.

En quoi se caractérise la fonction paternelle[1] ? J'emprunte ces réflexions à une remarquable étude de Colette Laterrasse sur la fonction paternelle et maternelle, parue dans les numéros 1 et 2 de la revue *Dossiers de l'éducation*

D'abord, in utero, le père est perçu par l'enfant comme un être de parole. Ce qui situe d'emblée le père dans le registre du symbolique.

Le père, en «reconnaissant» l'enfant à la mairie, en lui donnant son nom de famille qui est le nom de ses pères, inscrit l'enfant dans une lignée généalogique. Il lui donne place dans un système de parenté, le hissant hors du biologique, jusqu'au monde du langage articulé.

Le père comme introducteur de l'interdit de l'inceste est porteur de la loi. Il l'incarne et la représente, mais ne la fait pas.

Il est le gardien d'une loi qui le dépasse. Il ouvre ainsi l'enfant au monde du désir, de la demande qui ne peut s'exprimer que d'être limitée.

« Non, tu ne retourneras pas en ta mère, mais du fait même, les relations à d'autres femmes te sont ouvertes. » Voilà ce que signifie profondément l'interdit de l'inceste. En lui présentant une voie de sublimation aux pulsions primaires, le père introduit chez l'enfant une dynamique de la connaissance et du savoir, qui s'enracine, comme Freud l'a montré, dans la pulsion sexuelle, et se trouve ainsi socialisée.

En dehors de cette fonction castratrice à proprement parler, le père a une fonction unificatrice : par contrecoup, il fait lien entre le sujet et la loi, l'histoire personnelle et l'histoire sociale. Il introduit chez l'enfant l'ordre social qui lui permettra d'y trouver place et d'y parler en son nom propre. Jacques Lacan déclarait, dans son séminaire sur *Les psychoses* : « L'introduction du signifiant père introduit d'ores et déjà une ordination dans la lignée, la série des générations. » C'est dans ce sens que Lacan forge la « métaphore paternelle » : le Nom-du-Père (les non-dupes errent, dit-il non sans humour, pointant par là que tout enracinement dans l'ordre de la société prend acte d'une certaine duperie, sous peine, pour le sujet, d'être jeté dans une éternelle errance).

La métaphore paternelle substitue au signifiant mère celui du père. C'est cette substitution qui ouvre l'enfant au monde de la parole comme sublimation de l'objet perdu. C'est ce qui lui ouvre la porte du champ symbolique ; donc de la parole, du discours, de la logique, etc., autant d'éléments que nous allons retrouver en jeu dans les processus d'apprentissage. Mais s'il y a défaut dans cette structuration, défaut que Lacan nomme forclusion du nom-du-père, cette chaîne de transmission fonctionne mal. Ceci explique que nous ayons parfois affaire à des enfants chez qui apparemment il ne manque rien pour apprendre et qui pourtant sont incapables d'enregistrer la moindre connaissance. Cette défaillance dans la structure fait que rien ne peut s'y accrocher. Il y a chez eux rupture des rails symboliques, et l'élève se perd et s'épuise dans la répétition des mêmes erreurs.

C'est au moment de l'œdipe que cette structure ternaire entrera pleinement en jeu. Ce moment où se jouera la relation au phallus. Par ce terme, Lacan désigne «le signifiant du désir». Le complexe d'Œdipe tel qu'il le formule consiste en une dialectique dont les articulations alternatives majeures sont:

– dans un premier temps, être ou ne pas être le phallus. L'enfant s'aliène à la mère dans la position d'être tout pour elle;

– deuxième temps: l'avoir ou pas. «Le père n'a aucune fonction dans le trio sinon de représenter le porteur, le détenteur du phallus. En d'autres termes, il est ce qui, dans la dialectique imaginaire, doit exister pour que le phallus soit autre chose qu'un météore» (Lacan, *Séminaire III*);

– le troisième temps permettra à l'enfant de sortir de l'œdipe et de réaliser que le phallus, on ne peut ni l'avoir ni l'être, et que pourtant, il existe: c'est la dimension symbolique elle-même. Le père est alors intériorisé comme idéal du moi. C'est le lieu où pourra se médiatiser le désir de l'enfant. C'est le vrai sens de la castration.

Si je m'étends aussi longuement sur cet apport théorique de l'école lacanienne, c'est qu'à mon avis ce point de vue permet de rendre compte de ce qui se joue dans la dynamique de l'échec scolaire lié à un défaut de la structure triangulaire. La faille peut opérer à plusieurs niveaux. Et cette défaillance fondamentale, on peut la représenter comme une surface lisse sur laquelle rien n'accroche. Combien de fois n'a-t-on entendu: «Cet enfant ne retient rien, ça glisse sur lui comme sur une toile cirée; ça rentre par une oreille, ça ressort par l'autre, etc.» Mais comment «retenir» si la fonction de contenant, de «container» pour reprendre un terme de Bion, n'a pas opéré. Le fait que, très souvent, cette faille dans le contenant se mette à parler dans tout le corps (perte de mémoire, encoprésie, énurésie, agitation…) nous en dit long sur l'origine du symptôme. Dans son livre *L'enfant de six ans et son avenir*, Colette Chiland a cette conclusion que je ferai mienne: «La triangulation des relations offre à l'enfant une première possibilité de résoudre les contradictions posées par l'investissement inévitablement ambivalent de l'objet premier (la mère); en le détournant vers un second objet: le père. Mais ce deuxième objet est aussi l'objet d'un investissement ambivalent. Et la culture favorise des déplacements sur des objets substitutifs à valeur symbolique, qui prennent le relais des objets transitionnels.» Et elle poursuit: «La manière dont l'enfant va s'intéresser aux objets culturels et tirer satisfaction de son propre fonctionnement intellectuel, dépend à la fois de ses relations passées et présentes avec eux. L'on a vu comment la fonction symbolique plonge ses racines dans la zone transitionnelle, l'on sait comment un conflit œdipien trop intense et persistant peut entraîner une impossibilité de satisfactions déplacées, de sublimation; si les parents ne favorisent pas le développement d'un mode d'échanges verbaux, culturels, de longue date, ils n'ont pas préparé l'enfant à la scolarisation, et l'écolier ne trouve rien, dans les apprentissages scolaires, qui prolonge et remplace ses modes de séduction antérieurs qui lui valaient la fierté de ses parents et les caresses dans le giron.»

Si l'on accepte l'hypothèse que j'ai développée, dans le droit fil des recherches de Lacan, posant l'échec scolaire comme manifestation d'un défaut dans la structure œdipienne, l'on voit que ça peut «coincer» à deux niveaux.

Tout d'abord, dans la première phase, celle de l'enfant-phallus, l'enfant-roi. L'enfant, de par la carence ou la non-efficacité de la fonction symbolique, reste sidéré, orbité dans la relation à la mère, qui la fait toute et le fait tout, comme objet comblant du manque maternel. Il reste aliéné dans un mode de relation imaginaire à lui-même et à son environnement. Et toute tentative d'acquisition intellectuelle à venir sera entachée de ce bouclage à l'origine.

Comment en effet introduire, en mathématiques, un enfant à la notion de division, si dans sa vie, cette notion est impensable, biffée ou mal intégrée? Comment lui faire sentir le sens de la soustraction quand cette opération entre chez lui en résonance avec une perte impossible à assumer? Stella Baruk, dans son livre *Échec et maths*, nous donne une foule d'exemples allant dans ce sens. Et ce qu'on pourrait prendre comme un jeu sur les mots (division, soustraction) se révèle être la clé de voûte de l'échec scolaire. En effet, nous dit Lacan: «C'est la structure symbolique qui fait l'homme.»

La deuxième phase qui peut poser problème est celle d'avoir ou non le phallus. Ici, l'enfant introduit à la castration la vit uniquement sur le versant de la privation. Ceci arrive dans les cas où le père réel est soit surpuissant, soit impuissant. Dans les deux cas, l'enfant est renvoyé à un au-delà de la castration impossible, ses acquisitions scolaires étant dépendantes de «la figure paternelle imaginaire». Soit cette figure est inatteignable, soit elle est indépassable. Dans les deux cas, l'enfant reste aliéné dans une relation duelle.

En conclusion, ce que j'ai voulu suggérer, c'est la nécessité, quand on parle d'échec scolaire, d'aller voir de plus près du côté de la dynamique œdipienne. Bien sûr, dans certains cas, l'échec est dû à des difficultés passagères, non structurales, et une rééducation bien menée en viendra à bout. Dans d'autres cas, comme je l'ai montré c'est du côté du non-dit, du non-verbalisé qu'il faut chercher: l'enfant est coincé dans une dynamique répétitive d'échec. Le travail avec les parents est alors primordial.

On peut se demander, si cette hypothèse a un fondement, comme je l'ai exposé, ce qu'il convient de faire pour pallier l'échec scolaire. La réponse est la conséquence même de cette hypothèse. Si l'échec de certains enfants à l'école s'enracine dans une faille, un trou dans la structuration symbolique, c'est de ce côté, du côté de la «réparation» par le langage qu'il va falloir s'activer. Comme le dit Maud Mannoni dans *Le premier rendez-vous avec le psychanalyste*: «Il est rare qu'on ne perçoive pas derrière le symptôme un certain désordre familial. Cependant, il n'est pas certain que ce désordre familial ait, par lui-même, une relation directe de cause à effet avec les troubles de l'enfant. Ce qui apparaît comme nuisible au sujet, c'est le refus des parents de voir ce désordre, leur effort en parole, pour y substituer un ordre qui n'en est pas un. Ce n'est pas tant la confrontation de l'enfant avec une vérité pénible qui est traumatisante, mais bien sa confrontation avec le mensonge de l'adulte, c'est-à-dire son fantasme. Dans

Jeux d'échecs

son symptôme, c'est bien ce mensonge qu'il présentifie. Ce qui lui fait du mal, c'est non tant la situation réelle que ce qui, dans cette situation, n'a pas été clairement verbalisé. C'est le non-dit qui prend ici un certain relief. »

NOTE

1. Voir le chapitre « Qu'est-ce qu'un père ? L'acte éducatif prend appui sur la "métaphore paternelle" ».

*Défonce du territoire,
territoire de la défonce*

> « *La connaissance de l'effet
> dépend de la connaissance de la cause
> et l'enveloppe.* »
> Baruch de Spinoza, novembre 1677,
> axiome IV de l'*Éthique*.

LE TERRITOIRE DE LA DÉFONCE

Toxicomanies, alcoolisme, surmédicalisation, anorexie, boulimie (sport ? travail ? idéologies ? religions ?...)[1].

Le problème des dépendances, ces « pathologies du lien social », comme les nomme Daniel Sibony, dans son ouvrage consacré aux *Perversions actuelles*, questionne le collectif. Là où le lien social ne prend pas chez certains sujets, on assiste à un court-circuit de la pulsion. Des objets de consommation, des produits de la science sont détournés de leur usage et viennent prendre la place des processus de symbolisation qui permettent à chacun de tisser des relations avec les autres. La défonce, pour certains sujets, sert à quelque chose..., notamment à évacuer momentanément l'insupportable du rapport aux autres.

D'autre part, et dans une progression concomitante, dans le domaine de la psychiatrie, les produits pharmacologiques ont gagné du terrain. Il y a ceux qui se défoncent et ceux que l'on défonce. Sans nier naïvement les apports spécifiquement médicaux et curatifs des produits de la science en psychiatrie, force est cependant de constater qu'ils sont encore trop souvent employés pour museler le patient qui dérange, plus que pour faciliter son expression quant à sa difficulté de vivre.

Dans notre société postmoderne, le territoire de la défonce a gagné du terrain. Le malaise dans la civilisation et la capacité de l'être humain à s'y dérober en faisant appel aux «briseurs de soucis», comme l'écrivait Freud dès 1929, ont largement atteint des franges entières de population qui envahissent petit à petit les services du médico-social. Les équipes de santé mentale et les travailleurs sociaux, de plus en plus confrontés à ces personnes, sont bien souvent démunis pour leur apporter des réponses. Trop souvent, la logique des praticiens sociaux obéit à des stratégies d'évitement ou de colmatage. On s'attache plus alors à évacuer et à faire taire les questions («il faut qu'il s'arrête!»), parce qu'elles dérangent, qu'à essayer d'entendre ce que viennent masquer pour le sujet de telles pratiques. Il faut qu'il ou qu'elle s'arrête. Mais de faire quoi? De faire le fou? De troubler l'ordre public? De produire au grand jour les signes d'une jouissance qui s'auto-alimente? De saper les bases de l'appareil de production? Qu'est-ce qui finalement doit s'arrêter?

Là, malades mentaux, toxicos et défoncés de tous genres sont logés à la même enseigne : on les arrête. Quand ce ne sont pas les flics, ce sont les médecins. On peut constater une étrange hypocrisie : on administre à certains des produits qu'on accuse d'autres de consommer illégalement. Car tous les produits de la défonce, interdits ou non, sont issus de la recherche biomédicale de pointe.

Il faut également se questionner sur le contexte socio-historique qui se dessine en toile de fond de la défonce. Depuis 1945, le capitalisme a développé à outrance une logique de consommation, poussant au rang d'idéal et d'idoles sociales «soixante millions de consommateurs». Cette logique de consommation, conséquence d'une société spectaculaire et marchande, déjà dénoncée en leur temps par les analyses situationnistes (Guy

Debord, *La société du spectacle*) ou des philosophes comme Jean Baudrillard (*La société de consommation*), trouve ses prolongements jusqu'en ces excès, que ce soit du côté des toxicos ou des praticiens qui administrent des drogues, tous accros finalement d'une certaine idéologie du bonheur.

Car il faut bien voir que cette société entretient l'illusion tenace et ruineuse d'un bonheur atteignable à partir de la consommation des objets, qui fait prévaloir l'échange des biens de production sur les échanges interhumains, le commerce de la poudre en place du commerce de parole. Que les drogues interdites soient légalisées ou non ne change rien à l'affaire, on le voit bien…

Cette illusion béate veut qu'à toute souffrance, toute interrogation et finalement tout désir, existe un remède sous la forme d'un produit. Là où il faudrait apprendre à maintenir ouvertes les questions pour qu'elles se déploient chez le sujet et trouvent à s'inscrire dans le tissu symbolique, qui seul garantit, dans l'exercice de la parole et du langage, l'insertion sociale, trop souvent les travailleurs de santé mentale et du social se laissent infiltrer par la logique même de la défonce qui est la conséquence ultime de la société capitaliste et marchande. Cette logique qui postule qu'à tout manque il faut un bouchon immédiat, c'est-à-dire sans en passer par la médiation de l'autre, sans en passer par le tissage des liens sociaux.

Voilà comment trop souvent des services médico-sociaux se transforment en pourvoyeurs de défonce pour des sujets aliénés. Les produits peuvent s'avérer très variés : on deale aussi bien du Témesta que de la psychothérapie groupale, des sucettes idéologiques qu'une panoplie de érémiste. Voilà comment des sujets passent d'une défonce à une autre sans que rien de leur illusion de complétude n'ait été entamé. Parce que finalement, se mettre à questionner ce qu'il y a d'humain, de trop humain, dans le moindre objet que nous consommons, c'est questionner du même coup ce qui tient en vie chacun d'entre nous, dans notre propre rapport au monde et aux autres. C'est sans doute ce point crucial que viennent titiller ces patients, toxicos ou fous, qui

Défonce du territoire, territoire de la défonce

fréquentent les services spécialisés. Et la tentation est grande de la leur boucler, pour n'avoir pas à l'ouvrir nous-mêmes...

Je préfère parler de drogue ou de défonce que de toxicomanie. La toxicomanie, à proprement parler, manie d'un toxique, renvoie à des catégories nosographiques de la psychiatrie du XIXe siècle. La toxicomanie faisait partie de la grande catégorie des manies : érotomanie, dypsomanie, monomanie... J'en passe et des pas meilleures. Or pour comprendre de quoi il s'agit, il est grand temps de sortir les conduites de dépendance à un toxique, du vocabulaire dans lequel l'enferme la psychiatrie. À fréquenter depuis plus de vingt ans les toxicomanes, j'ai appris :

1. Que ce n'est pas une maladie dont on puisse tirer une entité médicale en termes de diagnostic et de thérapeutique. Autrement dit, le toxicomane n'existe pas. Vous ne pouvez pas en dresser le portrait-robot ;

2. La drogue est une des façons, comme je vais essayer de le montrer, de se débrouiller avec la vie et ses difficultés ;

3. On rencontre les toxicomanes dans l'ensemble des services médico-sociaux, ils envahissent les services. Mieux vaut donc se faire une idée assez claire de ce qui leur arrive, pour répondre à leur demande. Il ne suffit pas, pour être efficace dans le travail social, de dresser un tableau critique de la crise sociale actuelle, encore faut-il pouvoir rencontrer un par un les sujets pris par la drogue, et leur venir en aide un par un. Un par un, c'est ce qu'à la suite de Jacques Lacan, j'ai désigné comme clinique du sujet. La prise en charge socio-éducative ne trouve son sens que dans cette dimension d'accompagnement au cas par cas. La drogue, si elle se déploie sur une toile de fond de malaise généralisé dans notre civilisation, ne peut pas s'expliquer si, comme la psychanalyse nous y invite, on ne tient pas compte de la position de chaque sujet. La drogue, dans un moment où tout va mal, est aussi et encore un choix subjectif. C'est ce que je vais m'employer à expliquer.

La drogue, c'est le bonheur

L'émergence de la défonce comme pratique sociale s'inscrit au titre d'un choix subjectif ancré dans un discours collectif, dans les conditions sociohistoriques de la société capitaliste postmoderne de l'après-guerre. Il s'agit d'une pratique singulière qui se déploie sur un fond de discours où la question du bonheur, question totalitaire s'il en est, rencontre les moyens de diffusion et de production du système capitaliste et marchand, sous les auspices de la consommation des objets. Finalement, le toxicomane ne ferait que pousser le bouchon un peu plus loin : il consomme à outrance. Si « toujours plus » est la formule qui signe l'accumulation capitaliste, le toxicomane ne fait que reprendre à son compte cette illusion tenace qui cimente les sociétés modernes et qui veut que le manque à être puisse être comblé, dans un déplacement, sur le mode de l'avoir. Je dépense, donc je suis. Telle serait la formule cynique qui signe aujourd'hui notre rapport à l'être. En déplaçant le manque sur la scène des objets et de la prise répétitive de produits, le drogué tente d'en maîtriser les effets de castration. Si le bonheur est cette entreprise totalitaire qui vise, à partir du fonds de commerce de la jouissance, à former du tout, à s'éviter d'en passer par les autres et par l'Autre, la psychanalyse a fait la démonstration que sa voie d'accès est à jamais barrée du fait même de l'assujettissement de l'humain aux instances du langage.

La drogue, dans le social, est caractérisée par une prolifération et un affolement des discours, qui signalent la présence massive d'une zone de jouissance non ravinée par le signifiant. Discours juridique, politique, psychologique, policier, sociologique, économique, etc. La drogue, ça fait causer, et même parfois ça fait cause, cause commune, puisque certains s'en saisissent comme d'une bannière : ils déclarent la guerre à la drogue. Comme me disait un toxico, il y a quelques mois : « On a intérêt à se planquer. C'est la guerre. » Le discours analytique depuis Freud a apporté sa contribution de façon très décentrée par rapport à cette profusion de signifiants. En posant d'emblée que la cause de ce qui lui arrive ne saurait être évacuée à l'extérieur du sujet, la psychanalyse propose un modèle de compréhension et de traitement tout à fait pertinent des toxicomanes.

Freud s'est intéressé très tôt à la drogue, surtout à la cocaïne, dont il n'était pas loin de proclamer les vertus analgésiques, avant que cette découverte ne lui fût ravie par un certain Khoeler, ophtalmologiste de son état. Plusieurs sources font état des travaux de Freud : les lettres à Martha et son traité *Uber Coca*, ainsi qu'une série d'articles. Mon ami Pierre Eyguesier a présenté, il y a une dizaine d'années, une étude très approfondie sur cette partie méconnue de la recherche freudienne. Elle se résume ainsi : Freud, dans les années 1883-1885, travaille d'arrache-pied pour mettre en évidence les principes de la feuille de coca importée d'Amérique du Sud. Il y investit toute son énergie à trois titres : il pense ainsi devenir célèbre, donc riche et épouser Martha ; de plus, il compte sur la cocaïne pour se soigner de maux de tête persistants et permettre à des patients intoxiqués de décrocher. La découverte lui échappe et le malheur le frappe dans sa volonté thérapeutique : son ami Fleishl, médecin accroché à la prise massive de morphine, que Freud pensait guérir avec la cocaïne, meurt brusquement. Suit dans la vie de Freud, un effondrement et un vide, porte ouverte, conclut Eyguesier, à l'invention freudienne majeure : celle de l'inconscient.

Freud reviendra un peu plus tard sur cette question, au détour de ce texte fondamental que constitue *Malaise dans la civilisation*, dans un passage où il se demande quel est le but de la vie humaine. Mais avant d'aborder ce passage situé entre les pages 19 et 25 de l'édition des PUF, je ferai un petit détour par la clinique, une clinique d'origine singulière puisque je l'emprunte à Sir Arthur Conan Doyle, l'écrivain célèbre, inventeur de *Sherlock Holmes*. Conan Doyle est un médecin qui fit plusieurs campagnes en Orient et en ramena une connaissance approfondie de certaines plantes et produits toxiques, un intérêt invétéré pour les mondes surnaturels et la métempsycose, et une idée assez fine de ce qu'il appelait « la science de la déduction », dont il fit de son héros le meilleur illustrateur. Le personnage de Holmes s'adonne à la drogue, dans des moments particuliers de son existence. Le premier chapitre du *Signe des quatre*, second roman où Conan Doyle met en scène ce personnage, nous le présente, sous la plume de son médecin et ami, le docteur Watson, en train de se piquer : « Sherlock Holmes prit la bouteille au coin de la cheminée, puis sortit la seringue hypodermique de son étui de cuir. Ses longs doigts pâles et nerveux préparèrent l'aiguille avant de relever la manche gauche de sa chemise. Un instant son regard pensif s'arrêta sur le réseau veineux de l'avant-bras criblé d'innombrables traces de piqûres. Puis il enfonça l'aiguille avec précaution, injecta le liquide, et se cala dans le fauteuil de velours en poussant un long soupir de satisfaction. »

Watson en a assez de se complaire dans le rôle du voyeur, sans rien dire, et sans doute poussé par l'humeur provoquée en lui par un repas arrosé d'une fameuse bouteille de Beaune, il décide de parler. Le dialogue entre les deux personnages est tout à fait juste en ce qu'il permet à l'auteur de montrer ce qui pousse un toxicomane dans son choix. Holmes, titillé par le brave docteur, reconnaît qu'il prend de la drogue, bien qu'elle ait « une influence néfaste » sur son corps, parce qu'il trouve en elle « un stimulant pour la clarification » de son esprit. « Mon esprit refuse la stagnation ; donnez-moi des problèmes, du travail ! Donnez-moi le cryptogramme le plus abstrait ou l'analyse la plus complexe, et me voilà dans l'atmosphère qui me convient. Alors je puis me passer de stimulants artificiels. Mais je déteste trop la morne routine de l'existence », conclut Holmes. La suite des romans nous permettra de comprendre que, pour échapper à cette « morne routine de l'existence », Holmes dispose de plusieurs issues : il joue du violon, se livre à des expériences très complexes de chimie, ou bien résout des énigmes, le plus souvent policières. Mais lorsque aucune de ces stratégies n'aboutit, il lui reste, en dernier recours, la drogue. Seule la drogue lui permet de viser ce que Freud, dans les pages de *Malaise dans la civilisation*, que nous pouvons à présent parcourir, désigne sous le terme de bonheur.

« Que demandent les hommes à la vie et à quoi tendent-ils ? », questionne Freud. Et sa réponse est lumineuse : « Ils tendent au bonheur, ils veulent être heureux et le rester. » Il y a deux faces à cette quête du bonheur : éviter la douleur et rechercher de « fortes jouissances ». Mais c'est le principe de plaisir qui détermine le but de la vie, et ce principe bute sur la réalité, d'où la souffrance. La souffrance nous menace de trois côtés : notre corps, le monde extérieur, les autres humains. D'où, précise Freud, une série de stratégies mises en place par l'humanité face à la souffrance. On peut réduire ses « prétentions au bonheur », ouvrant la voie aux pratiques dites de sagesse. On peut s'isoler des autres. Et « un peu meilleur », on peut aussi « travailler avec tous au bonheur de tous », notamment en domptant la nature qui nous fait obstacle. Une autre voie consiste à manipuler l'organisme, soit en agissant sur les besoins instinctifs (yoga, ascèse, régimes…), soit en faisant appel à des agents extérieurs. Et c'est à cet endroit précis de la série que Freud introduit la drogue : « La plus brutale mais aussi la plus efficace des méthodes destinées à exercer pareille influence corporelle est la méthode chimique, l'intoxication. » On lui doit « non seulement une jouissance immédiate, mais aussi un degré d'indépendance ardemment souhaité à l'égard du monde extérieur ». Si, comme l'affirme Sartre, « l'enfer, c'est les autres », une façon radicale d'y échapper réside dans la prise de drogue. Freud poursuit sa démonstration en dégageant « une autre technique de défense contre la souffrance » : il s'agit de recourir à un déplacement de la libido en la sublimant, ce que font l'artiste et le penseur, mais aussi finalement toute personne investie dans « le travail professionnel et les relations sociales qu'il implique ».

Donc, on le voit clairement, la prise de drogue est dans la série des tentatives subjectives pour échapper à l'humaine condition, une des seules efficaces ; à condition de la renouveler très régulièrement.

Jacques Lacan, pour sa part, fait peu allusion à la drogue dans son enseignement. On trouve cependant, dans son « Discours de clôture des journées sur l'étude des cartels », une précieuse indication qui nous permettra de préciser certains points que Freud laisse dans l'ombre. Lacan y articule trois concepts : l'angoisse, la jouissance et la castration. La castration est une jouissance en tant qu'elle « nous délivre de l'angoisse ». L'angoisse se localise « quand le sujet s'aperçoit qu'il est marié avec sa queue. Tout ce qui permet d'échapper à ce mariage est le bienvenu, d'où le succès de la drogue, par exemple ; il n'y a aucune autre définition de la drogue que celle-ci : c'est ce qui permet de rompre le mariage avec le petit-pipi ». Ici Lacan reprend le concept dont le petit Hans fit don à la clinique analytique et éclaire finalement ce qu'il en est du bonheur et de son envers, la jouissance phallique.

« La drogue, me disait un accueilli dans le centre où je travaillais il y a quelques années, ça sert à ne pas penser.

– À ne pas penser à quoi ? lui demandai-je.

– À ne pas penser au malaise, au fardeau, à ne pas penser que vivre avec les autres, c'est insupportable. »

Et il ajoutera quelque temps plus tard : « Je me suis drogué à cause d'une meuf. »

L'insupportable désigné là est bien celui de la différence sexuelle, lieu de la castration en tant qu'il lie les êtres humains à l'endroit même de ce qui les sépare. Signification que porte dans l'ombre l'origine même du signifiant : sexe et section ont la même étymologie. La prise de drogue est ainsi une certaine façon de se débrouiller avec cet insupportable de la castration, mais aussi une forme d'automédication devant le déferlement de la jouissance. La clinique nous enseigne que les toxicomanes sont pour les trois quarts des hommes qui ne baisent pas et ne parlent pas. La drogue permet de laisser en suspens la relation à l'autre de l'autre sexe, dans l'illusion que hors langage, et hors castration, il y aurait peut-être, malgré tout, à condition de trouver la bonne dose chimique qui y conduise, un certain rapport possible entre les hommes et les femmes. Qu'il n'y ait pas de rapport sexuel, n'est-ce pas finalement ce à quoi le toxicomane tente de faire objection ?

L'homme parle parce que la parole l'a fait homme, donc manquant, et de fait inapte au bonheur. Ce qui n'empêche pas heureusement, comme le chantait le Canadien Félix *(sic)* Leclerc,

Défonce du territoire, territoire de la défonce 117

de jouir de « petits bonheurs ». Mais pour le bonheur avec un grand B, c'est râpé.

Une telle approche fonde une clinique du toxicomane tout à fait singulière, où la question du sujet et celle de ce qui cause son choix peuvent être prises en compte. Cette clinique enracinée entre la demande de traitement du toxicomane et le traitement de la demande du thérapeute, repose sur deux formules que j'emprunte à Hugo Fréda, psychanalyste de Reims, directeur d'un centre d'accueil pour toxicomanes, et fondateur du GRETA (Groupe de recherche sur la toxicomanie et l'alcoolisme) inscrit à l'École de la cause freudienne : ce n'est pas la drogue qui fait le drogué, mais le drogué qui fait sa drogue ; en conséquence, il faut désintoxiquer la drogue [2].

LA DÉFONCE DU TERRITOIRE

Chacun connaît l'ouvrage de Jacques Ion, paru en 1992, *Le travail social à l'épreuve du territoire.* Si l'on en croit l'auteur, il n'est pas facile de se situer aujourd'hui dans le travail social. Entre la montée grandissante des inégalités, les décrochages toujours plus nombreux de l'appareil de production, la paupérisation grandissante de couches de population, comment travailler quand on est éducateur ou assistant de service social ? Comment écoper l'eau qui envahit la galère, avec un dé à coudre ? Posées de cette façon, les questions sont insolubles. Et pourtant, c'est bien ainsi qu'elles sont énoncées. On demande toujours plus aux travailleurs sociaux. De supporter les failles et les faillites à l'échelle d'une civilisation. Si vous faites les comptes, sur vingt-cinq millions d'actifs en France, ce ne sont pas moins de onze millions de personnes qui sont débranchées, soit près de la moitié, chômeurs, érémistes, handicapés, etc. Visiblement le territoire du social est défoncé, miné, piraté. Le lien social, ce qui permet de vivre ensemble, s'effiloche. Si l'on considère cette perspective, il vaut mieux tout arrêter et partir à la pêche. Ou alors, peut-on voir les choses par un autre bout ? Les questions du macro-social sont-elles vraiment du ressort du travail social ? Est-ce de notre faute si ça va si mal ? Pensez-vous sérieusement que nous puissions y changer quoi que ce soit ? Il faut, pour retrouver une place vivable dans ce social en travail, comme on le dit d'une femme qui accouche, faire un peu d'analyse critique, et sortir du cercle infernal de la culpabilité pour ouvrir un espace.

Notre société – je l'ai esquissé à travers la question de la drogue – est défoncée par l'idéologie du bonheur, cette idéologie promue par deux siècles de pouvoir technologique, industriel, financier et pour tout dire politique. Deux siècles de course après l'âge d'or. Deux siècles de pillages des forces vives de la planète. Ça se casse la figure d'un peu partout, mais on n'en démord pas. Si, si… le bonheur est en vue. Encore un petit effort citoyens, encore un petit coup de serrage de ceinture. La croissance est là à deux pas. Ça va redémarrer… Y'a comme un malaise, dans ce discours-là. Plus ça s'améliore et plus ça va mal. Et au malaise de la civilisation fait écho le malaise des travailleurs du social. Devant l'éclatement des digues, devant la défonce du territoire, on assiste à un morcellement des questions : sida, cancer, banlieues, échec scolaire, surendettement, SDF, enfants battus, chômage, maladies génétiques… Le plus terrible dans l'affaire, c'est qu'on n'arrête pas d'exploser en recherches de solutions de plus en plus parcellaires. Les travailleurs sociaux sont lancés au front, « bons petits fantassins » pour reprendre une expression de Pierre Bourdieu, et chargés de colmater les brèches tous azimuts. Et le corps des travailleurs sociaux, rejoint par une cohorte de bénévoles, se disloque en mille morceaux. Chacun se spécialise : restos du cœur, téléthons, concerts, entreprises intermédiaires, projets DSU (plutôt déçus)… C'est plus une galère, c'est chacun son radeau de sauvetage.

Depuis plusieurs années, les travailleurs sociaux, de par leur collusion avec le politique, ont laissé faire, persuadés même que cet état de fait répondait à une prétendue « commande sociale ». Qui nous a commandé quoi que ce soit ? Les travailleurs sociaux que nous sommes ont trop souvent adopté le point de vue du politique, faute de dégager une conception adéquate de notre travail. Le collage au discours politique est à la mesure de cette démission. C'est parce que nous ne parlons pas de ce que nous faisons, de nos hypothèses de travail, de nos actions, parce que nous n'écrivons pas, parce que nous ne sommes que trop rarement présents dans les colloques, que nous fonçons bille en tête sur cette prétendue commande sociale comme parole d'évangile. Qu'est-ce qu'elle prêche au bout du compte cette commande sociale ? Le bonheur, le bonheur increvable. Nous n'arrivons pas à nous décaler du toujours plus. « Pour les travailleurs sociaux le retour est d'horreur », précise mon amie Martine Fourré, dans les ASH, le 21 février 1992 ; « plus ils donnent, plus les usagers se marginalisent et exigent la charité que l'Autre des politiques sociales exhibe comme besoin et preuve de sa bonté ». Comment, en effet, les praticiens sociaux pourraient-ils donner un objet du bonheur qui n'existe pas ? Comment les travailleurs sociaux pourraient-ils combler tous les manques, que ce soit au niveau social ou au niveau individuel ?

Deux voies s'ouvrent une fois dégagé ce questionnement. Du côté du politique et du côté du sujet. Deux voies assez subversives finalement. Si les travailleurs sociaux ont un devoir de parole vis-à-vis du politique, c'est pour rappeler l'impossible de combler le manque. Ce manque est de structure. Dans la nature humaine, et donc dans l'espace social qui est la façon que trouvent les humains pour vivre ensemble, il y a et il y aura toujours quelque chose qui cloche. Du côté des sujets auprès desquels ils sont engagés, les praticiens sociaux ne peuvent qu'emprunter un long chemin de deuil et de perte quant à un objet magique qui puisse les satisfaire totalement. Nous l'avons vu, le déferlement de la drogue traduit bien cette croyance moderne à un état édénique pacifié. Cet Eden-là, autant dire qu'il ne faut pas s'y fier.

Alors que nous reste-t-il à faire ? À réaliser que nous n'avons pas dans nos pratiques la disposition du bon objet capable de combler les sujets que nous rencontrons, ce qui n'empêche pas de prendre en compte sérieusement un certain nombre de demandes élémentaires d'habitat, d'emploi, de survie, mais sans illusion. Si, comme l'énonce Jacques Lacan, « l'amour c'est donner ce que l'on n'a pas», je dirai que, dans ce travail, nous avons à faire preuve d'amour. Nous avons à restituer aux personnes que nous accueillons la nature de leur être comme essentiellement manquant. Au-delà des aides matérielles, de l'accompagnement, du soutien que nous apportons aux personnes, dont nous disons que nous les prenons en charge, et c'est vraiment un vilain gros mot, n'avons-nous pas justement à veiller à ce qu'ils puissent se prendre eux-mêmes en charge? Ce qu'en psychanalyse, on appelle la castration, nous en avons l'écho dans le travail social sous l'appellation d'autonomie. Nul sujet ne peut vivre à la place de quelqu'un d'autre. Nul ne peut faire de choix à la place de qui que ce soit.

Mais comment pourrions-nous faire cette approche, si nous continuons à nous charger lourdement du fardeau de la culpabilité, si nous ne cessons de ressasser que nous n'en faisons jamais assez, si nous ne cessons de nous plaindre que nous manquons sans cesse de moyens? C'est une position qui risque rapidement, si nous ne faisons pas un pas de côté, de nous conduire à une place de boucs émissaires du social.

Nous pouvons alors atteindre à une dimension éthique, la seule dimension praticable, à mon avis. Rendre compte d'actes professionnels éminemment humains, d'actes qui, dans la rencontre avec des personnes en souffrance, permettent à chacun de découvrir ce qu'il a à être, c'est-à-dire de réaliser le manque qui le constitue comme humain. Voilà la seule position tenable pour le travail social aujourd'hui. C'est une position clinique, au plus près de chaque sujet. Et c'est une position politique, pour dénoncer sans cesse la course en avant que l'on veut nous faire courir. Seul le désir, articulé à la loi de la communauté, permet à un être humain de se situer, seul le désir donne à chacun la force de se battre. «L'homme ne se nourrit pas que de pain, mais de toute parole qui vient de Dieu», dit un passage de l'Évangile. Moi qui suis athée, Dieu merci, je dirai que l'homme se nourrit de toute parole qui vient de l'Autre. À bon entendeur, j'adresse ici mon salut.

BIBLIOGRAPHIE

« L'esprit des drogues », *Autrement*, n° 106.
DELRIEU, A. 1986. *L'inconsistance de la toxicomanie.* Paris, Navarin.
EYSEGUIER, P. *Comment Freud devint drogman.* Paris, Navarin.
FREUD, S. 1971. *Malaise dans la civilisation.* Paris, PUF.
IRS. 1993. *Drogue et toxicomanie.* Paris, L'Harmattan.
SIBONY, D. 1987. *Perversions.* Paris, Grasset.
ZAFIROPOULOS, M. *Le toxicomane n'existe pas.* Paris, Navarin.

NOTES

1. Sur ce sujet, on pourra se référer au n° 49/50 de *VST* consacré à « La défonce », que j'ai dirigé avec Jacques Ladsous.
2. Lire dans mon ouvrage *Parole d'éduc*, paru en 1995 dans la collection « L'éducation spécialisée au quotidien », les deux chapitres : « La jachère ou l'espace du dire », p. 65-73 ; « C'est c'lui-là qui l'dit qui l'est », p. 75-83.

Scrupules…

> « *De la précision dans les mesures et le poids des corps dépend le perfectionnement de la chimie, de la physique et de la physiologie. La mesure et le poids sont des juges inflexibles placés au-dessus de toutes les opinions qui ne s'appuient que sur des observations imparfaites.* »
> Jean Moleschott, « La circulation de la vie. Indestructibilité de la matière »,
> cité dans Amédée Guillemin,
> *Les phénomènes de la physique*,
> Paris, Hachette, 1869.

Tout d'abord, en forme d'avertissement, je dois dire que c'est au titre d'une triple expérience d'engagement social, comme éducateur spécialisé pendant une quinzaine d'années, comme formateur dans un institut de formation au travail social et comme analyste en cabinet, aujourd'hui, que je m'autorise à énoncer ce que, dans ce qui suit, je vais essayer de construire comme savoir.

« On ne doit pas faire des théories, écrivait Freud à Ferenczi ; elles doivent tomber à l'improviste dans votre maison, comme des hôtes qu'on n'avait pas invités, alors qu'on était occupé à l'examen des détails[1]. » C'est à relever le nez de l'examen des détails que j'ai été surpris à l'improviste par le questionnement suivant : « Comment soutenir une clinique du sujet, en sa qualité

Scrupules...

de parlêtre, devant cet impératif de maîtrise généralisée qui gagne peu à peu notre espace social[2]?»

J'ai rencontré, il y a quelque temps, une équipe d'éducateurs en CHRS. Il y a deux scoops, m'ont-ils dit. D'abord l'INED (Institut national des études démographiques) leur a passé commande, ainsi qu'à d'autres, de compter les SDF qui fréquentent leur centre. D'autre part, on vient de leur parachuter dans le service, sans leur demander leur avis, un module de formation, sur l'hygiène des SDF, sans doute pour «les mettre au propre». Autre information d'actualité: se multiplient dans les journaux spécialisés du secteur social, des articles insidieux sur la démarche qualité dans le social, au point d'arriver à cet énoncé qui réclame «le zéro défaut dans le médico-social», énoncé agrémenté par force concepts ferreux comme: le management, le réengining social, et les fameux ISO...

Ce qui m'a fait dresser l'oreille, c'est que ce n'est pas nouveau. Seule l'enveloppe change. Mais l'air est connu.

Il se trouve qu'un travail de recherche pour les besoins de la formation m'a amené à croiser les discours qui président à l'invention du secteur social, au début du XIXe siècle. Fleurissent exactement les mêmes signifiants qui conduisent aux mêmes actes. L'invention des statistiques, en 1825, permet de cibler, pour la première fois «scientifiquement», les populations dangereuses: comme par hasard des jeunes de vingt à vingt-cinq ans, et des marginaux. La recherche en biologie entre 1770 et 1840 a produit des dizaines de thèses de médecine, où le corps des mêmes jeunes et des mêmes marginaux est scruté à partir de ce que Michel Foucault dénonce comme «volonté de savoir» exercée sur l'autre[3]. On recherche l'agent pathogène, le gène antisocial qui produit le dérèglement des corps et des esprits, et met en péril l'harmonie bourgeoise et la jouissance des biens des bons pères de famille. À partir de ces outils scientifiquement forgés, on produit du diagnostic et du traitement social. Apparaissent alors comme fer de lance du traitement des déviants, l'hygiène et la morale. On le voit, cent cinquante ans plus tard, sous le soleil, rien de nouveau.

Il y a toujours des déviants, des pauvres, des miséreux, des jeunes en rupture de ban qui cherchent leur chemin... Ce qui est nouveau par contre, c'est que ces êtres jetés aux marges tendent à se multiplier ces derniers temps. Là les statistiques font boomerang : sur vingt-cinq millions d'actifs en France, on compte pas moins de onze millions de débranchés de l'appareil de production, ce qu'on appelle le travail. De plus, ces débranchés, il se trouve que récemment on les a stigmatisés et marqués au fer rouge de l'infamie en les nommant : exclus. Exclus de l'intérieur. Exilés du dedans. Rayés de la carte. Out. Réifiés, comme disait Marx, c'est-à-dire réduits à l'état de choses.

Mais la culpabilité est si grande, et si terrible la logique implacable qui préside à cet état de fait, que l'on n'a de cesse de les « réinsérer », comme on dit. D'où ces files de chômeurs chômant devant l'ANPE, quêtant une place là où il n'y en a pas, soumis, à n'en pas trouver, à la honte et la vindicte publique. Là se dessinent alors les outils d'insertion, comme on disait au Moyen Âge, des outils de la Sainte Inquisition : le comptage, l'hygiène, le zéro défaut. Il s'agit, comme dans l'industrie, de faire entrer les exclus dans la machinerie du traitement social pour les réinsérer en les blanchissant, comme l'argent sale. Pour ce faire, il faut les compter, impératif de productivité oblige, et les décaper hygiéniquement. Il faut que le produit soit parfait, viser le zéro défaut. Manipulation et colonisation des corps, des esprits et des âmes, réduction du sujet à l'état d'objet manufacturé. Il y a cinquante ans – mais nous avons la mémoire courte –, un projet semblable, aussi scientifiquement argumenté, inscrivait sur le corps de millions d'hommes, de femmes et d'enfants dont l'humanité entendait se débarrasser pour cause d'impureté dans la machinerie sociale, le chiffre qui permettait d'en organiser, dans l'ordre, l'élimination. Je me souviens d'avoir une fois entendu François Tosquelles, dans un colloque où des gestionnaires d'établissements s'extasiaient joyeusement sur les chiffres de leurs institutions, chiffres d'argent, chiffres de population, chiffre d'investissement, etc., je me souviens de l'avoir entendu hurler de la tribune : « On commence par nous compter comme des moutons et on sait comment ça finit : à l'abattoir. »

Le seul problème, dans ce projet de comptage tout ce qu'il y a d'humaniste, des SDF ou des exclus, c'est qu'il y en a qui résistent, comme il y a en chacun quelque chose qui résiste. La machine ne tourne pas rond. Alors on lève une armée de travailleurs dits sociaux en blouse et gants blancs, qu'un formatage (on dit formation, pardon), de plus en plus aseptisé et soft, a conduit aux portes de la machinerie sans qu'ils se posent trop de questions : pourvu qu'on puisse jouir de faire le bien des autres... Et on leur demande de gérer les populations, comme on gère un compte en banque...

Le problème, le grain de sable qui fait grincer le social, le malaise dans la civilisation[4] a un nom : le sujet. Le discours social, issu du discours de la science, met le doigt sur ce défaut fondamental qu'on n'arrive pas à réduire à zéro. Le sujet ? Il résiste, le bougre. Il existe quelque chose dans l'homme, ce qu'on projette sur des groupes dits à risques, quelque chose qui n'est pas conforme, pas uniforme, pas d'hommestiqué... Ça fait désordre et ça dérange. Le lieu d'émergence de ce quelque chose qui nous échappe, c'est le sujet.

Ce grain de sable qui empêche la machine sociale de tourner rond, un petit tour par sa formulation latine vient nous en ramener des bribes : scrupule...

Le mot scrupule, avant de s'édulcorer dans les chichiteries que l'on connaît, est un mot fort. Il revêt deux sens. Tout d'abord, c'est une unité de mesure. On place sur un plateau de la balance un caillou, qui représente un vingt-quatrième d'once. Dans un sens un peu dérivé, le même terme de scrupule désigne le caillou pointu qui, au fond de la godasse, embarrasse, agace, et finalement gêne la marche. L'adjectif scrupuleux, dont les linguistes relèvent une première occurrence à la fin du XIIIe siècle, signifie proprement, rocailleux, puis minutieux, vétilleux, et enfin, comme je le disais, chichiteux. Par extension, le scrupule devient quelque chose qui embarrasse, qui donne du fil à retordre[5].

Dans l'être humain, il y a quelque chose qui nous met dans l'embarras, et qui plus est, ce grain de sable, ce scrupule, c'est ce qui donne la mesure de notre humanité. Voilà ce que nous souffle l'étymologie. Bref, il y a bien un malaise dans la civilisation, et ce malaise comme constitutif de l'humanité est irréductible en tant que tel.

Ceci posé, comment prendre la mesure chez le sujet de ce qui le gêne et l'empêche de marcher, de ce dont il vient se plaindre chez les psys ou dans les services sociaux ? Comment restituer au sujet l'empan de ce qui le divise ? Comment, si ce n'est en accueillant, là où le bât le blesse, le sujet dans ce qu'il énonce de son symptôme ? Le symptôme, dans le temps où il vient à se constituer dans l'adresse à l'analyste, mais aussi bien au praticien social, témoigne de l'embarras du sujet, de son scrupule. À ce moment de la demande, le fantasme, cette petite machine psychique qui ne cesse de tourner, et qui parfois tourne mal lorsque le sujet entend le passer à l'acte, ne suffit plus à arrondir les angles. La division du sujet dans la plainte qu'il adresse dans ces lieux d'écoute, fait retour. Ce scrupule, qui l'empêche de marcher, comme le dit Baudelaire des ailes de l'albatros, ce scrupule qui fait de lui un être qui a chuté, qui a failli, qui s'avance sous les traits du symptôme, n'est-il pas ce à quoi le sujet tient le plus ? S'il en dénonce l'agacement, c'est pour appeler, croit-on, à ce qu'on le lui retire des pattes. Qu'on fasse place nette. Qu'on le débarrasse de ce qui justement l'embarrasse. Qu'on lui arrange ce qui le dérange. Voilà le message apparemment clair que tous les patients sont impatients de faire entendre. Mais en fait, du symptôme, le plus souvent, ils s'en arrangent plutôt bien. C'est ce qui leur donne une contenance, voire un contenant. S'ils vont porter plainte chez l'analyste ou le travailleur social, c'est pour que ça cesse. Mais que cesse quoi ? Ils le soupçonnent, l'analyste, d'avoir ce qu'il leur faut pour enfin être débarrassés de leur scrupule. Ils lui supposent un savoir sur ce qui les emmerde. « Y'en a un, se dit le patient, qui sait pourquoi je boite et quel est ce caillou qui m'écorche le pied et qui m'empêche de le prendre, mon pied… » C'est pour ça qu'on aime les analystes, à cause de cette supposition. C'est aussi pour ça qu'on les hait, quand la supposition commence à se dégonfler. Mais le problème, c'est que dès que les effets de la parole commencent à entamer ce qui les dérangent, on s'aperçoit vite que c'est ce à quoi ils tiennent le plus au monde, les patients. Comme à la prunelle de leurs yeux. Le symptôme, pas touche. Pourquoi ?

Mais parce que le symptôme, ça sert à quelque chose pour le sujet. Ça établit un compromis, quand ce n'est pas une compromission. Voire une mission compromise. Le symptôme, ça vous en bouche un coin, ça colmate là où le sujet se fend (et pas que la gueule!), ça gomme, ça colle. Comme on dit dans le midi, le symptôme, ça empègue. Et voilà que, tout à coup, ce qui embarrassait, il ne s'agit plus de s'en débarrasser.

C'est qu'à proposer à quelqu'un de parler dans le cadre d'une cure, ou d'une intervention sociale, ça fait de l'effet. Le sujet est écorché par le langage. Parler, ça ne laisse pas indemne. Parler nous fait réaliser, dans l'acte même de la parole, que chez l'être parlant, c'est pas fait pour s'arranger. Nous sommes atteints à travers cet appareillage, cet apparolage, d'une maladie mortelle. La maladie humaine, pour reprendre son titre au très beau roman de Ferdinando Camon, c'est que plus on parle et plus ça va mal. Finalement, face à l'épreuve de la parole, face à son exigence, face à la division qu'elle produit, certains préfèrent se rabattre sur le symptôme. C'est plus pépère. Au moins ils y sont en terrain connu. C'est plus reposant, le symptôme que la parole.

Ce qui cloche chez l'être humain, ce qui l'empêche d'avancer béatement, Freud lui a donné un nom : la pulsion de mort. Et Lacan a repris la chose au vol, pour en indiquer la substance : le réel et la jouissance. Pulsion de mort et jouissance, qu'est-ce que ça cherche ? Ça cherche à atteindre son but le plus vite possible. Ça cherche à s'épuiser. Ça cherche le bonheur. Qu'est-ce qui entrave la marche triomphante au bonheur de l'homme ? Freud nous a susurré un bout de réponse, dans son *Malaise dans la civilisation*. C'est le langage. L'homme parle parce que la parole l'a fait homme, et du coup inapte au bonheur. La parole ça vous décape sérieusement le bonheur. Si la jouissance est à considérer comme une substance négative comme nous le suggère Lacan, disons pour faire vite, ce qui manquerait à l'homme pour prendre son pied, du coup, c'est bien la rencontre entre le réel de la jouissance et l'appareil à langage qui, chez un sujet, donne la mesure de son inscription dans le registre de l'humanité.

Le symptôme est une tentative de se bricoler le bonheur à moindre frais. C'est un bonheur au rabais. Un type qui en connaît un rayon sur ces histoires de cailloux dans la mythologie antique, c'est Sisyphe. Il a pas eu de chance, ou peut-être a-t-il dû payer son audace. Sisyphe, comme Tirésias, a vu ce qu'il ne fallait pas voir, et pour son malheur il a dit ce qu'il avait vu. Sisyphe était roi de Corinthe (souvenons-nous qu'il s'agit de la ville adoptive d'Œdipe). Un jour, il aperçoit un aigle immense qui emporte une jeune fille vers une île. Peu après, le dieu-fleuve, Asopos, vient se plaindre à lui de l'enlèvement de sa fille Egine. Il soupçonne Zeus, le père des dieux, coutumier du fait, d'avoir fait le coup, c'est-à-dire de s'être envoyé en l'air avec sa fille, en prenant l'apparence d'un aigle.

Sisyphe cafte le père des dieux et dit ce qu'il a vu. Ça met Zeus en pétard. De quoi il se mêle ce roitelet? Sisyphe est alors précipité dans l'Hades et condamné à rouler *ad vitam æternam*, le même caillou, tout en haut d'une montagne[6]. Le même caillou qui inexorablement roule en bas et rebelotte. Ce qu'on n'a pas vu, même pas Camus qui en fait un commentaire par ailleurs tout à fait précieux, ce qu'on n'a pas vu, c'est que cette condamnation, ça lui donne un statut social à Sisyphe. Il a chu d'une place royale, certes, mais pousser son caillou, ça lui donne une activité. Et donc Sisyphe, il y tient à son caillou. Camus a un peu tort de basculer vite sur une critique de la répétition dans la modernité: «Lever, tramway, quatre heures de travail, repas, sommeil, et lundi mardi mercredi jeudi vendredi et samedi sur le même rythme, etc.[7]» Il en fait une avant-critique qui fleurira en 968 sous le slogan «Métro, boulot, dodo». Ce qu'on a oublié dans ce slogan, c'est qu'à être trinifié, trinarisé, ça fait structure. Finalement entre le boulot et le dodo, il y a le métro. Entre l'espace de la jouissance pour un temps revisité en rêve et le lieu où le boulot en écorne les contours, il y a une circulation, des rencontres possibles. Ça fait lien social, le métro. Pour Camus, ce qui est absurde, c'est la confrontation permanente entre «ce désir éperdu de clarté dont l'appel résonne au plus profond de l'être et l'irrationnel». Eh bien, justement c'est ce que je dis, entre les deux il y a le métro, c'est-à-dire le scrupule, le symptôme. Le métro scrupuleux permet de faire une passe entre les impératifs de la jouissance et l'exigence du symbolique.

Le symptôme, ce caillou inlassablement poussé par devant soi, de station en station, comme pour la célébration de la passion du Christ, en reprenant mon péché mignon pour l'étymologie, il faut l'entendre comme ce qui tombe ensemble. Et le symptôme, je dirai même plus, ça tombe plutôt bien en ce qu'il permet au sujet de s'éviter la castration. Si le symbolique, c'est ce qu'on lance ensemble ; le symptôme, c'est ce qui tombe ensemble, et parfois ça vous retombe sur la gueule. C'est d'ailleurs quand ça lui retombe dessus que le sujet vient s'en plaindre à l'analyste. Je pense à un jeune toxicomane qui, un jour, est venu se plaindre de ce que la poudre, c'était plus ce que c'était. Le symptôme ça choit, ça fait choix, ça témoigne du choix du sujet. C'est pourquoi le symptôme tel qu'il apparaît dans la cure en s'appareillant à l'analyste, ou, pourquoi pas ? tel qu'il trouve à s'étayer dans les officines des travailleurs sociaux, donne la mesure du sujet, la mesure de la place qu'occupe le sujet dans le langage et dans la jouissance. Le symptôme donne la mesure de la structure.

Je voudrais ici dire deux mots d'une vignette clinique, pour donner corps à ce que j'avance. Il s'agit d'une jeune femme que j'ai suivie il y a quelque temps. Parce que c'est comme ça, les travailleurs sociaux sont des suiveurs. À eux aussi ça donne une contenance : je pense, donc je suis. J'étais alors éducateur dans un centre d'accueil pour toxicos. Je prenais les coordonnées de mon expérience du lieu de la psychanalyse. Comme mes collègues, puisque c'est à partir des présupposés du discours et de la pratique analytiques que nous avions créé ce centre. La psychanalyse a cette particularité de représenter le scrupule du travailleur social : ça le dérange, en ce que la psychanalyse questionne sans cesse le praticien social sur ce qu'il fout là. Bref la psychanalyse, ça fait scrupule en ce que ça ne laisse pas tranquille sur son désir. De là à poser que la psychanalyse serait le symptôme du travail social... À méditer! D'autant plus que, dans les retours à deux ouvrages que j'ai publiés récemment[8], et dans lesquels je tente une approche du travail éducatif à partir de l'enseignement de Freud et de Lacan, ce qui me revient, c'est justement ce point d'agacement, de dérangement. Une revue sérieuse comme *Travail Social Actualité*, revue de législation sociale, va jusqu'à affirmer que mes écrits, parce qu'ils sont fondés sur le discours analytique, «provoquent l'agressivité» des éducateurs[9]. La résistance à l'analyse donne la mesure de la résistance du travail social à prendre en compte ce qui lui échappe, autrement dit le sujet, qui n'est pas ici sujet de droit, mais sujet de l'inconscient.

Donc cette femme, qui était venue me trouver dans ce centre pour de vagues histoires de fumette, a lâché le morceau en quelques séances. De temps à autre, elle était prise d'un mal étrange: elle se mettait au lit pour plusieurs jours, ne mangeait plus, faisait sous elle. En léthargie, extatique. Elle lâchait la rampe. Puis la vie la reprenait. Jusqu'au prochain ravissement. Ça s'était déclenché après une histoire d'amour houleuse avec un chanteur de rock qui habitait dans une péniche, et qui l'avait laissé tomber. Le *«peniche-neid»* en avait pris un coup, mais elle avait trouvé mieux, le super-pied. Elle dit: «Je passe mon temps enfermée au fond de mon lit. C'est comme un ordre. Le lit, c'est ma drogue.» En fait le seul truc qui l'embête, c'est que pour survivre, il lui faut se lever, se laver, faire les courses, et rencontrer les autres. C'est pour ça qu'elle m'en parle en précisant sa demande: «Comment faire pour que tout devienne harmonieux?» Apparemment, les quelques fumées de shit n'y suffisaient pas.

Le scrupule empêche le bonheur, y compris le bonheur que ne cessent de promettre les paradis artificiels, sans d'ailleurs tenir promesse. Ces paradis-là, c'est plutôt l'enfer. Et les entretiens s'éternisaient, sans que rien ne bouge. En fait elle venait me prendre comme témoin d'une jouissance autoréglée. Comme toutes les hystériques, elle faisait de la mise en scène. D'ailleurs lorsque sa drogue, le lit, la laissait peinarde, c'est-à-dire banalement malheureuse, elle prenait des cours de théâtre, dans un centre pour érémistes. Un jour, ça faisait plusieurs semaines que je n'avais pas de nouvelle, après plusieurs lettres envoyées à son domicile, je l'ai appelée au téléphone. Depuis tout ce temps, elle était comme elle me dit « au fond de son lit ». « Ça fait longtemps que je n'ai pas entendu votre voix », elle me fait dans un souffle assez comateux. « Je vous interdit de rester au lit », je lui ai dit. C'est sorti comme ça. Ça a eu pour effet de la faire rappliquer dare-dare au centre d'accueil. « Comment ça vous m'interdisez ? Et qui vous êtes pour m'interdire ? Ça vous regarde ce que je fais ? Et qu'est-ce que j'ai à votre avis qui n'est pas normal ? », etc. On voit que mon intervention a eu pour effet de la mettre au travail. Le scrupule a commencé à la tenailler. Un peu plus tard, elle affinera sa plainte et en cernera les contours en affirmant : « On nous met au monde et on nous interdit de vivre ». Le tranchant de l'interprétation à l'endroit précis de ce qui faisait confusion, soit l'interdit lui-même, porté dans l'équivoque du signifiant, a fait advenir le symptôme comme scrupuleux, embarrassant. Jusque-là, elle s'en délectait. C'est en cela que ce n'était pas encore un symptôme. Le jour où la parole d'oracle à l'autre bout du fil est venue lui mettre un grain de sable dans une mécanique bien huilée, elle ne savait plus quoi en faire. Comme quoi, le symptôme ne prend son effet que du désir de l'autre.

Prendre la mesure du symptôme, c'est en marquer la dimension de scrupule. C'est en fait appeler le sujet à passer la jouissance au ravinement qu'opère le signifiant. Le symptôme, lorsqu'il peut trouver son adresse, comme une lettre en souffrance, chez l'analyste ou le travailleur social, déloge le sujet de la jouissance, il le fait manquant. Il le fait manquant d'un savoir dont il demande qu'on le lui donne. Le symptôme est la mesure la plus précieuse pour entendre le sujet dans ce qui le divise. « Le symptôme est le signe d'un dysfonctionnement. Il proteste, il crie. On peut le faire taire, mais alors on tourne par force le dos à la vérité. Pour l'analyste, il n'est pas question de le faire taire, quelle que soit la forme que la demande affecte en un premier temps[10]. »

Je ne m'étendrai pas trop sur la différence d'accueil que l'analyste et le travailleur social réservent au symptôme. Dans les deux cas, c'est le transfert qui est opérant, mais le dispositif pour le traiter n'est pas le même. Si l'analyste vise la traversée du fantasme et la confrontation du sujet à son point d'incomplétude, le travailleur social, dans la rencontre et à partir d'outils techniques qui sont ceux des médiations sociales : recherche d'emploi, formation, soins, projets, accompagnement dans la vie quotidienne, vise, sans en être dupe, l'aménagement d'espaces qui font obstacle à la jouissance, autrement dit : « Métro, boulot, dodo ». Je dis sans en être dupe parce que les travailleurs sociaux se chargent trop souvent lourdement de l'injonction de l'Autre du social. Surtout qu'à ces démunis, rien ne leur manque ! « La société doit faire le bonheur de tous », déclarait Gracchus Babeuf sous la Révolution, avant d'y perdre la tête. Le bonheur n'est-il pas le fond de commerce de tout homme politique ? Tous ces miséreux, toxicos, handicapés, enfants terribles, asociaux, incasables, fous, pimpins, gogols, tous ces dérangeurs de l'ordre établi, il faudrait que les travailleurs sociaux participent à leur « épanouissement ». Je n'invente rien. C'est en toutes lettres dans les textes qui régissent l'Aide sociale à l'enfance. Ainsi dans la loi n° 92-642 du 12 juillet 1992, modifiant le Code de la famille et de l'aide sociale, le Code de la santé publique et le Code du travail, dans le titre premier, article 123-1, on trouve exprimé ainsi l'agrément des assistantes maternelles : « L'agrément est accordé […] si les conditions d'accueil garantissent la santé, la sécurité et l'épanouissement des mineurs. » Encore sur la santé et la sécurité, on pourra peut-être s'entendre, trouver des critères qui permettent d'en mesurer le degré. Et encore ! Ça prête à discussion. Mais en ce qui concerne l'épanouissement… Vous savez ce que c'est vous l'épanouissement ? Pour une fleur, je vois. Mais pour un être humain, qu'est-ce que ça veut dire, comment ça se mesure ? C'est avec de tels textes auxquels on peut ajouter ceux qui, dans les annexes xxiv, par exemple, indiquent « l'aspiration à l'autonomie » et « la satisfaction des besoins » comme objectifs éducatifs, que l'on ouvre la foire aux illusions. Comment s'en-

Scrupules…

gager sur de tels concepts mous ? Le discours de l'Autre du social, à rabattre la dimension de l'homme, à l'objectiver, en termes de besoins à satisfaire, a inventé une machine infernale digne de Kafka. La machine à mesurer les besoins des populations et leur degré de satisfaction. Et évidemment ça ne colle jamais. Car le ratage est de structure.

Dans *La colonie pénitentiaire,* Franz Kafka nous décrit une machine à exécuter les condamnations. La machine est constituée de trois parties : le lit, la dessinatrice et la herse. Le supplicié, qui d'ailleurs ne sait pas trop ce qu'on lui reproche, est couché sur le lit, comme ma patiente de tout à l'heure ; la herse descend jusqu'à son corps et y grave le texte de la sentence. Par exemple : « Respecte ton supérieur. » Évidemment l'homme en meurt. Il meurt de ce qu'il y ait collusion entre la lettre de la loi et son corps. L'espace est écrasé. Ce qui, dans le symbolique, permet de tenir à bout de signifiant un écart avec le réel, se réduit de façon mortelle. Rabattre l'homme sur une dimension de besoin, et demander des comptages à ceux dont on en a chargé l'exécution, ont les mêmes effets. Le problème c'est qu'aujourd'hui beaucoup de travailleurs sociaux y croient et s'y croient. Ils y croient dur comme fer à l'industrialisation des mesures sociales.

Reste à régler une question. Que dire des instruments de la mesure ? Car on pourra me rétorquer que peut-être le besoin n'est-il pas une catégorie pertinente, mais qu'une fois rectifié le tir et définies des catégories quantifiables, on dispose d'outils de mesure qui eux au moins sont fiables. D'où la sacralisation incantatoire des statistiques. En dernier recours, il y aurait au moins du côté des mathématiques et des unités de mesure un socle de certitude. Est-ce si sûr ? La mesure par le chiffre serait-elle totalement détachable d'un ancrage subjectif ? Une petite histoire, que nous raconte Guy Le Gaufey dans le prologue de son livre passionnant *L'éviction de l'origine*[11], va nous permettre de nous remettre les yeux en face des trous. Ça se passe dans une classe. Le maître pose la question suivante : « Est-ce que quelqu'un a déjà vu un mètre carré ? » Le jeune Le Gaufey est le seul a répondre que lui, oui. En effet, il prend appui sur une expérience : il a vu à diverses reprises les ouvriers d'une scierie, qu'il visite de temps à autre avec son père, poser sur les planches qu'ils débitent une sorte d'instrument, et parler ensuite de «mètrecaré». L'enfant en l'énonçant, mesure, c'est le cas de le dire, le rouge au front, sa méprise. S'il y a bien des mètres pliants, à rubans, ou de tailleur, des mètres carrés ça ne se voit pas. Ce souvenir cuisant amena l'auteur à se questionner sur la nature des unités de mesure. Il découvre au détour d'études techniques quelques années plus tard, qu'il est impossible d'effectuer une mesure tout à fait exacte. Dans tous les cas, il y a une marge d'erreur. On a beau déposer au pavillon de Breteuil un mètre-étalon, il y a toujours dans la pratique une certaine dérive, en plus ou en moins. À quoi tient cette dérive, cette marge d'erreur comme on dit? Si l'homme est bien, comme l'affirmait Protagoras, «la mesure de toute chose», c'est à condition de ne pas oublier ce défaut constitutif, le scrupule. Bref il y a à l'endroit même de la mesure, parce qu'il s'agit d'une production humaine, quelque chose qui vient du sujet et qui dé-mesure. Est-ce à dire qu'on ne pourrait rien mesurer dans les politiques sociales? Ce n'est pas ce que j'avance. Au contraire. Je dis que mesurer c'est toujours prendre en compte l'homme comme mesure de toute chose, donc, prendre en compte les effets de démesure qu'introduit le sujet dans sa rencontre avec le réel. Ça donne quelques perspectives pour pratiquer ce qu'on appelle l'évaluation des politiques sociales.

On charge les travailleurs sociaux, qui bien souvent, comme ils en jouissent, s'emballent pour la commande sociale, de cette mission de service public: insérer ceux qui dérangent l'ordre public, c'est-à-dire les mettre au pas (de l'oie?).

La question qui se pose aux acteurs du social, dont en tant que formateur j'assume ma part, a deux têtes: éthique et politique, mais une seule épaule où se poser: la clinique. La position à occuper, à moins de se laisser réduire à la condition de machiniste aveugle et muet de l'ingénierie sociale, est subversive. Je dis bien subversive et non révolutionnaire. Car révolutionnaire, comme nous l'enseigne l'astronomie, sous l'espèce des révolutions célestes, ça fait un petit tour et ça revient toujours au même. Subversive, la position, au sens où il s'agit dans l'espace clinique, dans la rencontre au cas par cas de chaque sujet un par un, de faire valoir la version du dessous, la subversion, la version refoulée par le discours de la science dont se prévaut la raison du maître. Ce que forclot le discours savant qui fait étai à l'exercice du pouvoir, c'est l'énonciation des positions subjectives. Dans « La science et la vérité », un article de 1965 que l'on trouve à la fin des *Écrits*, Jacques Lacan nous lance en avertissement: « Il n'y a pas de science de l'homme, parce que l'homme de la science n'existe pas, mais seulement son sujet[12]. » Un peu plus tôt dans le texte, il a indiqué l'exigence éthique qui soutient un tel positionnement: « De notre position de sujet, nous sommes toujours responsables. » La science et le pouvoir se prévalent d'ordres et d'ordonnances. « Pas besoin de causer, on sait et on a ce qu'il vous faut ». Big Brother n'est pas loin. Les travailleurs du social, à partir d'une position que je dis subversive, ont a ramener sans cesse cette dimension subjective enfouie sous le fatras des mesures sociales. Ils ont en quelque sorte à la ramener!

Donc subversion, comme seule position viable au sens où il s'agit d'accompagner chacun à parler en son nom propre, à dire ce qu'il en est de ses choix de vivre, à s'assumer comme sujet produit par la parole et le langage. Évidemment subversion au sens où cette position n'est tenable qu'au prix à payer par les travailleurs du social de s'assumer eux aussi comme sujets de la parole, ayant eux aussi, dans le même mouvement, à se battre pour être entendus…

Ces personnes qu'accueillent en gros bataillons les travailleurs sociaux dans les services, il ne s'agit pas de leur donner des choses (ou pas que), de la bouffe, des piaules, des fringues, il s'agit avant tout de leur donner la parole. Il ne s'agit pas de s'en débarrasser parce qu'elles nous embarrassent; il ne s'agit pas de prétendre leur enlever les scrupules qui les démangent, il ne s'agit pas de faire taire ce qui s'avance sous les avatars du symptôme… Alors dans le travail social, comme d'ailleurs dans la cure analytique, de quoi s'agit-il? À quelle condition une place est-elle tenable pour des praticiens de la relation? Si l'inconscient signe la démesure de ce qui du sujet n'entre jamais dans les cases du social, il s'agit de prendre la mesure justement de ce qui est démesuré chez chaque sujet. Prendre en compte l'inconscient, c'est pas réservé aux analystes ; les travailleurs sociaux, à condition de se soumettre à une éthique qui les y engage, y sont aussi confrontés. Prendre au sérieux dans les pratiques sociales la dimension de l'inconscient, ça consiste à en mesurer l'incidence aussi bien dans la rencontre clinique de chaque sujet au cas par cas, que dans les rapports des sujets entre eux, à savoir le lien social. Dans sa dimension de formation de l'inconscient, le symptôme, qui prend comme mayonnaise dans la rencontre du praticien, constitue la mesure la plus sûre de ce qui du sujet fait démesure. Voilà le paradoxe que j'aimerai livrer : la mesure dans les pratiques sociales ne prend ses effets qu'à y intégrer ce qui du sujet n'est pas mesurable, ce qui nous échappe. Le paradoxe ainsi énoncé nous invite, en tant que praticiens, à subvertir l'ordre du discours du maître qui, prenant appui du discours de la science, modélise les rapports sociaux. L'homme fort de notre époque que l'on se plaît à dire, comme si ça avait un sens, postmoderne, je préférerai poste-restante, l'homme fort donc, c'est l'expert, en ce que, comme à l'analyste, on lui adresse l'injonction de produire un savoir, mais un savoir totalitaire, débarrassé des scories de l'imparfaite humanité. C'est à se dérober en permanence à cet ordre dominant qu'une pratique sociale peut prendre son tranchant. Évidemment du côté du travailleur social, et du côté de l'analyste, aussi, ça ne va pas sans scrupule... Clinique du sujet ai-je dit et écrit ailleurs : je persiste et signe.

Il s'agit de passer d'une clinique du regard et de l'observation à une clinique de la parole et de la rencontre. De passer de l'audit à l'écoute. Voilà où se situe la révolution, copernicienne celle-là, à effectuer dans le social. Alors que le vent de cette fin de siècle, où le fond de l'ère effraie, souffle des forces contraires, le chemin est long et sans fin qui conduit à tenir la position de sujet. Enfin, heureusement qu'on va vers l'été... En attendant il s'agit de ne pas se laisser prendre dans les glaces ! Subversion du

Scrupules…

sujet et dialectique du désir, telle est la mesure de la voie étroite qu'il s'agit aujourd'hui d'emprunter[13]…

NOTES

1. S. Freud, « Lettre à Ferenczi du 11 janvier 1915 », dans *Vue d'ensemble des névroses de transfert*, Paris Gallimard, p. 102.
2. Énoncé du colloque organisé par l'ANPASE, en janvier 1998, à Paris. Ce texte est une reprise de mon intervention.
3. M. Foucault, *Naissance de la clinique*, Paris, PUF, Quadrige, 1988.
4. On relira à ce sujet le texte de Freud de 1929, *Malaise dans la civilisation*, PUF,1971, il n'a pas pris une ride.
5. J. Picoche, *Nouveau dictionnaire étymologique du français*, Hachette/Tchou, 1971.
6. É. Hamilton, *La mythologie*, Marabout, 1978.
7. A. Camus, *Le mythe de Sisyphe : essai sur l'absurde*, Paris, Gallimard, 1985.
8. J. Rouzel, *Parole d'éduc. Éducateur spécialisé au quotidien*, Toulouse, érès, 1995 ; J. Rouzel, *Le travail d'éducateur spécialisé. Éthique et pratique*, Paris, Dunod, 1997.
9. *Travail Social Actualité*, 28 novembre 1997, n° 667, p. 19-20.
10. E. Lemoine Luccioni, « Psychanalyse et institution », *Six 4 2*, revue de l'Association de la cause freudienne Toulouse-Midi-Pyrénées, juin 1994, n° 1, *L'institution*.
11. G. Le Gaufey, *L'éviction de l'origine*, EPEL, 1994.
12. J. Lacan, « La science et la vérité », *Écrits*, Paris, Le Seuil, 1966, p. 858-859.
13. « Subversion du sujet et dialectique du désir » est le titre d'une intervention de Jacques Lacan en 1960 au Colloque de Royaumont. Ce texte peut être lu ou relu, à la lumière de ce que j'avance ici. On le trouve dans les *Écrits*, Paris, Le seuil, 1966, p. 793-827.

Une clinique du sujet

Exclusion, exclusions...

Encore récemment opérait un clivage facile, culturel et cultivé, pour les personnes vivant à la marge de la société soit pour cause de handicap (malades mentaux, délinquants, infirmes) soit par choix (marginaux, clochards, trimards). Ce clivage entérinait des différences de place (et de classe) sociale, et des classifications : normal/pathologique, normal/anormal...

Aujourd'hui, la division sociale gagne du terrain. Deux signifiants «flottants» apparaissent et semblent se répondre terme à terme : exclusion/insertion. Et pourtant, de tout temps, il a existé des positions sociales à la marge, sans que l'on puisse parler de désinsertion, voire de désertion. Si, comme le dit Lacan, «l'insertion se fait dans le signifiant», tout être humain est inséré dans le lien social.

Que s'est-il donc passé pour que l'idéologie dominante produise ces «gros mots»? Que font-ils fonctionner? Est-ce que l'idée (impossible) que l'on puisse exclure du social (ou qu'ils puissent s'en exclure) des êtres humains commence à pointer? À quoi cette illusion sert-elle? Et à qui?

Apparu au détour des années soixante-dix, au moment où le «boom pétrolier» explose, sans doute en ce qu'il touche à l'«essence» même des représentations sociales, ce discours signe la chute d'un mythe : le plein emploi pour tous. Maître étalon de l'idéologie dominante, la valeur-travail et le capital de représentation sociale qu'elle permet de manipuler en inscrivant les sujets dans le circuit de la production en ont pris un coup dans l'aile.

Aujourd'hui, sous cette enseigne de l'exclusion qu'il faudra déchiffrer, se côtoient chômeurs de longue durée, érémistes, inadaptés et handicapés. C'est ainsi que, pour des raisons de productivité, une proportion sans cesse grandissante des forces vives des sociétés occidentales se retrouvent sur le carreau. On ne peut pas parler de société à deux vitesses quand le train s'emballe et jette sur le ballast une partie de ses passagers.

Face à ces populations, traditionnellement, les éducateurs œuvraient à la réparation de la force de travail, (re)constituant une réserve de main-d'œuvre. Aujourd'hui que l'appareil de production n'a plus besoin de cette réserve en excès, que deviennent ces gens-là ?

Les éducateurs se situent-ils comme passeurs « rusés » vers des espaces de pouvoir et de savoir à subvertir, ou comme gardes-chiourme de ceux que la maladie ou le malheur a jetés hors de l'appareil de production ? Peuvent-ils et veulent-ils ouvrir d'autres champs de citoyenneté, de socialité, inventer des réseaux de résistance, créer des havres et des ports d'attache, impulser des façons nouvelles de faire lien social ?

Ce n'est pas tant la position marginale qu'impliquent les différentes formes d'exclusion qui pose problème, puisqu'il s'agit d'une fiction produite par une société spectaculaire et marchande (ceux qui sont dedans/ceux qui sont dehors). Non, ce qui fait souffrir les sujets, c'est le marquage social, la stigmatisation (au sens d'E. Goffman [1]) dont elles s'accompagnent. Marquage qui apparaît dans la désignation d'un « monde des sans » : sans abri, sans travail, sans qualification, sans ressources. Comme hier on stigmatisait lesdits « handicapés » par ce qui semblait leur manquer. Le mythe de l'exclusion, où un plein répondrait à un vide, repose la prise en compte de chaque être humain, inscrit dans le tissu social comme être parlant, dans son humanité à part entière et non entièrement à part.

Tenir parole

Un jour, un homme se promenait dans la forêt. Il tombe sur un crâne. «Qu'est-ce qu'il fait là?», pense-t-il à hante voix. «On n'est pas pris dans une affaire sans y avoir mis la main», répond le crâne.

Très étonné, l'homme court chez le chef du village:
– Chef, j'ai croisé un crâne qui parle…
– C'est impossible, rétorque le chef. Tu mens.
– Ma tête à couper que c'est vrai.

Le chef fait venir ses serviteurs et leur ordonne d'accompagner l'homme dans la forêt pour vérifier ses dires. Parvenu devant le crâne, l'un des serviteurs l'envoie bouler d'un coup de pied. Et le crâne reste muet. Les serviteurs très en colère empoignent l'homme et lui tranchent le cou. À peine sa tête a-t-elle roulé sur le sol qu'elle se met à parler: «Je l'avais bien dit, on n'est pas pris dans une histoire sans y avoir mis la main.»

L'ethnologue Charles-Henry Pradelle de Latour qui commente ce conte africain, attire notre attention sur un point: la parole en est le motif central. Quel est alors l'enjeu de la parole?

Ces propos m'amènent à réfléchir sur l'acte éducatif. À ne pas repérer ce dans quoi ils sont pris, les éducateurs ne risquent-ils pas de perdre la tête? Il me semble que l'on n'a pas tiré toutes les conséquences de cette évidence: le travail éducatif se fait dans une rencontre de parole avec les usagers. Évidemment, je prends ici fait et cause pour une position éducative que j'appelle clinique. Je laisse à d'autres cette idée aberrante que le travail éducatif viserait à prendre en charge des ensembles de population, à manipuler des masses: quartiers, communautés d'immigrés, érémistes, sans-abri… La clinique implique la prise en compte des sujets un par un, et donc de leur parole singulière.

Mais qu'est-ce que parler veut dire? Pierre Bourdieu en son temps explora la question. La parole, écrit-il en substance, donne une place aux interlocuteurs. Place déterminée par un positionnement social. Les échanges de parole reproduisent l'aliénation.

Une clinique du sujet 141

Pour être juste, l'explication de Bourdieu n'est pas suffisante. Tout simplement parce que le sujet est aussi aliéné aux déterminations inconscientes du langage. Dans une rencontre de parole avec les usagers, les éducateurs ont tout intérêt à tenir compte de cette double détermination. Il s'agit de repérer sa place, comme éducateur mandaté par le corps social à une certaine mission d'aide (ce que certains évacuent un peu vite en la taxant de «commande sociale»), mais aussi, et je dirai surtout, de repérer à quelle place nous met la personne. Il est là question de transfert. Toute parole s'adresse à un Autre qui n'est pas l'autre auquel on parle. Cet Autre étant le plus souvent paré des emblèmes de la toute-puissance. Un usager accroche un éducateur parce qu'il lui prête un savoir sur ce qui lui arrive. Savoir qu'évidemment l'éducateur n'a pas. Mais il s'agit pour lui de profiter de ce processus dynamique pour accompagner le sujet dans l'appropriation de ce savoir vivre que la personne lui attribue. Dans le vocabulaire des éducateurs, on appelle ce mouvement l'«autonomie». Mais ce travail repose sur un socle: la parole tenue, au nom de la relation engagée, avec comme garde-fou la mission éducative qui cadre cet engagement, et le soutien de l'équipe qui en garantit l'exercice. D'un côté un contrat, y compris de travail, et de l'autre, un pacte.

L'histoire se passe il y a quelques années[2]. Je débutais comme formateur. J'ai fait la visite de stage d'un jeune éducateur en CHRS. Et là, stupéfaction, il ne pouvait pas sortir un mot. Le chef de service témoignait de la qualité de son travail, mais lui, rien. J'ai donc exigé de l'éducateur qu'il s'engage à mettre en mots ce qu'il vivait. Et j'ai fait un premier rapport plutôt défavorable. Lors d'un regroupement, cette personne est venue me trouver très en colère. «Avec un pareil rapport, je ne vais jamais avoir l'examen. Il faut supprimer cet écrit…» Évidemment, j'ai tenu bon, non seulement je n'ai rien supprimé, mais je me suis engagé avec ce jeune éducateur à l'accompagner dans un travail d'écriture de sa pratique.

Une autre scène qui me revient se déroule, il y a encore plus longtemps. Une toxicomane venait voir en entretien l'éducateur que j'étais et, depuis quelque temps, avançait dans une réflexion sur ce qui lui arrivait. À un moment difficile de ce travail, elle arrêta de venir. Pendant plusieurs jours, j'ai téléphoné et retéléphoné chez elle. Puis je suis allé la relancer à son domicile. Pendant tout ce temps, elle était au fond du lit et se laissait couler. Lorsque j'ai pu enfin la retrouver, elle m'a assuré: «Heureusement que vous n'avez pas lâché, j'y serais passée.» Dans ces instants, la vie ne tient qu'à un fil (et parfois à un coup de fil!): la parole engagée.

Alors, tenir parole c'est, comme on dit en langage militaire, tenir la position.

De l'ex-père à l'expert, et retour

S'appuyer sur le principe d'une clinique du sujet n'est tenable que si les éducateurs eux-mêmes dans leurs positions institutionnelles occupent une place de sujets et non d'exécutants des basses œuvres des directions. C'est ce que la question lancinante de l'évaluation du travail éducatif ne cesse de reposer. L'évaluation des pratiques éducatives est-elle un contrôle soupçonneux, ou bien les éducateurs peuvent-ils s'en saisir pour mettre en avant la quintessence de leur travail? C'est là toute la question sous-jacente à l'évaluation. Trop souvent les éducateurs sont dépossédés (et se laissent déposséder) de cette dimension pourtant incontournable de rendre compte. Alors apparaît l'expert...

L'homme fort de notre ère finissante, c'est l'expert. Point d'aboutissement logique du discours de la science, l'expert est propulsé au devant de la scène comme celui sur qui repose la production d'un savoir sans faille. Que les sujets n'aient plus aucune crainte de se tromper ou de dire des bêtises, on pense et on parle pour eux. La science en rêvait, l'expert l'a fait: fermer le bec à tout événement et avènement de la subjectivité. Enfin se lève dans l'espace social un discours débarrassé des scories de la pauvre et bien imparfaite humanité. Enfin on n'est pas loin d'atteindre la perfection d'un savoir objectif sur ce qui se passe. C'est

Une clinique du sujet

ce qu'on dit, avec de beaux arguments, bien huilés, du management et de l'ingénierie plein la bouche. Si vous voulez mon avis, c'est une connerie sur le plan épistémologique et une aliénation sur le plan des échanges sociaux.

Dans les dispositifs de formation et sur ce qu'on appelle « le terrain », il faut vraiment s'interroger sur les processus dits d'évaluation, parce qu'ils deviennent trop souvent dévaluation des équipes.

Je ne pense pas, contrairement à ce que développent un certain nombre d'auteurs à la mode, que l'évaluation puisse relever d'une quelconque expertise.

Si l'évaluation, comme l'étymologie du mot l'indique, est le lieu du questionnement des valeurs qui sous-tendent une communauté, qui pourrait dire à la place de chaque sujet impliqué, ce qu'il en est vraiment ? Je ne reconnais à personne le droit de parler à ma place. Ce n'est pas une plainte revendicatrice, c'est une position éthique fondée en raison. Je suis seul à pouvoir assumer ce que je dis de ce que je vis. N'en déplaise aux petits maîtres qui prétendent savoir ce que pensent les autres avant même qu'ils aient pu ouvrir la bouche. Cette position de sujet, à chacun de se la coltiner.

Le travail social tel que je le conçois et donc, ce qui en est le prolongement comme espace de transmission du métier, le travail pédagogique, sont le lieu même où la position de sujet est au cœur du dispositif. Nous n'avons pas le pouvoir de former ni d'éduquer qui que ce soit. Seul le sujet dans sa confrontation au monde, aux autres et à soi-même, est en formation. C'est d'une clinique et d'une éthique du sujet que je me réclame. Ce qui renvoie chacun à soi-même et à ce qu'il soutient dans sa vie, qu'il soit formateur, travailleur social ou usager.

Le discours de la science actualisé par les formateurs ou les professionnels, dans ces savoirs en miettes que nous nommons des enseignements ou des références théoriques, a produit un discours sans sujet, des énoncés sans énonciation, un discours qui ne serait pas porté dans la chair, dans le sang, comme doit se porter toute production humaine, que ce soit des enfants ou des idées (dans les deux cas ne parle-t-on pas de conception?). « Celui qui n'écrit pas avec son sang, écrivait Nietzsche dans son *Zarathoustra*, ne produit que du vent. »

Nous n'aboutirons à quelque chose qui peut s'appeler évaluation dans les espaces de formation et dans les institutions, qu'en inventant et en réinventant sans cesse des lieux d'expression où chacun, quelle que soit sa place, est invité à donner forme dans sa parole à ce qui le soutient dans son acte.

C'est autre chose que de vérifier le niveau de pénétration des savoirs dans la conscience obscure des apprentis, ou encore pire, le degré de contentement des populations. C'est autre chose que de demander à l'expert de produire un savoir là où nous avons fait l'économie de dire ce qui nous arrive.

C'est autre chose que de faire tourner la machine institutionnelle.

L'évaluation est la cheville même qui tient l'ensemble des dispositifs institutionnels. C'est l'atelier où se fabrique l'institution. C'est pour cela qu'elle ne peut être déléguée à l'extérieur sous la figure scientiste de l'expert.

Dans ce mouvement, j'en appelle à l'au-delà. Au-delà de l'expert, gît le père. Ce père dont on ne cesse de célébrer le déclin dans notre société postmoderne, dans une mise en scène finalement qui n'est pas sans comporter une certaine dose de jouissance sadique. Le père dont je rappelle qu'il ne s'agit pas d'une personne, mais d'une fonction[3]. Le père, c'est la condition pour que quelque chose qui s'appelle une institution fonctionne. Le père est le noyau dur de cette question que ne cessait de nous balancer François Tosquelles: « Et toi, qu'est-ce que tu fous là? » Autrement dit, sur quoi fondons-nous chacun le lien social? À partir de quelles paroles échangées, essayons-nous de tenir ensemble, de travailler ensemble, de nous soutenir[4]?

Le père dans sa fonction, c'est ce qui appelle l'évaluation. Quels sont, dans chaque institution, les valeurs, les énoncés, qui fondent une communauté pédagogique ou éducative? Je n'en appelle pas à une définition déjà fixée sur les tables de la loi d'un document dit projet pédagogique, mais je fais appel à ce que chacun se risque à en dire un bout, et en permanence. Si nous voulons avoir quelque chance de nous entendre dans les institutions, encore faudrait-il que nous nous parlions. Nous parler, c'est ce que j'appelle faire une évaluation. Autrement dit passage de l'audit à l'écoute, de l'expertise à la parole et du management au ménage institutionnel. Cela passe par une réappropriation des espaces d'élaboration et de décision par les praticiens sociaux.

Il ne s'agit pas seulement de taper sur l'expert convoqué à chaque fois qu'il s'avère difficile de penser nos pratiques, à chaque fois que nous sommes dans l'embarras. Ce qu'il produit, et qui cause si souvent tant d'amertume dans les équipes, est à la mesure de notre démission et de notre demande d'asservissement. Là où l'on accepte d'être dépossédé de notre parole, on est aussi dépossédé de la vérité qui fonde nos actes.

Ne nous étonnons pas, alors, que l'expert nous donne ce qu'on appelle des conseils, là où nous attendions des miracles. C'est au fond ce qu'indirectement nous demandons à tout expert, de faire à notre place ce qui nous coûte tant, à savoir parler ensemble et faire des choix. Autrement dit, essayant d'échapper à ce qui relève de la responsabilité de chacun, nous revient, inversé et en pleine face, le signe de notre aliénation.

« De notre position de sujet, nous sommes toujours responsable », affirme Jacques Lacan, dans « La science et la vérité[5] ». Voilà une affirmation, si l'on s'y fie, qui pose le sujet comme seul lieu de réponse à ce qui lui arrive (au sens du *respondere* latin, d'où vient le mot responsabilité). Finalement, chaque sujet est responsable de tout ce qui lui arrive, au sens où une position éthique exige qu'il en rende compte dans les mots de la communauté, devant ses frères et sœurs en humanité.

C'est dans la confusion entre savoir et vérité que commence le règne de la terreur. La vérité ne peut advenir que de la parole de chacun d'entre nous ; elle n'est pas issue de l'accumulation des savoirs ou des pouvoirs. D'avoir à répondre de ce que nous faisons, voilà ce qui engage notre responsabilité, voilà ce qui fonde un processus d'évaluation. C'est aussi l'atelier permanent où se fabrique une équipe d'intervention sociale. Seule la parole engagée, en situant chacun dans le collectif, fait pacte et alliance. L'insupportable, c'est que la parole de vérité produit aussi de la division, de la discorde, de la séparation, de l'écart. Voilà ce que nous tentons de fuir en convoquant, à la place de cette confrontation, l'expert dans un rôle préfabriqué de plus petit commun multiple, là où il faudrait jouer le plus grand commun diviseur.

Notes

1. E. Goffman, *Stigmates*, Paris, Éditions de Minuit, 1976.
2. Voir plus loin : « Faire la passe… »
3. Pour un développement de « la fonction paternelle », voir le chapitre ultérieur : « Qu'est-ce qu'un père ? »
4. Sur cette question, on lira avec intérêt : J.-P. Lebrun, *Un monde sans limite*, Toulouse, érès, 1997.
5. J. Lacan, « La science et la vérité », *Écrits*, Paris, Le Seuil, 1966.

Des lieux et des hommes

*Nous habitons des lieux et des espaces construits par d'autres,
où il s'agit de se faire une place.
Nous ne sommes pas nés de nous-mêmes.
Ni dans la vie, ni dans le travail social, il n'y a d'auto-engendrement.
Nous sommes les fils et les filles de ceux qui nous ont précédés.
Nous mettons nos pas dans les leurs, même si parfois nous faisons l'école buissonnière.
Il y a une transmission du savoir éducatif.
Des grands anciens à nous-mêmes ; de nous à ceux qui suivent.
Ainsi s'inscrit la chaîne des générations ;
ainsi se tisse le fil des paroles et des gestes qui petit à petit trament un réseau,
où le métier d'éducateur prend corps.
Contrairement à ce que pensent certains,
chacun d'entre nous n'a pas tout à réinventer,
même si chaque rencontre est à chaque fois nouvelle
et remet sans cesse sur le métier notre ouvrage.
Je témoigne ici de quelques rencontres avec des hommes remarquables,
Vittorio Hertzog, François Tosquelles, Fernand Deligny, Félix Guattari et Tony Lainé,
et avec ce qui, pour eux et pour moi, a fait œuvre.
Ils ont participé, parfois sans s'en rendre compte, à ma formation d'éducateur.*

« Was du ererbt von deinen Wätern hast,
Erwirb es, um es zu besitzen. »
[Ce que tu as hérité de tes pères,
acquiers-le afin de le posséder.]
Goethe, *Faust*, v. 693-694.

Liminaire 2
Qui cherche, troue...

C'est l'histoire d'un lord anglais qui, dans une période de pénurie, décide de vendre ce qui lui tient le plus à cœur et fait l'orgueil de sa propriété: un trou magnifique au centre de la pelouse.

À l'aide de son factotum, il charge donc le trou sur une camionnette. Mais l'allée est en mauvais état et finalement le trou tombe. Qu'à cela ne tienne, le lord fait signe à son serviteur de reculer pour recharger le trou. Le serviteur recule jusqu'au trou et tombe dedans.

Dans son commentaire à ce petit apologue, Serge Leclaire pourra dire dans son séminaire tenu à Vincennes en 1969[1]: «Ce trou c'est ce qui ne va pas dans un système auquel on se réfère pendant un temps. À l'opposé du savoir, impliquant un blocage de la vérité, cette dernière apparaît comme une rupture: c'est un vide. L'horizon de la vérité importe davantage que l'horizon du savoir.»

Combien de fois ne sommes-nous pas tentés, dans la pratique éducative au quotidien, de refermer ce puits d'où la vérité jaillit toute nue. À chacun ses petits bidules pour colmater la brèche. L'un fera appel à la systémique, le comportementalisme, la psychanalyse. L'autre, dans la relation éducative, posera un bouchon sur toute émergence du sujet à travers une demande. D'autres encore, se lanceront dans la frénésie d'agir ou de parler. Autant de voies sans issue. Mais que celui qui n'a jamais péché lance la première pierre...

L'apprentissage d'un savoir éducatif et la construction d'une pratique ne se fondent-ils pas pourtant sur la béance de l'inconnu, de la surprise, de l'énigme?

L'acquisition d'un savoir de ce type ne saurait se justifier d'un empilage de connaissances ou de savoir-faire prêt-à-porter, mais d'une fréquentation intime du questionnement et de la rupture, car comme le dit le grand poète, Maurice Blanchot: «La réponse à la question fait le malheur de la question.»

NOTE

1. S. Leclaire, « Séminaire de 1969 », publié par la *Lettre infame*.

X.

> « Que dit celui qui écrit,
> quand ce n'est pas sous la contrainte
> de la machinerie industrielle qu'il écrit?
> Que peut-il dire de son écrit,
> sinon des paroles poétiques?
> Corps traversé d'une musique, corps excité par une dictée,
> comme l'amoureux écrivant sa lettre
> qui découvre qu'il n'y a pas de mots d'amour,
> de mots pensables, de mots qui seraient présentables.
> Des rumeurs seulement: voilà ce dont il fait état.
> Il écrit faute de pouvoir en savoir davantage. »
>
> Pierre Legendre,
> *Paroles poétiques échappées du texte*,
> Le Seuil, 1982.

Tu vas crever bientôt.

C'est l'André qui l'a dit. Et même plus, l'a ajouté, vipère, langue acide, cyanure et potasse.

Bientôt... L'toubib, j'l'ai entendu près du portail, hier.

Ha! Ça m'tourne, et ça m'tourne. Douze ans passés là. Pas un murmure, pas un chuchotement, pas une excavation, pas un suintement. L'être, à l'os. Douze ans dans cette cave croupissante. Douze ans de bagne et d'oubli. L'André, volubile, mécano du sérail, pute à chef, lécheur de bottes. Faut pas la haine. Faut pas confier sa monnaie à ce gonze mésodorant.

Douze ans d'eubage, de mariage blanc, et de succédanés d'ange. Douze ans d'orages et de désespoirs, glaire et sirop confondus.

M. Chant Xavier est un paranoïaque, présentant des phases de prostration et d'agitation. Pendant de longs jours, il se tient cloîtré dans un recoin de sa chambre, et semble s'abîmer dans ses rêveries ou ses réflexions. À d'autres moments, il réclame du travail. L'hôpital lui fournit des boîtes de carton qu'il assemble avec beaucoup d'adresse. Âgé de trente-huit ans. Hospitalisé à Saint-Maxent depuis le 2 novembre 1978. M. Chant est atteint d'un cancer généralisé. L'issue est fatale. Pas de famille. Pas d'amis. En cas de décès, fosse commune. (Rapport de Mlle Blanc, infirmière de garde. 12 octobre 1990, à l'arrivée de M. Chant dans son service.)

Me fous. Me fous. Ils croient me percer avec toutes leurs forfaitures, ils croient me chauffer à blanc, m'engorger, me dilapider. Sans pareil, sans marelle. Tienez, tienez... Os de seiche. Après silence, on tourne. Crever, je sais. La casse, la corde. Brisure. Comme quand le miroir est tombé en miettes, éclats, éclats, éclos. Comment elle disait, déjà? Tu brises tout ce que tu touches! Maman, maman. Pas briser, pas toucher, pas clos, pas clapoter. Chuinter, juste chuinter. Courir la bruyère, sur les épaules, tu sais, courir la petontaine, sur le dos à papa, à la lande, délambuler, délacer, tordre sentes et sentir mordre le vent d'ouest. J'irai, j'irai, j'irai...

Xavier Chant est enfermé depuis deux jours. Refuse de se sustenter. Morose. Penses au Valium, et au match de foot. Pourquoi cet idiot d'André lui a-t-il dit? À jeudi - Régis.

(Cahier de liaison 15 octobre 1990. Note de Régis Bié. Éducateur à Saint-Maxent. Pavillon terminal.)

Y m'ont foutu en croix. Pourtant l'X y'était pas, l'était pas. L'X du nom. Papa a dit grand-père a changé de nom, il y a de belles lurettes. Xant, pas Chant. Xant, l'entendez la fêlure, le miaulement dans la viande? Au début rien n'a bougé en moi, puis cet X, le revenant, m'a houspillé, gaspillé, calfeutré. Cet X-là plongé dans l'outre du temps, fer immergé dans la blessure. Et la blessure s'est ouverte jusqu'à envahir le monde. l'X y'était plus pour tenir les digues. Y'était plus et se sont mis à pénétrer de partout, à percer, tarauder, s'infiltrer dans les replis du monde, à se faufiler dans l'abri. Rien n'était plus sûr. Rien. L'a bien fallu colmater. Pensez. Une seule fissure dans le barrage, ça vous fout en l'air. Grand-père, pourquoi t'as laissé l'X? L'X protégeait, et coucougnait et tremblotait comme fanal au vent, mais de loin tu savais ta route. OUI, oui. Papa l'a dit. Les charognes, les camps, l'odeur de viande grillée. Oui, je sais. La chair entassée qu'on reconnaissait plus personne, tas de corps montagneux, excroissance de la terre, à raboter. Grand-père l'a voulu échapper, l'a bien fait, mais aurait pu m'en donner un autre d'X, si celui-là était usé. Un X à s'accrocher aux branches. Blessure, cet affairreur d'André, m'l'a remuée. Tous ces on-dit, catimini, établis, ces fleurs de souffre... Pourquoi, grand dieu vivant, tu l'as zigouillé mon X? Pourquoi tu l'as dételé du timon qui tirait le charroi? Aujourd'hui comme toujours, enfin comme mon toujours, j'vas à vau-l'eau, j'vas au boucher, j'vas à la terre. J'me taire, attendant l'abattoir.

Douze ans grand dieu vivant à bousculer ciel et terre, à chercher cette ocelle sanglante, cet éclat de micas, appendu au négatif devant la Croix du Sud. Ma vie, mon air, mon classeur d'os, ma fibre, ma tirelire, mon livre, mon style. Chauffez les chaudières, siphonez, labourez jusqu'à l'os. J'suis là, j'suis toujours là, même quand vous retournez les pierres, J'suis là dans le puits à charrier les tonnes d'oubli, j'suis là dans la mare, à essuyer les miettes de vos festins. Tordu. Douze ans de saignure, de crevure, de billes de verre, à remonter le sang des alphabets. Pourquoi cet arrachement? Pourquoi ce déchirement? Pourquoi ce soleil noir?

Je m'souviens. Un jour j'ai entendu Damien. Damien Chant, un frère mien.

Il expliquait à son copain une blague: «Fais l'X fort, fais l'X fort.» C't'éclat dans le rire, c't'éclatement. L'X à portée de grenadine, à deux doigts de virer son amble. Là à portée de croix, à bout d'aile. j'ai bien cru le saisir, si canard endormi, j'l'approchais sans bruit, couvert par Damien enrié, j'm'approchais, j'allais le saisir, il s'est envolé, sale corbac, sale noir, sale croix volante, ombre de mon nom. Viens, petit, petit, blottir au chaud, sous la tonnelle, pour la grenadine que Maman a servie fraîche. L'a sa robe à fleurs roses Maman. Porte son sourire des jours sans pluie, un de ces sourires d'avant la fin du monde. Puis rien. Ça se referme comme ça, tapette à rat. Pris au piège. Rien dans cette coquille de noix, rien sous cette ombrelle, vide et compagnie, mais sans la compagnie. Vide à retenir, encore et toujours, car il menace les entours du territoire, il menace mon enclos, sale vide, il menace bergers et troupeaux, il menace la page écrite et la page blanche, il menace embruns et marées, mariés et sabotiers, soupentes et oiseaux-mouches, il menace la tonnelle, bon Dieu! pas la tonnelle. L'X; l'X, viens-y, à la rescousse. Renfort. Rempart. Remblai. Rends l'X. Pitié le barrage est plein de fuites, pitié j'y ai mis le doigt et le pied et l'étrier et l'étrangère. Pitié j'y ai passé tout le corps à colmater l'hémorragie, flot envahissant, flux, carnage, troupes de nuit. Anguilles vous filez des doigts, et moi je reste.

« Xavier a porté sa croix. Le Seigneur lui en tiendra compte.

Je prie pour qu'il le reçoive en son saint Paradis. Ses souffrances, j'en suis sûr seront fruit de bien du bonheur, là-haut. Que Jésus, les apôtres et tous les saints l'accueillent en chantant. »

(Pasteur Genest. Oraison funèbre, prononcée à l'occasion de l'enterrement de M. chant, le 21 octobre 1990.)

Quand Damien est né, ou quand Damien est issu. M'avaient mis chez grand-mère, pourquoi? Sans dire. Pas une flèche, pas un pélot, pas un muscle de fantaisie.

La chatte a fait ses petits dans la couette. J'm'éveille à beau matin, grand-mère dort à l'autre bout, plus loin que la table où rodent deux bolées de cidre, vitre irisée de givre, étoile savante, la toujours là étoile, rappelante. Hop!

Cinq petits chats. J'ai pris le noir: «Félix, Félix», messager du tendre, croûte sur la plaie. Félix petit chat, à la place de rien, à la place vide, à la place du marché, enfin, pas à la place, en surface, comme un oreiller doux, un onguent, une lavande. Maman m'a emmené sur la grève. Ça piaulait, ça piaillait en tous bords: fous de Bassan, mouettes, goëlans, sternes. Les connais tous, tous. Les humides et les volatiles, les tintants et les enfermés. Les connais tous. Bon protestant connaît son monde. Je proteste.

Le p'tit là, prendra bien la bolée d'cid, comme les grands, non Finette? Bolée d'cid, bolée d'cid, v'la t'y pas qu'y chavire. Hola, garçon. Et vous, laissez-le donc, vous voyez ben qu'il a l'œil. Xavier, Xavier, rentre au port. Mais Papa l'a pas rentré, l'a fini dans le ventre du bateau. La mère l'a bouffé. Saleté de mamelon. L'a bouffé sa carcasse et son miel. L'a pas rendu l'épice. Maman, maman, veux pas qu'tu l'manges. J'y ai foutu su'la goule. J'y ai racorni. L'avait qu'à pas l'bouffer. La mère, pourquoi t'as bouffé l'père?

« Meurtre en état de démence » y'm'dit c'con-là, engoncé dans sa robe rouge, au théâtre de la loi, l'marchand de justice, moulineur de vent. Et y m'fait l'article 64. Qu'est-ce que ça veut dire 64, ça fait pas revenir les X, 64. Pourquoi pas 69, vendeur de vent? Mais t'as donc pas vu la pagaille, cornifleur? Le bouffage, l'X bouffé, l'père bouffé. J'l'ai sauvée la nature humaine des crevaisons. Voilà comment tu remercies ton monde? Ça agite l'ostensoir. Vieille carne. En robe rouge, c'con. Poulet. Maquereau. Tapis de plaintes. Douze ans à cause de ce béret de juge atrophié. Douze ans à réclusion, bon dieu, dieu vivant, douze ans pour l'X et pour l'père, ça baise. Tas de cohortes!

« *Ce matin, M. Chant s'en est pris à son ami André, après qu'on l'eut sorti de la cellule de contention. Il l'a injurié et frappé violemment au nez. J'ai dû intervenir à la demande des éducateurs. Valium + Tranxène. (Mme Petiet, infirmière, le 14 octobre 1990.)*

Que s'est-il passé? Demande le médecin.

Une éducatrice: Xavier a coursé André avec une arme étrange qu'il avait confectionnée à partir de deux morceaux de bambous assemblés par du fil rouge en forme de croix. Tout en le poursuivant, il lui lançait de tous les noms, vous savez ce mélange d'incongruités: crevure, soupe molle, tapis de peine, ribambelle. Il l'a frappé par trois fois avant que je puisse intervenir. J'ai conduit André à l'infirmerie, et après j'ai demandé à Marie-Claire Petiet de s'occuper de Xavier.

Crise clastique, délire de persécution, il nous emmerdera jusqu'au bout celui-là, a conclu le médecin.

Et la maladie ?

Ça avance... Pardon... Il est mal en point. Métastases généralisées. Qu'est-ce qu'on prévoit pour l'enterrement ?

Prévenez le pasteur... et le menuisier.

Y'en a marre. Pas un pour rattraper l'autre. Pas un à me croire, à me fier. J'entends chuchoter. J'entends blouser. Et l'anthrax, l'André, avec son bec de démordra-pas, sa croche, son foc. Tu m'embouises, l'André, t'entends, tu m'embouises.

Fallait pas le dire. Des mots comme ça, alors que je cherche la coulisse d'un depuis lurette, putois. Fallait pas le lâcher, qu'y m'tourne autour maintenant tout d'go, autour du crâne comme la ribambelle. Fallait pas le suriner, tapioca. Quand on a ses mots on les tient, on se tient bien, on les lâche pas sur les autres, que ça vous aboie à vous fendre le drapeau.

« *Il n'y aura donc personne pour tenter de le comprendre ? Je sais que si Xavier est fou, sa conduite n'en est pas pour autant insensée, ça veut dire quelque chose. On pourrait peut-être lui parler...* » (Michèle Altuna, stagiaire psychologue, le 14 octobre 1990.)

J'm'apostropherai comme la dernière note du banjo de tonton Victor, quand on revenait, regimbant, sur les épaules de Papa, la lande traversant, rentrer à La Chaise-Dieu, allant-venant, la note, l'ultime, allant-venant, là, pas là. Je rebondirai. J'ouvrirai mon corps comme artichaut, trop mûr, placardé de soleil piquant. J'ouvrirai l'œil, laisserai tomber l'ombre. Jugerai le monde sur son serment, sur ses artères, sur son sang. Ouvrirai l'os et la saison, le banc de saumons et l'armoise. Tenez-vous bien, arrive.

« *M. Xavier Chant est mort ce matin un peu avant 7 heures. J'ai découvert son corps encore chaud à la première ronde de 7h30. Curieusement, tout le corps de cet homme était tétanisé, et formait, muscles des bras et des jambes étirés, comme une croix de Saint-André, un X.* » (Gérard Chanut, veilleur de nuit à Saint-Maxent, 15 octobre 1990. Pièce versée au rapport d'autopsie.)

Espèces d'espaces

Notre représentation de l'espace est intimement dépendante de notre représentation corporelle, notre schéma corporel comme on dit. Et l'image de notre corps est intimement liée au fait que nous parlons, au langage. Il faut donc mettre en série ces trois termes : langage, corps et espace, pour essayer de comprendre comment ils découlent l'un de l'autre, comment le monde dans lequel nous vivons et habitons, est agencé. Ce qu'on pourrait appeler une symbolique de l'habitation, ou de l'espace hyper-socialisé que constitue une ville, me semble prendre racine dans ce type d'approche.

Déjà Bachelard, dans *Poétique de l'espace*, avec le génie à la fois intuitif et rigoureux qui caractérise son œuvre, construit une représentation qu'il propose d'appeler «topophilie»: amour des lieux, sorte de louange à «l'espace heureux». Dans ce beau livre, Bachelard passe en revue les différents habitacles de l'humain : une fois installée la dialectique du dedans et du dehors, la maison est explorée de la cave au grenier, pour déboucher sur une exploration de l'univers, vécu comme une grande maison cosmique. Sorte d'emboîtages à l'échelon du monde, la construction de Bachelard tient de la poupée gigogne.

Car, comme nous le rappelle Olivier Marc dans sa *Psychanalyse de la maison*: «La maison est un lieu commun, c'est-à-dire contenant tout, d'où tout prend sa source, où tout est potentiellement contenu. C'est à ce lieu commun suscité par le souvenir de l'unité intra-utérine, que l'homme retourne chercher le repos, le calme, l'harmonie à laquelle il aspire.»

On peut, à partir de cela, faire dériver toute une rêverie poétique, tout un imaginaire de la maison. Il suffira de calquer ce que Freud appela la «topique de l'appareil psychique» sur l'espace vécu. Imaginez une maison sur trois niveaux verticaux, une maison classique. Au niveau habitable, niveau salon, cuisine et chambres, vous aurez la place du moi. Le surmoi et son cortège de vieilleries familiales, de souvenirs que l'on trimbale toute une vie, sera logé au grenier. À la cave le ça, les pulsions refoulées, les forces obscures de l'inconscient. On peut envisager, pour ceux que les maisons de plain-pied attirent, un découpage similaire dans le sens horizontal, entre cuisine, placards, salon et chambres par exemple. On voit bien ce qu'une telle mise en scène a de naïf, ce qui n'enlève rien à la charge poétique de telles évocations. Ce genre de représentation ne fait qu'indiquer que notre monde, notre habitation, notre corps, sont cohérents entre eux, parce que tramés de langage.

«Le corps humain, nous confie Freud, est souvent représenté par le symbole de la maison. Font également partie de ce symbole les fenêtres, les portes, les portes cochères qui symbolisent les accès dans les cavités du corps.» Mais Freud ajoutait aussitôt, on trouve cela très clairement indiqué dans son *Introduction à la psychanalyse*, qu'en matière de symbolique, il ne fallait pas se précipiter dans une sorte de *clé des songes* ou de *dictionnaire des symboles*, car la clé, c'est chaque sujet qui la détient en lui-même, sans en rien savoir, et ce n'est que dans le cheminement à travers «la forêt du langage» qu'il peut en trouver la piste et apprivoiser, dans le travail d'élaboration analytique, par exemple, sa propre représentation du monde. Ainsi tel enfant phobique, pris de panique à l'approche d'une fenêtre, découvrira avec le temps, au fil de ce travail thérapeutique, que c'est le signifiant à décomposer en «feu-naître» qui recèle un point d'horreur, inscrit dans son origine de petit d'homme. Tel autre, comme on le voit souvent chez les psychotiques que nous accompagnons dans les institutions, qui se balance régulièrement sur le seuil des portes, montre à qui veut «l'entendre», dans un langage sans mot où le corps lui-même parle, qu'il a beau être sorti du ventre de sa mère, il n'est pas encore né, il hésite sur le pas de la porte. On pourrait multiplier les exemples. Chacun en connaît dans sa pratique, qui lui font signe.

Il y a sans doute, pour appréhender plus finement nos représentations de l'espace, non pas à développer un symbolisme particulier de l'habitation, ou des espaces sociaux, mais à tirer toutes les conséquences de ce que Jacques Lacan a appelé tout simplement «le symbolique», qui situe la place unique de l'humain dans le monde comme effet de la parole.

«L'homme parle, dit Lacan, parce que le symbole l'a fait homme.»

À partir de là, on comprendra plus aisément pourquoi des anthropologues, comme Mircéa Éliade, retrouvent un peu partout, dans toutes les civilisations et toutes les sociétés, les mêmes types de découpage de l'espace qui se résument à une combinatoire d'éléments simples opposés: haut/bas, devant/derrière, gauche/droite. Projection dans l'espace du schéma corporel, cette mise en scène témoigne surtout de l'auteur de la pièce qui se tient en coulisses: le langage lui-même. Car le langage construit cette capacité pour l'être humain de différencier. Tout d'abord les sons entre eux, en les opposant. Si vous écoutez un bébé en train de «mamaïser», comme disait Dolto, les phonèmes de base, vous comprendrez que c'est à cela qu'il s'exerce, avec toute la jubilation qu'entraîne cette relative organisation et maîtrise du monde. Freud, dans ses *Essais de psychanalyse*, nous en donne un très bel exemple. Son petit fils joue avec une bobine à chaque fois que sa mère est sortie. Il jette à l'intérieur de son berceau la bobine, la mine triste, en criant «ooo»; puis il la ramène en jubilant un «da». La bobine ici permet la mise en scène dans le symbolique de l'absence de la mère.

Dans les sons proférés («ooo» veut dire «fort» en allemand – au loin – précisent les parents; et «da» veut dire voilà), on voit bien comment le langage, dans l'arbitraire des combinaisons phonétiques entre elles – arbitraire fixé par des règles cependant puisque les sons renvoient à du sens –, articule, représente et symbolise cette différenciation primordiale que constituent l'absence et la présence de l'être aimé. C'est ainsi que se construit un espace habitable. Espace de langage, corps de langage, où chacun se déplace, selon une grammaire, un vocabulaire, une syntaxe qui sont fixés. On ne peut pas parler n'importe comment. Mais dans le même temps à être situé dans le cadre symbolique, chacun s'y inscrit selon ce que lui dicte son désir, dans un texte qui est singulier, qui reste à déchiffrer. Il me semble que c'est par ce biais qu'il faudrait aborder la question de la symbolique de l'espace.

La façon singulière dont chacun a tissé cet espace de vie, où s'organisent ses rapports au corps, à l'habitation, au déplacement, tout ce qui constitue la trame de son monde, reste subjective. Même si tous les mots du monde sont dans le dictionnaire, la façon de les faire jouer entre eux n'y est pas. Cette façon singulière et différente pour chacun prend sa source dans l'inconscient, dans sa structure et dans le nouage qu'y opère le sujet. C'est pourquoi Lacan, dans son XXe séminaire intitulé *Encore*, précise : « L'espace, il semble bien faire partie de l'inconscient, structuré comme un langage. »

Notre monde humain est un monde de langage. « Poétiquement habite l'homme sur cette terre », écrivait Heidegger. Poétiquement, c'est-à-dire en confiant son être au langage. Ces maisons que nous habitons, ces rues des villes où nous nous déplaçons, ces espaces dits vierges où nous nous mettons en vacance, sont construits de langage. C'est en parlant, en écrivant, en construisant avec des images, des films, que nous habitons notre espace.

Lieux d'accueil

Les lieux d'accueil sont sans doute la seule grande innovation du secteur social des vingt dernières années[1]. Que quelques hommes et femmes se mettent à accueillir dans leur espace quotidien des personnes, jeunes ou moins jeunes, en perte de vitesse, en panne de lien social, voilà une aventure qui mérite qu'on y réfléchisse. Pas besoin d'aller à l'autre bout du monde pour faire de l'humanitaire. Mais depuis vingt ans, les lieux se sont étoffés, peut-être professionnalisés, encore que le mot n'est peut-être pas approprié pour désigner le partage d'un espace domestique. De quelle profession s'agit-il? Je sais qu'il y a depuis longtemps une demande de reconnaissance du travail et des compétences auprès des ministères, qui n'aboutit pas. Pas par manque de volonté. Mais parce que la diversité, qui est en même temps la richesse des lieux d'accueil, ne permet pas de dégager des règles communes. Je crois que les lieux d'accueil, pour y avoir travaillé, et pour continuer à les fréquenter et à y réfléchir, sont aussi responsables de cet état de fait. En effet, la reconnaissance sociale passe avant tout par un effort de formalisation. Pour être reconnu, il s'agit de dire ce qu'on fait, donc d'inventer un discours qui rende compte de la réalité vécue au quotidien. Ce point est capital. C'est ce qui m'a amené à m'occuper de la formation des travailleurs sociaux. Les permanents des lieux d'accueil ont une pratique très riche, mais comment la transmettent-ils? Comment l'inscrivent-ils dans un langage commun? Il n'y a pas de travail social sans cet effort constant de mise en forme de la pratique, donc de mise à distance, dans la parole et l'écriture. Il ne s'agit pas de faire de grandes démonstrations, mais de faire, comme disait Lacan, une monstration, de montrer, de donner à voir, à sentir, à goûter ce que l'on fait. Si l'on ne fait pas soi-même cette monstration, ce sont les autres qui nous montrent du doigt. Alors on focalise sur soi, à n'en rien dire, les monstres de l'imaginaire.

Je voudrais ici, à ma façon, collaborer à cette mise en forme au sens propre, comme on parle de la formation de glaciers, de l'expérience des lieux d'accueil, à partir d'une interrogation sur deux concepts qui en constituent les piliers : en effet, qu'est-ce qu'un lieu ? Et qu'est-ce qu'un accueil ?

On connaît cette phrase forte qui clôture l'étrange poème de Mallarmé : « Rien n'aura eu lieu que le lieu. » (*Un coup de dés jamais n'abolira le hasard.*) Le lieu ce n'est pas l'espace, c'est la condition de l'inscription de l'homme dans l'espace. Chez certains, cette condition de base, qui inscrit un être en soi-même et parmi les autres, n'est pas fondée. Il est des humains sans feu ni lieu. Le lieu est ce qui permet à chacun d'entre nous de se construire. Le lieu est inscrit au cœur de l'homme et lui donne la possibilité de chercher et de trouver une place dans le monde. Communément, on dira qu'il s'agit d'être bien dans ses baskets. Mais comment faire quand on n'a même pas les baskets ? Qu'est-ce qui permet à un être de trouver son lieu, lorsque, comme on dit, il ne sait plus où il habite ? Cet état sans lieu, cette errance, on la caractérise un peu vite sous des étiquettes : il a un handicap physique, mental ou social. Le handicap, c'est d'abord qu'un sujet n'a pas trouvé son lieu d'être. Il n'a pas lieu d'être.

Carlos Castaneda, anthropologue américain et initié à la sorcellerie des indiens Yaquis, raconte une de ses premières rencontres avec Don Juan, son initiateur. Celui-ci lui donna comme épreuve de « trouver sa place » sur une terrasse où avait lieu la rencontre. Sur cette consigne, il le laissa seul. Castaneda s'agita longtemps, changeant de place, cherchant où, sur une dizaine de mètres carrés de la terrasse, pouvait bien être sa place. Le manège dura plusieurs heures et l'apprenti-sorcier finit par s'endormir à même le sol, épuisé. Le lendemain, Don Juan le réveilla en lui lançant : « Tu l'as enfin trouvée ta place ! »

Trouver sa place, on le voit dans cet exemple, c'est trouver son lieu de recueillement, c'est retrouver sa source ; renouer par son point d'origine et en repartir. Ce lieu de l'origine est un lieu vide. Un lieu non-lieu, le lieu de l'ailleurs, une utopie pour reprendre la figure de Thomas Moore. L'île d'utopie est cette île intérieure que chacun porte en soi, dans laquelle il faut savoir revenir pour retrouver sa place parmi les autres. Cette île mystérieuse, certains en ont perdu le chemin, d'autres n'en ont même jamais su l'existence. Il s'agit donc de les accompagner pour qu'ils se retrouvent, pour qu'ils s'y retrouvent.

Le mythe du Saint-Graal qui apparaît en Occident tout au long du XIIe siècle, retrace un épisode qui a à voir avec la construction de ce lieu. Dans cet épisode, les chevaliers de la Table ronde qui vivent en pleine harmonie sont soudain chassés de la Sainte Table et ils doivent se disperser. C'est ce qui donnera naissance à la quête du Saint-Graal. Pourquoi doivent-ils si brutalement se séparer ? Dans certaines versions, il apparaît que le roi Arthur a commis une faute sexuelle. On ne dit pas laquelle. Mais il a transgressé un interdit. Dans la version plus connue de Chrétien de Troyes, *Perceval ou le Comte du Graal*, Lancelot s'assied à la place vide de la Table ronde désignée comme place de Judas et qui doit rester vide. Il boucle ainsi le cercle. Il referme le lieu. C'est la catastrophe. Pour rouvrir le lieu, il faut que les chevaliers partent dans une quête incessante. Une quête du Graal. Le Graal, c'est un vase et la nature d'un vase, c'est d'être vide, pour qu'on puisse y recueillir et accueillir quelque chose. Ce qu'accueillera le Graal, c'est le sang du Christ, autrement dit le signe de l'absent. Dans le sang du Christ, je vois une métaphore du langage lui-même. En effet, le langage est le signe de l'absence ; il représente, c'est-à-dire qu'il rend présent ce qui n'est pas là, ce qui est à jamais perdu. Il permet, disait Freud, des retrouvailles avec un objet à jamais perdu. Dans les différentes versions des chevaliers de la Table ronde, le lieu qui fonde la table est cette place interdite. Le lieu doit rester vide mais aussi ouvert. Le cercle du collectif, de la communauté, ne doit pas se refermer. Sinon ça tourne en rond, ça moisit, ça pourrit. Il y a une leçon à tirer de ce mythe. Tout regroupement humain ne survit que dans l'ouverture. Et pour qu'il y ait ouverture, il faut que dans l'espace un lieu fasse trou. Sinon c'est l'enfermement. Il faut un lieu de passage entre le dedans et le dehors. Il faut une porte. Une porte ouverte est par essence vide, mais c'est aussi ce qui permet la circulation dans l'espace. Certains enfants psychotiques savent bien nous l'enseigner, si nous prenons la peine de les écouter. Ils se mettent à l'endroit de la porte. Ils la bouchent. Et là ils se balancent. Ils nous disent: «Je n'arrive pas à faire la coupure entre dedans et dehors; aidez-moi; tranchez pour moi; videz-moi de la porte; ça ne passe pas.»

Ça nous rappelle le mythe du paradis perdu. Si l'on suit ce mythe, nous sommes tous des exclus. Nous avons été chassés des verts pâturages de l'enfance et du paradis. Nous sommes des êtres en exil. Et notre vie ne tient que par ce point d'origine d'où nous sommes exclus. Le langage est cette opération même d'exclusion, opération de division, comme nous le rappelle Lacan, opération de décentrage. Nous ne sommes pas le centre de l'univers, cela Giordano Bruno, Copernic et Galilée nous en avaient déjà apporté la preuve, dans l'ordre de la physique des corps célestes, mais Freud a rajouté: «Le moi n'est pas le maître en la demeure.» Ce qui nous gouverne, nous échappe. Ce qui nous échappe, Freud propose de l'appeler l'inconscient. Paradoxalement, c'est ce qui nous échappe qui constitue le lieu, mais le lieu vide, qui nous fait vivre. Que nous ne soyons pas tout, que nous soyons en manque, mais sans qu'aucun objet, contrairement à ce que pensent les toxicomanes, sans qu'aucun objet puisse venir nous combler, voilà d'où en tant qu'humain nous prenons notre ressort, notre désir de vivre. Qu'est-ce qui permet d'inscrire ce lieu de l'inconscient, lieu d'émergence du désir dans l'appareil psychique?

Freud nous en donne une explication lumineuse dans une petite anecdote riche d'enseignement dans ses *Essais de psychanalyse*, au chapitre «Au-delà du principe de plaisir», le fort-da.

Lieux d'accueil

Freud est en vacances dans sa famille. Il observe le jeu de son petit-fils âgé de dix-huit mois. Celui-ci, à chaque fois que sa mère est absente, lorsqu'il est dans sa chambre, se saisit d'une bobine attachée à un fil. Il la fait disparaître à l'intérieur de son lit bordé d'un voile, avec un « ooo » attristé. Par contre, lorsqu'en tirant sur la ficelle, il fait à nouveau réapparaître la bobine, c'est avec un « da » de jubilation qu'il l'accueille. Quelque temps plus tard, Freud observe un peu le même jeu devant un miroir où l'enfant voit se refléter la moitié de son corps. En se baissant sur ses pieds, il fait disparaître son image du miroir, en proférant le même « ooo » attristé ; et la fait réapparaître en prononçant le même « da ». Dans une conversation avec les parents, Freud apprend que « ooo » signifie fort, au loin ; et « da », le revoilà. Ainsi l'enfant met en scène l'absence de sa mère en reproduisant la matrice même du symbolique : représentation de l'absence et inscription dans une combinatoire, présence-absence. « Il se dédommage de l'absence de sa mère », écrit Freud. C'est ce qui donne lieu d'être à cet enfant. C'est de ce point d'origine et de coupure, de ce point de coupure-lien, pour reprendre un terme de Daniel Sibony, que cet enfant peut s'inscrire comme sujet.

Qu'est-ce qui donne une place au sujet ? Qu'est-ce qui lui permet de prendre place ? C'est de pouvoir en permanence transférer le désir dans la chaîne signifiante. Ça paraît compliqué ? C'est pourtant bien ce que vient faire dans un lieu d'accueil, un jeune qui, au bout de quelque temps, finit par dire qu'il veut être plombier, ou voyageur, ou éducateur... comme son éducateur. C'est une façon d'inscrire dans le monde son désir. Mais cela ne peut apparaître qu'après un long chemin, où le jeune s'est apprivoisé et a apprivoisé les autres, un long chemin où le travail en lieu d'accueil consiste à faire don à ces jeunes de ce qu'ils ont à être, c'est-à-dire manquant ? L'être de parole, le parlêtre comme disait Lacan, que nous sommes, ne subsiste qu'au prix d'assumer ce manque fondamental. C'est de ce lieu du manque que le désir tire sa force.

Il n'y a pas, dans le monde, de place toute prête qui nous attend. Sa place il faut se la faire. C'est pas nouveau. Elle n'est pas donnée. Mais pour la trouver sa place, il faut pouvoir être en accord avec ce lieu du surgissement du désir. Il y a des jeunes qui n'ont jamais eu accès à ce lieu. Et ce lieu répand alors ses messages de fermeture. Ça s'appelle en psychanalyse les symptômes. L'un casse tout autour de lui. L'autre est fou. Un autre se mure dans le silence. Un autre encore fait maladie sur maladie. Ça parle dans le corps lorsque ce lieu est bouché. Le désir qui ne peut pas se dire avec des mots prend en otage des morceaux de corps pour s'exprimer. Les jeunes que reçoivent les lieux d'accueil sont bien souvent dans cet état de fermeture vis-à-vis de leur lieu de vie. Alors il faut que ces jeunes trouvent un lieu autre, un lieu d'emprunt, un lieu que leur prêtent les permanents des lieux d'accueil pour qu'ils refassent le chemin. Il faut un lieu où se transfère cette force de vie qui n'a pas trouvé son passage. Les lieux d'accueil sont de tels lieux. Les permanents des lieux d'accueil sont les lieutenants, les tenant lieu, de cet espace de transfert. Ces jeunes vont transférer sur eux, sur leur personne, sur leur corps, sur leur lieu d'habitation, sur leur entourage, ce lieu qui pour eux n'a pas eu lieu. Ils sont à la recherche de germes de lieu, pour s'enraciner et grandir. C'est à dessein que j'emploie un terme qui nous vient des militaires : lieutenant. Car il s'agit de tenir un lieu, comme on dit tenir un siège, solidement, courageusement, et que ce lieu puisse tenir lieu de point d'appui à des sujets. La première fonction d'un permanent de lieu est celle de tenir, de tenir bon. Comme les soldats dont Dino Buzzati nous conte l'histoire dans *Le désert des tartares*. Ils sont aux confins du désert. Ils attendent l'ennemi qui ne vient jamais. Mais ils tiennent bon. Tenir bon pour un permanent de lieu d'accueil ça veut dire tenir le cadre, tenir ce qui permet qu'en un tel lieu un jeune en souffrance, comme on dit un paquet en souffrance à la poste, puisse investir suffisamment de force de vie pour trouver son propre lieu de vie. Mais comme je l'ai dit, c'est que ce lieu de vie du sujet est aussi un lieu de vide. C'est un lieu frappé d'interdit. Il faut pouvoir donner à l'autre en souffrance ce qu'il n'a pas et qu'on n'a pas non plus. Il faut pouvoir transférer ce lieu du manque. Et dans le quotidien, c'est souvent par le biais de l'interdit, de ce qui s'inter-dit, ce qui se dit entre nous et eux, que ce lieu arrive à se constituer. L'interdit, dont le socle est l'interdit de l'inceste, est ce qui fonde le lieu de l'origine comme manque, mais aussi comme désir.

Si l'on suit la famille étymologique du mot lieu, il raconte la même chose. Le mot lieu vient du *locus* latin. Et dans la famille, nous trouvons des descendants aussi étranges que le lieutenant dont j'ai parlé. La location, mais aussi la couche, le lieu où l'on dort et l'accouchement, le lieu où l'on naît au monde. La résonance du terme, ses nuances nous appellent à ce travail de maïeutique, pour employer un mot de Socrate. La maïeutique, c'est l'art d'accoucher les âmes. Un lieu d'accueil doit avant tout être ce lieu où le sujet peut naître à lui-même. Seule cette deuxième naissance peut fonder son insertion dans le monde, dans le social. Faire de l'insertion, comme on dit, ça ne consiste pas à trouver du boulot, une piaule, un sandwich, une télé…, à quelqu'un que l'on décrit comme sans tout ça : sans abri, sans ressource, sans famille, sans domicile, etc., comme si l'on pouvait désigner un objet matériel qui comble le manque. L'insertion ça consiste avant tout à accompagner le sujet vers ce point d'origine qui le fait manquant, donc humain. Ensuite, la route de l'ANPE n'est pas dure à trouver. Le plus difficile à trouver ce n'est pas le chemin de l'ANPE, ce sont les raisons profondes, je dirai ontologiques, de s'y rendre. Il faut que ça ait du sens. Et cette démarche n'a de sens que si le désir y est engagé. Alors le sujet, dans sa dimension désirante, peut avoir lieu. Alors il peut advenir dans les gestes et les paroles d'humanité qui lui donnent une place, une place de « un parmi d'autres » pour reprendre un titre de Denis Vasse.

Quelques mots sur la notion d'accueil maintenant.

Certains sujets, je l'ai dit – et c'est à eux que les permanents de ces lieux ont affaire –, sont en panne de symbolique. Le symbolique est un mot que Lacan emploie pour désigner l'ordre du langage, au sens large. Certains sujets n'ont pas lieu parce qu'ils n'ont pas trouvé ce lieu d'origine qui les fonde. Certains sujets n'ont pas été accueillis. Ou bien le lieu qui les a accueillis était singulièrement encombré. On ne peut pas accueillir quelqu'un si le lieu est encombré par ses projections, ses fantasmes, ses pulsions, ses idées, ses peurs... Il faut du vide pour accueillir l'autre. Je pense ici à Van Gogh. Né un an jour pour jour, après la naissance qui coïncide avec la mort d'un frère prénommé aussi Vincent. Ainsi, toute son enfance, Vincent est allé sur la tombe où était inscrit son propre nom. Le lieu de Vincent était occupé par la place du mort. On peut dire que la peinture lui a permis d'accrocher *a minima* son lieu de vie. La peinture lui a servi de lieu de secours. Mais de ce lieu, les toiles de Van Gogh en témoignent l'inscription. Il suffit de voir les oiseaux qui parcourent ses traits de lumières, oiseaux noirs, corbeaux, qui tracent dans le ciel des VVVV incessants. Le lieu de vie, pour Vincent, était trop plein, trop encombré par la souffrance des parents, qui n'ont pas su ou pas pu – les parents font ce qu'ils peuvent, il n'est pas question de jeter la pierre –, ils n'ont pas su se détacher de leur premier fils objet qui comblait leur espérance et leur amour. Ils n'ont pas su remettre en circulation un lieu de vide. Et Vincent est né dans un lieu habité par un fantôme qui portait son nom, un mort-vivant.

Parfois aussi, comme dans la psychose, le lieu lui-même n'a pas eu lieu. Le sujet n'a pas de lieu. Comme il faut bien vivre, il s'en est bricolé un de bric et de broc, à partir d'emprunts à droite et à gauche, mais ça tient tant que ça tient. Un exemple célèbre: Paul Schréber[2]. Le lieu de la psychose n'a pas eu lieu parce qu'il n'est pas inscrit dans les temps. Le temps de la construction du lieu est forclos, dit Lacan. Forclos est un terme juridique d'après lequel, écoulé un certain délai pour intervenir en justice, porter plainte ou intenter une autre action, le temps est passé: ça ne peut plus avoir lieu. Il y a un gros travail à faire dans les lieux d'accueil avec les psychotiques. Parce que ce sont des lieux, où dans le partage du quotidien, on peut permettre à un sujet sans lieu de s'en bricoler un, avec des bouts de gestes, de pensées, de mots, qu'ils vous chipent.

Alors qu'est-ce que l'accueil en un tel lieu? L'accueil est avant tout accueil de la parole de l'autre, de la parole dans toutes ses formes, j'insiste, y compris ses formes les plus ténues et les

Lieux d'accueil

plus dérangeantes, comme le silence ou le cri. Accueillir la parole de l'autre, voilà une démonstration que nous fait un passage de l'Évangile de saint Luc. Il s'agit de l'Annonciation. En fait, il y a deux Annonciations consécutives. Tout d'abord l'ange Gabriel est envoyé à Zacharie qui lui annonce la naissance d'un fils, qui sera Jean-Baptiste. Zacharie n'y croit pas (« Je suis vieux et ma femme aussi », dit-il) et il demande une garantie, une preuve. Gabriel se met en pétard : puisque c'est comme ça, tu l'auras ta preuve, tu seras muet jusqu'à la naissance de ton fils.

Six mois plus tard, le même messager céleste apparaît à Marie, toujours vierge. Il lui annonce la naissance de Jésus. Marie est peut-être vierge, mais loin d'être idiote, elle sait bien comment on fait les enfants. Alors elle est plutôt perplexe, elle glisse du bout des lèvres, non sans humour, que la chose lui paraît impossible, mais elle ne doute pas de la parole de l'ange, aussi invraisemblable que soit la nouvelle. « Comment cela se fait-il, dit-elle, je ne connais pas d'homme – Rien n'est impossible à Dieu », répond l'ange. La tradition a retenu, pour qualifier l'attitude de Marie, le terme d'humilité. L'accueil de la parole n'a pas lieu hors cette humilité. Cette humilité-là, humilité vraie, précise Lacan, dans un passages des *Écrits*, « c'est celle qui se révèle dans la question de ce que parler veut dire, et chacun la rencontre à seulement accueillir un discours […] Ainsi non seulement le sens de ce discours réside dans celui qui l'écoute, mais c'est de son accueil que dépend qui le dit ; c'est à savoir le sujet à qui il donne accord et foi […] » (*Écrits*, pp. 330-331, « Variantes de la cure type »).

Refaisons une incursion du côté de l'étymologie. Le mot accueil a la même racine que le mot lire. Ils viennent tous deux d'une racine indo-européenne « *leg* : cueillir, choisir, rassembler ». C'est une famille nombreuse qu'engendre la généalogie de ce mot. Parmi les plus illustres ou ceux qui peuvent nous parler à l'oreille quant au sujet qui nous préoccupe, je signalerai : cueillir, accueillir, recueillement, récolte, légende, intelligence, lecture, collectif, pour les mots qui sont passés par la langue latine. Plus un certain nombre qui ont transité par le grec : dialogue, horloge, mais aussi tous ces mots savants qui nous viennent du *logos*, qui désigne la parole et le discours, il y a une flopée de mots qui finissent ainsi, de l'antique astrologie à la moderne psychologie. Si l'on parcourt à grands pas les chemins de ce mot, on voit bien que les lignes de force de l'accueil concernent la capacité de l'humain à cueillir, à recueillir, comme le faisaient jadis les alchimistes, de la rosée, pour transformer le plomb en or, l'essence même de la parole. Accueillir la parole de l'autre dans toutes ses manifestations, se recueillir pour l'accueillir, créer des lieux de recueillement de cette parole, apprendre à lire la parole de l'autre, tel est le sens qui fonde les lieux dits d'accueil. Il s'agit bien souvent, dans les lieux d'accueil, de faire un nid, une place, un havre, où le sujet puisse venir loger ce qui pour lui n'a pas encore eu lieu. Il s'agit de créer les conditions matérielles et psychiques pour faire accueil à l'innommable, l'insu, l'invisible, qui ravage un être, dans la maladie, le passage à l'acte, parce qu'il n'a pas trouvé les mots pour se dire. Les êtres que reçoivent les lieux d'accueil sont comme des chevaliers errants dans l'entre-deux-mondes. Ils sont souvent coincés entre deux cultures, entre deux mères, deux familles, deux âges, entre deux raisons, la raison du plus fou et la folie raisonnante… Ils se cherchent désespérément. Ils se sont perdus. Ils sont dans une mauvaise passe. Il s'agit bien de les accueillir pour leur frayer un passage. Le travail en lieu d'accueil est un travail de passeur. Passeur entre deux rives. Passeur du sujet sur la rive de son désir. Entre les pulsions et le désir inscrit dans le collectif, mot qui fait partie de la famille d'accueil, le collectif, ce qu'on dit aussi le social, étant le lieu où le désir se médiatise dans la rencontre des autres. Être passeur ça réclame des qualités peu communes qu'il faut cultiver. Pour accueillir un autre qui n'a pas eu lieu, l'accueillant doit avoir créé en soi-même son propre lieu d'accueil. Il doit avoir fait le chemin de s'accueillir lui-même dans son humanité, dans sa différence. Il doit s'être accueilli comme autre, étranger et étrange à soi-même. Je est un autre, écrivait Arthur Rimbaud. L'accueillant doit avoir libéré de l'espace en soi pour accueillir l'autre. Encore une fois, si

Lieux d'accueil

le lieu de l'accueil est encombré, l'accueil n'est pas possible. Il n'y a pas de place pour l'autre. Le lieu d'accueil est un espace matérialisé, mais sous-tendu par le lieu psychique que l'accueillant est capable d'y inscrire. Un tel lieu est habité par une ambiance. « Sur le plan collectif, avec les exigences administratives et les préjugés, c'est très difficile d'obtenir, de créer de tels lieux : des lieux de tranquillité vivante, des lieux où on vous fout la paix, des lieux sans intention thérapeutique officielle », écrit Jean Oury. De tels lieux, matériels et psychiques à la fois, à la suite de Jean Oury et des travaux d'un psychanalyste anglais, Masud Khan, j'ai proposé de les nommer des jachères. La jachère est cette portion de terre labourable qu'un paysan laisse se reposer quelque temps. « Jachère ou espace du dire, précise Jean Oury. C'est la possibilité de récupérer, même partiellement, quelques instants, la possibilité de rassembler la dispersion afin que se tisse du dire. » Je crois que les lieux d'accueil peuvent être ces lieux de rassemblement pour ce qui, chez un sujet, est éclaté, dispersé, morcelé.

D'où tout un travail dans ce type de lieu, de nettoyage permanent. Il faut faire le ménage, dans l'espace matériel, mais aussi en soi[3]. Il faut faire place nette. C'est tout le travail qu'on appelle supervision, régulation, mais aussi le travail d'écriture et de parole, qui met les objets encombrants, les objets qui nous occupent l'esprit et le cœur, à distance. Écrire et parler, c'est une façon de se libérer du poids de la souffrance, de la charge du vécu. Accueillir l'autre, c'est apprendre à se faire léger. Cette légèreté de l'être, un romancier comme Milan Kundera nous a montré ce qu'elle a d'insoutenable. La légèreté de l'être est insoutenable parce qu'elle ne s'acquiert qu'au fur et à mesure que la parole prend tout son poids. Elle est insoutenable parce qu'elle nous confronte au manque. Mais c'est la condition pour accueillir l'autre : s'accepter comme être manquant, s'accepter comme incomplet, pas tout-puissant, pas tout-sachant, frappé de brèches et d'ouvertures, par où les autres viennent nous titiller… Il y a là une question d'éthique au sens où Jacques Lacan nous l'a transmise dans son enseignement, dans le *Séminaire VII*, consacré à l'éthique de la psychanalyse : « L'éthique, c'est l'art du bien dire»; finalement la seule question qu'il convient de se poser c'est: «As-tu agi conformément à ton désir?» Il s'agit de ne pas céder sur son désir. Le désir n'est pas l'envie, ou le besoin, ou la première chose qui nous passe par la tête. Le désir n'a pas d'objet, ou alors pour reprendre le titre d'un film de Bunuel, c'est un obscur objet. Il est mouvement d'ouverture qui se produit à partir du lieu de vie de l'être. Le désir est la façon singulière dont chacun incarne le manque, la façon dont chacun habite son lieu de vie, sa demeure psychique. Dans un autre texte, Lacan en dira un peu plus: «Ne pas céder sur son désir, ça consiste à faire son devoir», autrement dit à faire ce qu'on a à faire. Avons-nous fait, faisons-nous ce que nous avons à faire. À chacun d'y répondre en son âme et conscience, mais c'est la condition pour qu'en un lieu il y ait de l'accueil. Alors le lieu d'accueil peut se faire lieu de transmission, transmission des faits et gestes qui fondent la vie en société, mais surtout transmission de ce qui n'a pas de nom, pas de visage, transmission d'un lieu vide sur lequel chaque sujet puisse se fonder. Ce vide-là, que le bouddhisme chinois appelle le *wu*, est la condition même du mouvement de la vie. C'est un peu comme le jeu du pousse-pousse... Il faut qu'une case soit vide pour que le jeu puisse se jouer, pour que les lettres puissent s'assembler et se séparer, en alphabet ou en mots, et les chiffres se regrouper et se disjoindre pour compter. Une case de vide, nos systèmes projectifs nous l'ont fait refouler sur le fou, on dit que le fou a une case de vide, en fait chacun doit apprendre à faire avec sa case de vide pour vivre.

NOTES

1. Voir M. Fourré, *Les lieux d'accueil. Espace social et éthique psychanalytique*, Nice, Z'Éditions, 1991.
2. S. Freud, « Remarques psychanalytiques sur l'autobiographie d'un cas de paranoïa », dans *Cinq psychanalyses*, Paris, PUF, 1989.
3. Voir mon ouvrage, *Le quotidien dans les pratiques sociales*, Nîmes, Théétète, 1998.

Deligny a quitté le radeau

> « Je préfère le nouveau jeu que nous entreprenons.
> Mimer. Mimer la vie devant la mort.
> La mimer tant que ceux qui ne sont pas morts
> depuis longtemps entrouvrent les lèvres,
> sourient et bougent, démomifiés. »
> Fernand Deligny, *Puissants personnages*,
> Maspéro, 1978.

> « Le radeau raconte la fête fragile...
> Puisque le monde s'est figé et que les fleurs se sont fanées...
> qu'il s'est momifié depuis, dansons: radeau paraît, glisse.
> Puisque j'y suis, le monde bouge
> et puisque je glisse, les autres veulent glisser.
> Non pas "les autres": des autres.
> Condition pour lire Deligny: vouloir glisser
> sur, avec le radeau. »
> Émile Copferman, « Histoire de radeau »,
> *Puissants personnages*.

Fernand Deligny, quoiqu'un peu flibustier, un peu franc-tireur, comme il aimait à le souligner, demeurera longtemps une figure de proue, figure mythique et emblématique pour certains, du radeau de l'éducation spéciale. En rupture, à la marge, sur la brèche, questionnant, dérangeant, il a tenu la position. Laquelle? Celle d'un homme engagé; engagé au sens où il a mis sa vie en gage. Il a misé gros. Engagement politique, car les affaires de la cité, il estimait que ça le regardait. Il rappelait récemment dans l'*Huma*, qu'il avait adhéré au PCF sous le parrainage d'Henri

Wallon. À cette époque, on l'écoutait! Mais engagé aussi, et paradoxalement, dans l'action sociale. Maurice Capul et Michel Lemay, dans leur ouvrage *De l'éducation spécialisée* (érès, 1996), dégagent ainsi la constante du personnage: «Distance critique vis-à-vis des pouvoirs publics, refus des savoirs académiques, non-conformisme pédagogique, pratique systématique d'une stratégie de la rupture, lutte contre tout risque d'institutionnalisation, etc., vont de pair avec une obstination à se situer du côté des plus démunis». Que ce soit à l'hôpital psychiatrique d'Armentières, en 1937 comme instit dans une classe de perfectionnement, après guerre dans l'aventure de la Grande Cordée avec des jeunes dits cas sociaux, dans les Cévennes après 1967 avec des enfants autistes, le parcours de vie de Deligny témoigne de cet engagement sans faille. Mais avant tout, Deligny se voulait homme d'écriture: «J'ai toujours voulu être écrivain.» À quatre-vingt-trois ans passés, il confiait au journaliste de l'*Huma* qui l'interviewait, qu'il se réjouissait de s'être cassé le col du fémur: il s'était remis à l'écriture. Il écrivait des sentences, des phrases très courtes, énigmatiques, pleines de sève. Par exemple: «Dans la menuiserie, on jette les copeaux, mais c'était peut-être le meilleur.» Il a fait la preuve et l'épreuve de cet engagement dans l'écriture. Entre *Pavillon II* en 1944 et *Traces d'être et bâtisse d'ombre* en 1983, c'est pas moins de quatorze volumes qui jalonnent son chemin. On peut y ajouter quelques romans policiers («de l'alimentaire») et l'écriture de films comme *Le moindre geste* en 1965, ou *Ce gamin-là* en 1975, avec Renaud Victor. Deligny est la preuve vivante que le travail éducatif, subtil, impalpable, éphémère, peut se mettre en mots, même si la langue qui le contient est à chaque fois à réinventer, dans sa charge poétique, dans ses capacités d'évocation.

Indirectement, sans en avoir l'air, de biais, par la bande, obliquement, il a influencé toute une génération d'éducateurs dont je suis. Il nous a secoués. Il a fait basculer nos savoirs prêt-à-penser, nos certitudes, nos repères, nos maîtrises. Libertaire dans l'âme, en poussant sans cesse le bouchon de la critique de l'institution, il nous a poussés à toucher du doigt que ce qui institue l'homme en permanence, dans sa relation au monde et aux autres hommes, n'est jamais gagné, jamais acquis, jamais figé. Il nous a appris que l'institution, c'est pas des murs, c'est des êtres humains et des mots qui les tiennent ensemble. Il nous a appris à remettre sans cesse l'ouvrage sur le métier. Le savoir et la connaissance sont à récréer à chaque instant. Parfois, il m'a fait peur. D'abord dans cette position de non-communication apparente envers les enfants autistes dont il partageait le quotidien. Ou lorsque, dans les années soixante-quinze, au moment de *Singulière ethnie*, je l'ai vu s'embarquer sur les pistes des causalités biologiques de l'autisme. Je craignais le dérapage. Mais non. Deligny explorait, furetait. Rien n'est jamais acquis. Il nous a mis le doute à l'oreille. En insistant sans cesse sur la dimension profondément énigmatique de l'humain, il nous a poussés à rencontrer chacun dans l'indécidable, dans l'imprévu. On sait sa longue, patiente, profonde et pertinente réflexion, issue de «la vie de radeau» pour reprendre le titre du livre de Jacques Lin, un de ses compagnons de route. Sur le radeau qui vint poursuivre sa navigation dans les Cévennes, avaient embarqué quelques adultes, venus du prolétariat, en rupture avec l'appareil de production capitaliste, mais aussi quelques enfants en rupture de lien social, qui ont grandi depuis, et suivi leurs impénétrables voies, tel Janmari, qui demeure un des gardiens du phare de Monoblet. «Ces enfants ne sont pas malades», ne cessait d'affirmer Deligny. Il s'agissait alors, dans ce qu'il appelait un non-projet, de les accueillir en tant que tels, de leur faire place, de les laisser tracer leur sillon. En en recueillant parfois, parce que nous sommes, nous, de l'autre côté du mur du langage, les tracés d'errance, les lignes d'erre. Alors Deligny reprenait la plume pour tracer des cartes. Il tenait une cartographie de l'invisible. Par où sont passés les enfants? Où ça les mène? Qu'est-ce que ça me dit? Des surprises, parfois des merveilles. Tel cet enfant faisant du sur place dans la garrigue, en un de ces points particuliers que Deligny, empruntant à la langue des charpentiers, nommait chevêtres. Un jour, un ami sourcier sort son pendule pour lui indiquer qu'à cet endroit précis, il y a de l'eau, à dix mètres de profondeur. Cet enfant convoyait l'élémentaire. Sismographe vivant, il (se) faisait signe. Signe de piste. Ces êtres qui campent aux portes du langage, ces humains des bords, ces frontaliers de l'humanité ne cessent de nous questionner. Ils nous enseignent. Ils portent l'enseigne de ce qui, dans l'homme, nous échappe. C'est à habiter côte à côte cette ligne de fracture que Deligny a voué la fin de sa vie, gardien du territoire, jardinier de la folie. Deligny jusqu'au bout, comme il le disait souvent, en langage militaire, voire militant, a tenu la position. Parce que c'est comme ça. Qu'il n'y a pas d'autre moyen de vivre. Tenir la position, c'est occuper la place où le désir nous assigne à résidence. Et tenir bon. Contre vents et marées, on peut le dire.

On peut se demander ce qu'il va rester de son œuvre. Qui va prendre la suite? Et y a-t-il une quelconque suite à écrire? Que vont devenir les enfants qui ont grandi? Que vont devenir les idées, les mots de Deligny: le coutumier, l'infinitif, l'immuable?... Quels artisans vont se remettre dans le fil du bois, faire avec les copeaux laissés sur l'établi, reprendre le chemin du charpentier, construire les chevêtres, tracer les pistes? Deligny ne laisse pas une œuvre que l'on puisse récupérer pour faire instruction. On ne peut pas passer Deligny à la moulinette de cours pour futurs travailleurs sociaux. Une des meilleures façons d'émousser le tranchant d'une pensée qui fait œuvre, parce qu'elle opère sur le monde, c'est de la formater dans le moule des savoirs, de la momifier pour ne pas être dérangé. La pensée de Deligny a ceci de singulier qu'elle n'est pas détachable des modes de production institutionnels qui la véhiculent. Autrement dit, si l'on veut retrouver le fil de cette pensée, c'est à l'endroit de l'institution que doit porter l'effort critique. Deligny n'est pas contre l'institution, comme on l'a souvent dit naïvement, il pose comme mode d'institution, comme organisation instituant les relations entre humains, la critique elle-même de l'institution. Ce qui fait institution, c'est profondément la parole inaliénable de chacun. Hors ce mode instituant, que nous pouvons appeler à juste titre la démocratie, nous avons ce qui se produit aujourd'hui à l'échelle d'une civilisation: le retour du maître et des petits chefs. Lorsque ça va mal, il est tentant de croire que certains ont la clé, et on les laisse faire. Les lieux d'expression sont alors, non pas confisqués, on a affaire à des systèmes autoritaires soft, mais vidés de l'intérieur. Ces lieux se transforment en espace de représentation où la parole est confinée pour qu'elle n'institue rien. Dans de tels lieux, la parole se retourne sur chacun comme une arme, elle s'autodétruit. Ou bien, prise dans le fantasme de maîtrise d'outil de communication, elle est désarrimée du désir, elle est lettre morte. Si le grand poète de la Beat Generation, Gary Snyder, écrivait que « le pouvoir est au bout des paroles », aujourd'hui, non seulement on a désamorcé ce pouvoir de transformation du langage, mais on a détourné l'acte de parole en spectacle de majorettes. Bref, une pratique du « cause toujours, tu m'intéresses ». J'exagère ? Ouvrons les yeux autour de nous…

D'ailleurs, je ne suis pas sûr, et à m'y exercer, je suis même sûr du contraire, que le nom de Deligny fleurisse encore dans les lieux de transmission du métier, alors pour ce qui est de l'impact de sa pensée dans les pratiques sociales, sur le terrain ou en formation, il y a belle lurette qu'on l'a fait taire. Je ne suis pas sûr qu'il y ait quoi que ce soit à faire de Deligny. À partager sa dépouille, à endoctriner sa recherche, à totémiser sa pratique. Alors que nous a-t-il transmis ? « Nous avons tenté une tentative qui se poursuit, précisait-il dans la préface au livre de Jacques Lin, *La vie de radeau*. Et nous persistons dans l'ignorance où nous sommes de ce qui nous attend et c'est une aventure qui est d'une autre nature que d'atteindre le pôle Nord avec un traîneau à chiens : nous cherchons ce qu'il peut en être de l'humain. » Et si nous gardions cet élan-là, ce penchant ? Chercher sans cesse en nous, dans le monde, dans nos rencontres avec les autres, ce qu'il en est de l'humain, avec cette déchirure au cœur de la connaissance, de jamais pouvoir le rencontrer, de toujours le frôler. Écouter chez chacun, quelle que soit la catégorie sociale où on le stigmatise, arriéré, délinquant, psychotique, irrécupérable, ou… éducateur, formateur…, de l'écouter faire sa musique cet humain-là, de le suivre à la trace, en en recueillant parfois dans nos grandes cartes marines, les signes de navigation et l'écume du sillage. Un animal qui parle est un jour sorti de terre (de l'humus, comme l'étymologie fait résonner le mot, dans homme, il y a cette dimension primitive de la terre). Cet événement que n'a cessé d'interroger Fernand Deligny, demeure une énigme, que nul ne peut refermer. Deligny, comme quelques autres, a fait, comme on dit au rugby ou aux échecs, l'ouverture. Dans ce chemin d'humanité, c'est à suivre chacun sa route qu'il nous a invités. Le problème n'est pas de singer le défricheur, d'aller se perdre aux fins fonds de l'Ardèche, de se prendre d'affection bien pensante pour quelques autistes en perdition, de gribouiller des cartes ou… Le message que nous transmet Deligny, comme tous les pionniers de cette éducation très spéciale, c'est d'inventer sans cesse, au sens ancien de découvrir, ce qui n'a pas de nom, le sans-visage, de frayer passage à l'innommable, et d'instituer des espaces où il puisse venir au monde. La vie n'a pas de sens donné d'avance. Je comprends, comme le dénonçait à mi-mots Deligny, que devant la grande frayeur que produit cette idée, devant le gouffre qu'elle ouvre sous nos pas, certains tentent de se raccrocher aux branches de la religion, la politique, la sociologie, l'économie, la psy, mais au bout du compte, il nous faudra bien apprendre à vivre avec… avec quoi au fait? Peut-être avec le trou qu'est venu créer le langage qui nous appareille, dans le système de reproduction biologique qui nous fait cousins des animaux de la famille des grands mammifères: baleines, chimpanzés, orangs-outangs, petit d'homme même combat. Sauf qu'à être habité par le langage, à être pétri et fabriqué de symbole, l'homme est poussé à se faire naître sans cesse. En permanence jeté au-devant de lui-même, l'homme vit en exil. Il découvre à chaque instant ce qu'il a à être et du même coup qu'il manque à être. Et c'est de fait l'appareil du langage qui fait institution, qui nous tient ensemble, qui fait solidarité. Dans cette aventure, il y en a qui sont devant, derrière, en haut, en bas, sur les côtés, mais c'est pas une course. Même si:

«Les braves gens n'aiment pas que l'on suive une autre route qu'eux» (Brassens).

Deligny a quitté le radeau

Il y en a aussi qui font du hors-piste. Qu'on les dise fous, ça témoigne surtout de notre propre enfermement.

« Qu'il y ait des "individus" pour lesquels *on* n'existe pas, les voilà malvenus dans la mesure où *on* est la matrice de *se* qui est conscience par quoi se fonde cette identité commune à tous les hommes, c'est-à-dire ce par quoi chacun est identique à l'autre alors que cette identité évoque aussi le fait pour une personne d'être tel individu et de pouvoir être reconnue pour tel sans nulle confusion grâce aux éléments qui l'individualisent. » Il disait ça à Milan en 1977, Deligny, dans un colloque sur la violence. C'est dur à comprendre ? C'est pas fait pour être compris, mais pour être mastiqué… Aujourd'hui on veut tout comprendre, à fond la caisse. On sait tout avant que ça se passe. On crève sous les tonnes de béton armé de nos certitudes. Il suffit d'ouvrir les yeux, ou le journal, pour voir que ça se blinde. Sous les carapaces, les chapes de plomb de savoirs accumulés comme des peaux mortes, ensevelis dans les mausolées de la culture en conserve, empaquetés dans les lieux de transmission, paralysant les corps et les esprits, des tonnes et des tonnes de savoirs en déjection, comme des ordures, des déchets, des détritus, à perte de vue… Du savoir à ne plus savoir qu'en faire. Et ça en redemande, et ça en rajoute. « M'sieur, y'a un truc que j'ai pas compris… » Et le petit maître d'expliquer, de prendre des airs, de mobiliser l'armada : Bourdieu, Althusser, Lacan, Marx, à vos rangs, fixe ! Le monde se fait immonde qui crève sous la botte des savoirs savants, gérés à la petite semaine par des clercs qui capitalisent et verrouillent les lieux d'expression pour s'en faire pouvoir. La connaissance est d'une autre trempe. Elle veut que chacun se le bouffe, le monde. Elle veut que ça germe…

Ce que Fernand Deligny nous a laissé en partage, prenons-en de la graine (de crapules !).

À lire, pour poursuivre la descente du fleuve, sur le radeau, outre les œuvres complètes de Fernand Deligny (*Fernand Deligny, Œuvres*, Paris, L'Arachnéen, 2007)

RIBORDY-TSCHOPP, F. 1991. « Fernand Deligny, éducateur libertaire, énigmes pour le présent et l'avenir de l'éducation ». *Empan*, n° 4, Toulouse, ARSEAA, février.

LIN, J. 1996. *La vie de radeau*, préface de Fernand Deligny. Nîmes, Éditions Théétète.

Trois ouvrages parus fin 1996, aux éditions érès, collection « L'éducation spécialisée au quotidien ».

TERRAL, D. *Traces d'erre et sentiers d'écriture.*

GOMEZ, J.-F. *D'ailleurs… L'institution dans tous ses états. Roman*, suivi d'un échange avec Fernand Deligny.

HOUSSAYE, J. *Fernand Deligny, éducateur de l'extrême.*

Tosq... Je me souviens

Je me souviens de la première fois où je l'ai rencontré. En robe de chambre, charentaises aux pieds, et à la bouche, la clope. Des yeux pétillants. Des yeux qui parlent. J'avais passé un coup de fil : « J'aimerais bien vous rencontrer pour *Lien social* ».

Je me souviens de ses premiers mots : « Avec le lien social on peut s'unir, faire lien, mais on peut aussi… s'étrangler. » Il démarrait sec. Et juste. Il prenait le fil des mots comme un menuisier travaille dans le fil du bois.

Je me souviens d'avoir bien calé le magnétophone avant de venir rencontrer Tosquelles. Malheur de malheur : la machine s'est détraquée dès les premières minutes de l'entretien : la cassette s'est défilée. Et Tosquelles a continué, sans broncher.

Je me souviens de ce mot de Denis Vasse : « Pas de magnéto. Vous n'enregistrez que des cadavres. » Ça m'apprendra. À vouloir ne pas perdre une miette de la parole du grand homme, j'ai failli passer à côté de l'essentiel. Tosquelles ne travaillait pas pour nourrir nos machines capitalistes où l'on stocke pêle-mêle des biens, et ce qu'on appelle de l'information. La parole vive désinforme, elle fait surgir le vivant qui n'a pas encore eu lieu. Voilà pourquoi l'essentiel, dans la rencontre avec Tosquelles, la machine ayant fait faillite, a été d'écouter ce que disait le bonhomme et d'écouter en soi ce que ça faisait.

Je me souviens que Tosquelles faisait flèche de tout bois. L'un de nous était noir et Tosquelles a fait une longue échappée sur son ami Franz Fanon et la lutte contre la servitude. En sortant, l'ami était touché au vif : « Mais comment il sait tout ça ? » Comment Tosquelles avait-il trouvé les mots pour dire ce que cet ami sentait confusément au fond de lui depuis des lustres ? Rencontre avec une parole vive. Une parole qui réveille en chacun ce qu'il ne sait pas. « J'exige du patient qu'il dise non seulement ce qu'il sait, écrivait Freud, mais surtout ce qu'il ne sait pas. » Tosquelles avait l'art de faire surgir, de provoquer l'émergence de ce non-savoir.

Je me souviens, il utilisait tout ce qui lui passait sous la main, sous les yeux. Ça passait des yeux au cœur, du cœur aux lèvres et ça faisait œuvre de chair et de parole. Il s'est attardé longuement sur un dessin d'Artaud exposé au-dessus du divan. Et il a parlé longuement avec beaucoup d'affection d'Antonin, de sa maladie et de son génie. Puis il passait à un article de revue auquel le conduisait le fil des mots. Il fouillait sur sa table : « Ah le voilà ! » Lisait une phrase, relevait la tête, sourire à couvert de moustache, les yeux vifs : « Vous avez des enfants ? » Mais de quoi il se mêle, ça n'a rien à voir. Eh si, ça avait à voir, je ne l'ai su que plus tard. Parce que la parole transporte des possibles, et dans ces possibles parfois on trouve à s'y loger. Il n'y a pas de lien entre Artaud et la paternité. *A priori* non. Dans l'absolu non. Mais pour moi, ce jour-là, oui. Voilà comment Tosquelles enseignait, avec ce que les mots faisaient de lui, avec ce qu'ils font de nous, dans le partage. Les mots visent au cœur de l'homme : parfois ils rencontrent le vivant et parfois ça résiste, ça ne veut pas naître. Et Tosquelles reprenait par un autre bout. Il y revenait. En racontant son enfance par exemple. Et ça revenait. Il parlait de Reus, la vie dans la rue, le collectif, cette étonnante circulation des hommes et des idées, un quartier qui grouille, vit, invente. Et ça me revenait : le camp où je suis né après guerre, le camp et la misère, et aussi cette espèce de tranquillité sereine de l'enfance au bord du monde. J'avais laissé à la lisière de ma vie, en sommeil, deux ou trois sensations étranges que la parole et la voix dalinienne de Tosquelles sont venues réveiller. Ça revenait en paquet.

Je me souviens de la difficulté à faire un article pour *Lien social* avec tout ce bric-à-brac fait d'impressions, de bouts de phrases : nous n'avions même pas entendu ni retenu les mêmes. Chacun repartait avec un morceau de la parole de Tosq. Chacun y faisait son nid, avec les mésanges du parler.

Je me souviens de cette fable indienne. Trois aveugles rencontrent un éléphant. « C'est un serpent », dit le premier tâtant la queue. « Mais non, c'est un arbre », affirme le second refermant ses mains sur une patte. « Vous n'y êtes pas, c'est une montagne », contredit le troisième en se heurtant au ventre de l'éléphant. Le grand éléphant Tosquelles demeure inconnaissable. Ce que chacun rencontre dans la rencontre de l'autre c'est cet autre de soi qui surprend. Tosquelles savait faire surgir cet autre-là. On ne se connaît pas, on ne se rencontre pas. Il n'y a pas de communication d'être à être, d'inconscient à inconscient. On ne se croise que dans l'exil de la langue. L'autre demeure opaque en soi, en l'autre « Je est un autre. » « *El pais del misteri es un desert* », écrivait Joseph Sebastien Pons, un poète catalan d'Ille-sur-Têt. Le pays du mystère est un désert. Cet exil de l'homme, Tosquelles l'avait porté dans son corps, dans sa propre histoire, et il le mettait en jeu dans la rencontre. Il faisait jouer en nous quelque chose de l'ouverture : ce qui fait que le manque en l'homme ne peut pas se refermer et ce qui fait que ce manque devient la source puissante du désir et de la découverte de l'inconnu.

Je me souviens qu'au bout de quelques heures, Tosquelles était fatigué. Il a dit : « On arrête ». Il a vidé le cendrier dans un papier qu'il a froissé. Et il me l'a tendu : « Tenez, je vous remets mes cendres... faites-en bon usage. » Ah ! Ah ! Ses cendres. Un vivant remet ses cendres, c'est-à-dire ce qu'il reste d'un mort, à un autre vivant. De la mort de Tosquelles, faisons-en du vivant, il dit. Enfin, je crois... Mais va savoir...

À lire (entre autres ouvrages) :

TOSQUELLES, F. 1970. *Structure et rééducation thérapeutique*, Paris, PUF.

TOSQUELLES, F. 1991. *La rééducation des débiles mentaux*, Toulouse, Privat.

Transmission de penser : hommage à Vittorio Hertzog

> « Si tout compte fait, j'ai pris le parti
> un peu risqué de répondre à votre invitation,
> ce n'est certes pas pour intervenir du lieu,
> de la place, du temps et de la distance
> où je suis en tant que technicien ou spécialiste.
> Mais d'une manière que je souhaite un peu différente,
> un peu comme une sorte de Candide,
> comme quelqu'un qui, parti d'un autre travail,
> celui de menuisier en usine, intervient pour tout dire
> – et depuis près de trente ans déjà –
> dans ce "secteur sanitaire et social",
> d'abord en tant qu'éducateur formé
> non pas dans une école mais sur le tas. »
> Vittorio Hertzog, février 1983.

Rien, plus rien, absolument plus rien. Et ce n'était qu'un début, comme tous les débuts. Un page déchirée, un éclair griffant la nuit, un cavalier, pris de biais dans la tourmente, sabre au clair, qui arrache son masque. De ce rien quelque chose a jailli. C'est bien là que vient le mystère. Quelque chose a jailli au devant de l'histoire. Quelque chose a jailli qui défigurait déjà, qui gauchissait.

Rien n'était et tout fut, tout fut tout flamme. Tout brûlait. Monde en feu. Rien qui s'ouvre et se fend, sous les coups de hache, avec peut-être une frêle odeur de citron, un peu désespérée. L'enfant s'abandonne un moment près du vieux poêle à charbon. Il engloutit son visage dans son coude plié. Serre son écharpe. Doucement, douloureusement, il s'en va. Où s'en va-t-il? Il voyage. Mais ni la mer, ni le ciel, ni la terre, ni les époques qu'il traverse, ne témoignent d'un calme que pourtant, après tout, jusqu'à s'en mordre les sangs, il recherche, encore une fois, désespérément. Pour tout dire, il a perdu le paradis. Mais rien ni personne ne l'empêchera d'en poursuivre l'insatiable quête. Je ne sais si, au bout des mots, comme au bout d'une pique, on voit poindre notre âme. Qu'est-ce qu'une âme?

Je ne sais pas quel est le sens d'une vie fondée sur rien. Je ne cherche pas à savoir. Ça n'a pas de sens de chercher à échapper au cercle de craie qui nous serre au plus près. Comment échapper aux mots, si ce n'est par la fenêtre entrouverte des mots eux-mêmes? Sauter de rien en rien? Sauter.

L'enfant a relevé la face. Sa joue est creusée et sale d'un sillon, d'un doute, d'une larme… Qui peut le dire? Il va jusqu'au tableau et écrit: «Rien.» Et le maître sourit, ou le plaint, ou le titille… Qui peut le dire? Et le maître soupire: «C'est mieux que rien.» L'enfant regagne sa place. Pose le cahier sur ses genoux qu'il relève devant lui, prenant appui sur la barre de la chaise.

Au début, il n'y avait rien, c'est après que ça s'est durci. Après la catastrophe, ou le vacarme, ou l'explosion… qui peut le dire? Et les dés ont roulé. Et le monde était monde et immonde. Et le monde une fois déchiré en deux, s'est peuplé de bêtes obscures et d'autres lumineuses. Il y eut le vent et une porte qui claque. Un cheval galopait sur la lande sans que les hommes du village, massés à l'orée du bois, puissent l'approcher. La roulotte des forains a pris la route, brinquebalante. Je me souviens du bleu et du jaune, beaucoup de bleu, beaucoup de jaune qui berçait la roulotte. Et des coups de feu, de la chute sur le sable mouillé, du plâtre qui tombe du plafond craquelé. La grande maison de granit mauve n'abritait plus personne, sauf quelque chat qui s'engouffrait pétrifié, par l'entrebâillement du volet du premier. Et il miaulait, des nuits entières.

Vic m'a transmis une place. Comment est-ce possible ? Vic nous mettait à une place et nous en faisait éprouver les contours. Nous pouvions accepter ou refuser de jouer le jeu, mais lui le proposait, sans que de sa part ce soit voulu, maîtrisé ou imposé. Je me souviens. Une fin de journée d'hiver. Six heures du soir. Le soir tombe dans le grand bureau que Vic occupait au CREAI de Toulouse. Dans la pénombre depuis deux heures, Vic parle de sa souffrance de vivre, d'événements qui le déchirent. Je ne dis rien. Je sais, je sens qu'il faut épouser les contours du silence, s'y nicher et s'effacer devant les mots qui disent la vie et la mort et la clarté et l'obscur. Je sais qu'il faut garder cette place vide pour que la parole advienne. Et soudain, il s'est produit quelque chose. La parole s'est mise à créer le monde. J'en ai éprouvé la sensation au plus profond de mon corps. Vic parlait, je ne disais mot. Est-ce que j'écoutais ? Pas vraiment. Je laissais filer et se déployer la parole dans toutes ses conséquences. Vic, avec cette subtilité qui était sienne, n'hésitait pas à se mettre en avant, à risquer sa peau, sans doute parce qu'il n'avait plus rien à perdre. C'est ainsi qu'il m'a enseigné ce jour-là. Mais enseigné quoi ? Quelque chose de difficile à transmettre : l'invitation à occuper une place. Sans doute le travail de thérapeute ne peut-il se transmettre autrement. On ne l'apprend ni à l'université, ni dans les livres. On ne l'apprend ni en voulant comprendre les autres, ni en voulant analyser ce qu'ils disent. On l'apprend en se laissant inviter à préserver cette place vide. Souvent il arrive qu'autour de nous certains nous y invitent. Mais nous en avons peur. C'est dans le mouvement de la parole, dans le pari terrible des humains de confier leur être à la parole, qu'à travers la distribution des places qu'elle opère, le parlant et l'écoutant, vient au monde le sujet. Le sujet ne naît pas de ce qu'un individu, se croyant indivisible, se met à jacter, mais de l'éclatement et du décentrage auxquels le soumet l'acte de parole. Pour cette opération singulière, à chaque fois comparable au bing-bang de la création, il faut trois compères, car comme l'écrit le poète Guilevic : « Entre toi et moi, il y a tous les mots du monde. »

Transmission de penser : hommage à Vittorio Hertzog

Vic m'a appris à respecter et à admirer la création du monde du sujet qui se fait naître.

Un autre jour, je rencontre Vic chez lui pour faire une interview. J'avais en tête de réaliser un article pour *Lien social*. Et Vic, dans la région, était une mémoire vive du secteur social. Je mets le magnéto en route. Vic parle tout l'après-midi. Tout y passe. Il suit les méandres de sa vie, du CAP de menuisier au poste de technicien du CREAI. Et sa vie est tissée des mouvements du social. Défilent Torrubia, Deligny, Tosquelles, Gentis, son ami Lagarde, l'inventeur de l'ASEI… Et les enfants, et les jeux et les réunions du conseil d'enfants. Sur ce théâtre de la parole que Vic savait magnifiquement mettre en scène apparaissent les écriveurs, les penseurs, Makarenko, Freud, Freinet. C'est un feu d'artifice. Vic n'est pas avare de son verbe. Il pense et il dépense beaucoup. Sous mes yeux, c'est toute une histoire et des histoires qui défilent. Des sigles abstraits deviennent vivants, des bâtiments austères se peuplent de cris et de rires d'enfants. Freud est assis à table avec Marx et ils sirotent ce petit blanc moelleux qui fleurit près des lacs en Autriche, près de là où est né Mozart. Ils sont tous là, je les entends. Vic a ce pouvoir de l'évocation.

Lorsque je rentre à la maison, comme lors de la rencontre avec Tosquelles, il s'avère que dans la boîte à son, il n'y a rien : un blanc. Voilà ce que, ce jour-là, Vic m'a transmis, bien malgré lui et bien malgré moi : il faut goutter l'instant. Rien sur la bande. Pas de contrebande avec la parole. Je me souviens que Denis Vasse, lors d'un séminaire sur la jalousie, exigea de ses auditeurs qui sortaient leurs micros pour n'en pas perdre une goutte, qu'ils remballassent le matériel : « De toute façon, vous n'enregistreriez que des cadavres ». Vic était dans la vie, dans le mouvement de la vie, avec ses ratages, ses ratés et ses inventions lumineuses, avec ses nuits et ses jours, ses soleils noirs et ses lunes bleues.

Peu de temps après, Vic qui était malicieusement désolé de cet incident, m'a remis en rigolant un paquet de papiers : des notes manuscrites et quelques articles : « Fais-en ce que tu veux. » Ce paquet de papiers est en permanence sur mon bureau. J'en ai tiré à deux reprises des extraits pour *Lien social.* Il y a des papiers bleus et des roses et des blancs. Et du papier à lettre avec des lignes, des feuilles de papier machine. L'écriture d'une belle facture calligraphique est teintée de bleu ou de noir. De temps à autre, j'ouvre le paquet au hasard. Je tombe à chaque fois sur un mot ou une phrase qui font mouche. Par exemple, cette citation de Freud, bien en évidence : « Toute théorie est grise et l'arbre resplendissant de la vie reverdit sans cesse », ou bien : « Est-ce à dire que l'enfant qui, pour une raison ou pour une autre, ne pouvait rentrer chez lui (en plus de la peine qu'il en éprouvait) devait rester confiné dans l'internat ? », et encore : « Il importe d'être dans ces moments, ces fractures du temps, entièrement présent, vigilant », et : « On a pu voir, bien souvent, notamment au moment des admissions, que certains enfants non seulement n'avaient pas de place chez eux, mais qu'ils n'en avaient pas d'avantage dans le quartier, le village. » Et... Et...

Une amie m'a appelé : « Vic est mort. » J'étais dans le bureau.
– Comment il est mort ?
– En dansant.

Et je voyais Vic, tel un derviche tourneur, valsant et twistant, rockant et tanguant, pour l'éternité. Et je voyais Vic tel qu'il demeure présent dans le souvenir : palpitant. Et revenait à la surface de ma mémoire cette étonnante, vibrante et mystérieuse phrase d'Ibn' Arabi, poète, philosophe et mystique soufi, créateur de l'ordre des derviches, définissant l'art du danseur : « Il danse le monde. »

Je sais aujourd'hui que Vic dansait le monde. C'est ce qu'il nous a transmis à quelques-uns. Puissions-nous, chacun à sa façon, faire fructifier cet enseignement composé plus d'être que de savoir et de connaissance. Ce qui se transmet, c'est sans doute une certaine manière de faire avec ce qui ne se sait pas.

Transmission de penser : hommage à Vittorio Hertzog

C'est après, bien plus tard, que l'histoire a commencé. Mais avant qu'elle entame son tour de piste, son circuit, sa trajectoire, avant bien avant, la lancée des premiers mots, des premiers hommes, des premières braises, des premières fleurs et des premiers pleurs, avant, bien avant, quelque chose palpitait, tourterelle endormie ou charmée ou sur le qui-vive, quelque chose vibrait et cinglait et bougeait et voletait et se mettait en boule, une chose dont on ne peut rien dire, ni d'où elle venait, ni ce qu'elle était au fond, quelque chose dont les mots désespérément tentent de faire le tour et nous, les porteurs du monde… Quelque chose comme un balcon en forêt, un cirque dans le désert de Gobi, une licorne sur un bureau.

C'était bien avant que l'enfant repose le livre. Peut-être le livre a-t-il glissé de ses genoux. Et il est tombé. Ou bien, il est ouvert sur le pupitre. Il est ouvert, le grand livre, à quelque page sans illustration, sans histoire, sans mot écrit, quelque page sans rien. Une page de garde. Quels secrets gardent les pages du livre ?

Alerte!
Félix Guattari et Tony Lainé
se sont tirés

Les deux zouaves nous ont quittés, à quelques jours d'intervalle. Lâcheurs! Tous les deux à soixante-deux ans. Décidément, tous les grands chanteurs pop se font la valise. Après Jimmi Hendrix et Tino Rossi, ça fait beaucoup. Je fais le con parce que j'ai le cœur gros.

Tony, on l'attendait au congrès des CEMEA à Strasbourg, en juillet 1992, pour mettre une fois de plus en chantier le travail de réflexion sur «Folie, cité et institution». Il a raté la marche. Pour de bon. Du coup, le père Bonnafé, Lucien quoi, ça lui a foutu un coup au cœur, et il n'est pas venu non plus.

Bien sûr, pour le grand public, Tony Lainé c'était, acoquiné à son pote Karlin, *L'amour en France* qu'on a repassé sur l'A2. Pour nous, travailleurs du social, c'était beaucoup plus.

Souvenez-vous: le combat pour la désaliénation et l'ouverture des hôpitaux psychiatriques. La lutte pour l'accès à l'expression pour tous. L'utilisation de la vidéo avec les gamins autistes. Et plus récemment, l'ouverture de Littoral à la Ville-au-Bois, restaurant entreprise intermédiaire tenu par des psychotiques.

Pour nous, éducateurs, il est surtout l'un des premiers, avec François Tosquelles, à avoir creusé la théorie des médiations éducatives. Un texte est resté célèbre sur l'agir. C'est le jour de le relire. *In memoriam.* Dans une discussion à bâtons rompus, pour préparer son intervention au congrès des CEMEA, Tony confiait à Rolland Voerner, quatre jours avant sa mort, sa principale préoccupation: «Finalement, de quoi c'est fait, l'homme?» Et ce jour-là, il a fait défiler le film de sa vie. Ses épousailles avec les auberges de jeunesse et les mouvements d'éducation populaire, sa rencontre avec la psychanalyse qui a été, dit-il, un grand espace d'ouverture et de liberté, espace aujourd'hui menacé, son engagement politique, y compris dans le PC, qu'il quitte après avoir posé une question qui fit scandale: «Est-ce que chercher à être unanimes, ce n'est pas un facteur asilaire?» Ce jour-là, Tony précise: «D'avoir dit cela, c'est comme si j'étais monté sur une table et que j'avais baissé mon pantalon.»

La vérité et la liberté avant tout, telle aurait pu être sa devise. Réveillant ses souvenirs, il croise Peter Pan: «Dans la vie de Peter Pan, il y a deux lieux: la terre du jamais-jamais et la maison de Mr et Mrs Darling. La terre du jamais-jamais est une île où il amène les enfants perdus. Il y a introduit deux lois qu'il faut respecter sous peine de mort. La première est qu'il ne faut jamais prononcer le mot "maman", qui permettrait aux enfants perdus de se parler de leur histoire personnelle, qui leur donnerait une possibilité de retour: en dehors d'avoir eu une maman, ils sont tous pareils, ils sont des enfants perdus.

Le seconde loi: il faut toujours tourner dans le même sens autour de l'île. Derrière Peter Pan viennent les enfants perdus, poursuivis par les pirates, eux-mêmes poursuivis par les indiens, pourchassés par les animaux sauvages. Et on ne doit jamais se rattraper sous peine de mort. C'est le type de l'institution qui tourne en rond, a-symbolique, qui fait un semblant de symbolique, par l'idéalité, sans communication.

L'autre lieu est donc la maison de Mr et Mrs Darling, où Peter Pan vient parfois se poser sur le rebord du balcon, quand la maman raconte des histoires à ses enfants, avant qu'ils s'endorment. C'est le lieu symbolique qui éveille la pensée imaginaire.

Jamais-jamais on ne posera de questions? Ce serait dommage, parce qu'on est dans le monde où il n'y a plus grand-chose. Les grosses institutions forteresses se sont effondrées. Maintenant la résistance, surtout dans l'éducation, la psychiatrie, les sciences humaines, il faut bien l'organiser, mais à partir de quoi? »

C'est sur cette question et sur l'apologue de Peter Pan que Tony Lainé nous laisse en plan.

De Félix Guattari, on se souvient de l'*Anti-œdipe*, qui tentait d'ouvrir une voie post freudienne, post lacanienne, dans cette entreprise de libération sans cesse menacée que constitue la psychanalyse. Menacée à l'extérieur par ses détracteurs qui font tout pour résister à ce qui en eux leur échappe; de l'intérieur par les petits dévots qui entendent le maîtriser. Dans les deux cas, existe l'inconscient, enfoui sous des tonnes de trouille. C'est pourquoi, dans le sillage de Jacques Lacan, Guattari a tenté une fois de plus de tailler une brèche, à sa façon, en suivant son style. Créer de l'ouverture, c'est un travail de Sisyphe. À reprendre sans cesse. Cet ouvrage écrit en tandem avec le philosophe Gilles Deleuze, l'a rendu célèbre en imposant, même si les idées défendues n'entraînent pas mon entière conviction, un style flamboyant où les « machines désirantes » côtoient « les rhizomes », les « striages d'instanciation des flux » chatouillent « les lignes de transconsistance exoréférées » ou « les tensions moléculaires ». Félix Guattari était un jongleur du langage, un poète, un vrai, sans le savoir.

Très tôt, après des études foirées de philo et de psycho, qu'il n'achèvera pas, il rencontre Jean Oury, et s'engage dans le travail auprès des malades mentaux à Laborde, apportant une richesse d'invention qui fuse comme un feu d'artifice. « Guattari : un militant tout-terrain », titrait *Libé* le lendemain de sa mort. C'est bien vrai. Il est présent sur tous les fronts : la psychanalyse, pendant seize ans aux côtés de Jacques Lacan qui fut son analyste et soutint toujours l'esprit de subversion qui l'animait; la politique, en créant une foultitude d'organisations, de comités, de mouvements de solidarité, de défense : des homosexuels, du Viêt-nam, de l'Amérique latine, de Régis Debray emprisonné… En 1968, c'est chez lui que Cohn-Bendit, Julian Beck et Godard décident d'occuper le théâtre de l'Odéon.

En 1981, il est un des artisans de la candidature de Coluche à la présidence de la République. Et plus tard, il avait adhéré aux Verts.

J'en passe et des meilleures. Juste une dernière image, pour la route: Félix qui travaillait à la clinique de Laborde se rendait à Paris tous les mardis. Il y avait un appartement où il accueillait qui voulait pour échanger.

Voilà qui était Félix Guattari. Un agitateur; un artisan de la «désorganisation systématique»; un zébulon, sans cesse en action; «antipsychiatre, psychiatre, psychanalyste, philosophe, militant, intellectuel, politicien», comme il aimait à se définir; et Jean Oury son vieux compagnon de route qui a découvert son corps inanimé samedi 29 août 1992, de préciser: «Un chantier permanent.»

«Quand j'avais six ou sept ans, écrit Félix Guattari, pendant tout un temps, chaque nuit, revenait le même cauchemar: une dame en noir. Elle s'approchait du lit. J'avais très peur. Ça me réveillait. Je ne voulais plus me rendormir. Et puis mon frère, un soir, m'a prêté un fusil à air comprimé en me disant que je n'aurais plus qu'à lui tirer dessus si elle revenait. Elle n'est pas revenue. Mais ce qui m'a étonné le plus, je m'en souviens très bien, c'est que je n'avais pas armé le fusil.»

Tu aurais dû te méfier Félix, la Dame en noir revient toujours, un jour ou l'autre, sans prévenir. Et armé ou non…

En attendant son retour, on a bien rigolé.

Faire lien social

> « Je suis mort parce que je n'ai pas le désir,
> Je n'ai pas le désir parce que je crois posséder,
> Je crois posséder parce que je n'essaye pas de donner ;
> Essayant de donner, on voit qu'on n'a rien,
> Voyant qu'on n'a rien, on essaie de se donner,
> Essayant de se donner, on voit qu'on n'est rien,
> Voyant qu'on n'est rien, on désire devenir,
> Désirant devenir, on vit. »

René Daumal, mai 1943.

Liminaire 3
Médiations

> « *Le symbolique, c'est l'universelle médiation de l'esprit entre nous et le réel.* »
> Paul Ricœur, *De l'interprétation*.

« *Triangulez, trangulez* », *ne cessait de dire aux équipes le D' Tosquelles avec la fougue et la gouaille qu'on lui connaît.*

Tout dans le travail thérapeutique, éducatif, pédagogique passe par ces effets de triangulation, de médiation dont le mythe d'Œdipe nous donne à lire le paradigme.

Si la racine indo-européenne « médyo » désigne « ce qui est au milieu », il faut voir dans le terme de médiation qui en est issu, et nous parvient dans le secteur psychosocial après un long parcours dans le domaine du droit, ce qui (et celui qui) articule, reprise, répare, cicatrise, tisse, réunit, fait lien, autant dire symbole. Symbole, tels ces deux morceaux de poterie, les tessères, que les anciens Grecs échangeaient en signe de reconnaissance.

En cela, les médiations sont à la racine du champ symbolique. C'est à travers les pratiques de médiation que se scellent alliances, échanges, dons et reconnaissances. C'est aussi à travers les médiations que se dit entre (soignants-soignés, éduquants-éduqués, analysants-analystes, enseignants-enseignés…) que s'inter-dit, quelque chose de la place de chacun, en référence à la loi des humains. C'est cette frontière, cette limite, que détermine l'espace de la médiation, qui fait échapper au bon vouloir et au caprice de chacun la relation thérapeutique, éducative et pédagogique. L'espace de médiation, en déterminant les pôles en tension, est en soi une structure. Le terme recouvre une pluralité de pratiques, de savoir-faire, de techniques, d'outils... « La boîte à outils de l'homme est devenue vaste, se plaît à écrire Daniel Sibony dans Entre dire et faire, *c'est le monde lui-même. » Mais au-delà de la multiplicité, pointe l'essentiel : pas de rapport à l'autre, pas de rencontre, pas de passage à l'autre, hors cet espace entre-deux, intermédiaire. Pas de communication hors médiation. « On communique, poursuit Sibony, à partir des points communs et à partir de mises à distance. L'acte de communiquer pose que deux êtres apportent chacun sa différence à ce tiers qu'est le langage, plus ou moins stable, qui nommera leur lieu comme un. »*

Dans le tissu social, ce travail de médiation est assuré dans ce champ qui est le nôtre, par des personnes occupant une place singulière, voire médiane : assistants de service social, médecins, éducateurs, psychiatres, psychanalystes, psychologues, rééducateurs... Autant de personnes agissant dans l'alternative à la souffrance, l'exclusion, le démembrement, la déstructuration de ceux qui leur sont confiés. Autant de personnes animant ces « lieux de vie » que sont les institutions, lieux dévolus à la rencontre, aux échanges, au jeu, aux soins, au travail, aux activités de la vie quotidienne...

Lieux de vie de la parole. Car là où ça parle en l'homme et de l'homme, là est notre seul lieu de vie, ce lieu de langage où, bon gré mal gré, nous sommes assignés à résidence. « On ne peut vraiment modifier quelque chose dans les rails du sujet qui est déraillé, qu'en modifiant les points d'articulation où il peut être représenté. » Voilà ce que disait Jean Oury dans Il, *donc. Dans mes écrits, j'ai voulu témoigner de ce qui vise, dans notre travail, à redonner visage humain à celui qu'on avait défiguré. Il y va là d'une position éthique dans le travail dit social. L'éthique est cette recherche incessante de la chambre secrète où la parole du sujet sommeille. Non pas cette parole blindée, parole d'armure, mécanique prête-à-penser ; mais la parole inconnue qui fait surprise au vivant et fait germer des espaces qui n'ont pas encore eu lieu.*

Le camp des nomades

> « *Et je tournais comme oiseau en cage*
> *Et je taillais à coups de hache*
> *Et je ciselais, j'ouvrageais*
>
> *Et je n'avais qu'une hantise :*
> *Que le cœur de l'ouvrage*
> *Soit creux, habité par le vide.* »

C'était comme ça. Baraque en bois. De ces baraques laides, de planches préassemblées par panneaux, que les Américains avaient laissées dans leur sillage. Baraque 16 ou 17, à moins que ce fût 15. Couverte de tôle ondulée, zinguée. Dedans : frigo l'hiver ; un four l'été.

C'était comme ça. Une après-guerre qui l'accueillait dans son fatras d'hommes et de femmes muselés, des petites gens échoués là ; qui l'accueillaient et lui laissaient à peine une place, un semblant d'espace pour naître. Pour se la faire la place, il lui a fallu jouer des coudes.

Des centaines de baraques, alignées comme dans les camps de la mort, dont quelques-uns, longtemps après en être sortis, tentaient encore de s'échapper. Une naissance qui s'installe dans cette géométrie mortelle. Quadrilatère de deux ou trois hectares, bordé au nord par le mur haut, bardé de grilles noires, de la gendarmerie, et entouré sur les trois autres côtés, de champs flanqués de chênes, ces chênes mutilés par les tailles successives opérées chaque hiver pour les coupes de bois de fagots. Leur tronc se dressait dans le ciel bas, tels des moignons lépreux.

Il avait pris racine dans cette dissolution, zébrée d'éclairs de vie, car la vie, dans la tourmente, malgré tout, malgré les cris, malgré l'horreur, allait son chemin. La vie dans un océan de torpeur et de stridences.

C'était comme ça. C'est là qu'il est né. Camp des nomades. Baraque 16 ou 17, à moins que ce fût la 15. De loin, tout se ressemblait. De plus près, chaque baraque refendue en une dizaine de logements, avait son âme, sa respiration, son souffle qui faisait vibrer une famille, un couple, ou un homme, une femme, seuls, car la solitude, dans cet espace dévolu au collectif, inondé des gestes du multiple, battait son plein.

Pour lui, renouer les fils de cette histoire en miettes, c'est chercher la trame dans l'écheveau des instants, c'est se mettre en quête de ces éclats de verre qui, tels les cailloux brillants que captent les enfants dans les ruisseaux, risquent de ternir sitôt qu'amenés au jour.

Ce n'est qu'après coup qu'il en fit la construction. À l'époque, il épousait le chaos, il était le chaos.

Il est né dans un bruit. Un bruit, c'est peu dire. Un vacarme, un déferlement, une tempête sonore qui déchirait l'espace. Il est né dans une déchirure qui longtemps lui tint lieu d'habitacle. Quelque chose était là, perçant, strident, menaçant, grimaçant, hérissant, irradiant. Quelque chose qui le perçait de part en part. Plus tard, bien plus tard, cette catastrophe abritera la parole, la musique, le chant. Plus tard, bien plus tard, cette horreur se fera maison d'homme. Mais en cet instant, le monstre se mettait à vibrer sur un rythme effrayant, un rythme qui faisait voler en éclats chaque sensation, chaque parcelle d'être. Le premier mot qui vint plus tard pour donner chair à cet instant, c'est vertige. Après il y eut une image : un danseur tourne sur lui-même et vacille, ivre d'extase sous les yeux médusés des spectateurs. Les bruits à cet instant pénétraient dans son corps comme des lames

Le camp des nomades

de rasoir. Lames de rasoir tournoyant à une vitesse vertigineuse, qui fendaient son corps, et le déchiraient. Son corps qui commençait à peine à prendre pied. Temps de catastrophe et du vivant éclaté, mis en pièces, déchiqueté.

Sur le coup, il en fut sidéré, il se tassa dans un coin, pour sauver les meubles, sauver un peu d'espace, sauver sa peau. Avec le temps, il comprit que cette déchirure, cette faille et cette faillite, il lui fallait les apprivoiser et les épouser. Gouverné par ce sens de la mesure que lui enseignait la fréquentation de la peur, il s'approchait tout doucement, à pas feutrés, il s'approchait puisant ses forces dans cela même qui lui faisait souffrance, il s'approchait de ce monde-là, ce monde éventré et déchiré par le vacarme, il s'approchait et lui donnait un contour, un jour, une lumière tendre et douce à la fois. Il donna la main au précipice et le conduisit jusqu'à cette scène où tout est dit, cette scène où la parole incarne le théâtre du souffle. C'est avec cette part-là, cette autre part de lui, qui lui faisait si peur, que désormais il avança dans le monde.

Pourquoi ceux qui lui donnèrent le jour, ces deux-là, qui lui confièrent la vie comme seul héritage, avaient-ils échoué dans ce camp? Pourquoi?

Du roman qui s'est tissé patiemment tout autour de lui, il n'a uni que quelques brins de laine, de couleurs dépareillées. Le père retour de captivité. Secoué, harponné, dans tout son être, ébranlé de fond en comble. Quatre ans de camp à la frontière polonaise. Quatre années de blessure et d'oubli. Quatre ans d'horreur, engloutis au fin fond d'une fournaise. La mère venait de la campagne. Ils se sont aimés. Il le sait, il en porte en lui les zones d'ombre et les plages lumineuses. La ville était détruite, brouillée, constellée d'éclats de ruine. La ville était en miettes.

Dans une église, le père a dit à son épouse, dans cette église restée debout où ils se retrouvaient le soir pour se tenir au chaud : « Si c'est un garçon, il portera le nom du charpentier. » Et ce fut un garçon. De cette promesse qui donnait à son être consistance, il fut tressé, fagoté, et sans doute ligoté. De cette dévotion. De cet appel. De cette invocation.

Le père partait les nuits durant, les longues nuits, pour la préfecture. Il tenait le standard. Et il pleurait. Il savait que le père pleurait, car il en trouva la trace en lui, et le tourment. Il pleurait sur cette vie effilochée, sur ce désarroi. Lui qui avant l'hécatombe avait fait sa niche dans une imprimerie, assemblant, typographe patient et consciencieux, des lettres de plomb. Lui qui, entre le *Capital* et la *Bible*, s'était pris de folie pour le livre et sa rivière écumante de mots, était là, échoué, tel un navire de haute mer, sur le sable. Un petit bureau du deuxième étage. Il fallait pousser deux portes capitonnées pour y pénétrer. Il branchait des fils multicolores, pour la patrie, pour le droit, pour la politique, pour l'administration, pour la législation. Il branchait pour le droit, des voix, les unes sur les autres, lui qui, de droits, n'en avait plus qu'un : trimer douze heures par nuit, sans récriminer, pour un salaire de misère.

La mère faisait des ménages. Dans le même bâtiment. Récurait les planchers, astiquait les plaques de cuivre des hauts fonctionnaires, pourchassait les toiles d'araignées, éclaircissait les vitres, ponçait, frottait, lessivait, raclait, et rentrait harassée tard le soir, le prendre chez la nourrice, la veuve d'un marin, qui habitait avec sa fille folle, Angela, sa fille qui bavait en égrenant un chapelet et lui tenait lieu de compagne de jeu tout le jour durant. La nourrice habitait juste derrière chez eux. À la 16, ou la 17, à moins que ce soit la 15, va savoir, quand tout se ressemble.

Des i, beaucoup de i. Pourquoi des i ? C'étaient pas des i. Mais des bâtons. C'est comme ça qu'il apprit à écrire. Avec des bâtons. Un trait, puis un trait, puis un trait. Des lignes de traits qui ressemblaient à des i, tracés en majuscule. Des lignes et des pages de i sans têtes, des bâtons donc. Ça lui donnait le tournis. Tous ces i bâtons qui virevoltaient et froufroutaient, et se dodelinaient tout le long des pages. Et ça sortait de lui. Par son corps, par sa main. Ça se mettait à vivre, tous ces petits signes qui jouaient sur le théâtre de marionnettes de la feuille blanche. Création d'un instant de sa vie. Comme s'il disait : je suis là, un bâton ; je suis là, un bâton ; je suis encore là, un troisième, et un quatrième, et des centaines, animés d'un étrange

Le camp des nomades

tremblement que sa main d'enfant contenait à grand-peine, tant le mouvement de vivre l'agitait et demandait à venir au monde, et pour son avènement, pour sa sortie au grand jour, cette source qui palpitait en lui comme un jeune oiseau qui apprend à voler, se projetait de toute sa force contre la page. Et des bâtons, il en pleuvait. D'ailleurs à considérer, étonné, l'avalanche de signes un peu penchés à droite, il avait l'impression d'assister à un orage, quand ça tombe dru, quand ça tombe des cordes.

C'est à cet instant, il s'en souvient, il y a souvent pensé depuis, que son père a dit: «Ah! ça mon gars, c'est du bon boulot.» Le père était assis derrière un bureau immense, avec des téléphones partout et des fils entremêlés, de toutes les couleurs. Le père branchait, un coup pour le préfet, un coup pour le secrétaire général, un coup pour le divisionnaire. Il établissait la communication. Comme lui avec ses milliers de bâtons. La communication.

L'écriture d'une lumière venue de l'intérieur, l'écriture de vivre, fulgurante. Mais qu'est-ce qu'il faisait là, âgé de deux ans, par une sombre nuit d'hiver dans ce grand bureau? Il y a souvent pensé depuis; ça lui est revenu par paquets.

Depuis deux jours, la mère avait disparu de la circulation. «La clinique», qu'il se rappelait. «La clinique.» Le mot cliquetait et tintait, comme clique, cynique, colchique. Pourquoi la clinique? Il n'en savait rien. «Fais tes bâtons, mon gars.» Mais pourquoi la clinique? «T'occupes. Écris...»

Et il en remplissait des pages et des pages. Les signes tracés allaient-ils, comme par un rituel magique auquel il devait se plier, la faire revenir, sa mère? Plus tard, bien plus tard, il apprit la trame de l'histoire. La petite sœur. Le berceau voilé de rose. Et encore bien plus tard, la disparition de la petite sœur. Et encore ce mot qui revenait et entourait la petite sœur de son halo blafard: clinique, sale clique, cynique, colchique. Et puis plus rien. Et puis plus rien qu'un grand vide, dressé comme un i, oiseau sauvage qu'il essayait de capturer pendant des mois avec ses centaines de bâtons qui envahissaient les pages, puis la chambre. Les cahiers venant à manquer, il s'était mis à écrire sur les murs. Puis sur le parquet, la porte, les casseroles, les vitres. Et les bâtons auraient envahi le monde si, un jour, à la maternelle, la maîtresse ne lui avait proposé de faire des «a». Il y eut encore un long temps de a. Puis des e, des o, des u, des i grecs, avec leur drôle de fourche tordue. Et des consonnes qui chuintaient, ou sifflaient, ou tonnaient, ou tout aussi soudainement, criaient et souriaient. Tout l'alphabet y est passé. Toutes les lettres, vingt-six. Pas une de plus, pas une de moins. Vingt-six lettres. Avec vingt-six lettres, il pouvait tout écrire. Et ça a continué, et ça a proliféré. Des lettres comme celles que la mère jetait dans le potage les jours de fête, qu'il sortait sur le bord de l'assiette pour écrire, encore et encore, ce qui lui venait : bonjour, coucou, papillon ou scarabée. Et le monde, son monde, son petit monde d'enfant, est devenu un monde de lettres qui se mettaient à s'accrocher aux pages, à danser, à tourner là sur le désert des pages, à décrire des arabesques et des volutes. Et ça ne s'arrêtait pas de s'écrire, la vie.

Très tôt, il a su que tous les mots étaient là, comme un havre de paix, qu'il lui fallait rejoindre pour se mettre à l'abri, quand au dehors la bourrasque faisait rage. Très tôt, il a su qu'il y avait dans ce port de mots, son seul lien avec la vie. Peut-être le père, dans la douleur de la perte, dans le deuil qui l'avait rongé quand il dut abandonner l'imprimerie, avait-il laissé ouvert, vacant, béant, cet univers de lettres où tôt, très tôt, il fit son nid.

Les mots étaient l'envers des cris. Car dans ce camp des Nomades – alors que des nomades, on n'en voyait plus guère, ils étaient repartis, ou ils avaient péri dans d'autres camps, exterminés sans qu'on en parle jamais –, dans ce camp ça piaulait, ça piaillait, ça huchait. Un monde de cris. Tous ces êtres pétris par la souffrance, oubliés dans ce coin de terre, entre le camp des Anglais et la gendarmerie, quadrillés, ordonnés, parqués dans une géométrie aux lignes froides, sans point de fuite, sans ouvert, horizon bas, tous ces êtres entassés explosaient l'un après l'autre, comme des marmites dont la pression trop longtemps maintenue faisait voler en éclats les couvercles.

Le camp des nomades

Ces gens, ces pauvres gens, buvaient et cognaient. Et il allait entre les cris et les coups qui pleuvaient et les ordres et les insultes. Et il se réfugiait dans les mots. Et il s'y assoupissait, enfin abrité et apaisé.

Un jour, c'était l'hiver, la lumière avait encore sauté. Ça saturait dans le transfo. On avait allumé les bougies qui projetaient les ombres sur les murs et les faisaient danser. Ça devait être chez les Battaller, ou Sanchez, va savoir. Le père avait la responsabilité du camp. Il tenait un registre des faits et gestes pour la ville. Et on venait le trouver, troublant son sommeil de la mi-journée, pour lui crier dans les oreilles, quand il y avait du chambard. Un jour, la femme est arrivée, hurlante, la première. Elle portait en avant d'elle, à bout de bras, sa main ensanglantée. Deux doigts cisaillés, qu'elle avait cueillis dans un linge.

« Le salaud, regarde ce qu'il m'a fait. Il me les a flingués, tu vois, il me les a flingués. »

Et ses doigts étaient là, pissant le sang, qui gisaient, morts, décapités. Dans le clair-obscur que diffusait le halo de la bougie posée à même la table de la cuisine, cette femme venait d'apparaître, ensanglantée, en chemise de nuit. Cette femme comme il en verra bien d'autres plus tard dans le théâtre grec, gorgone ou furie, mutilée, plantant là dans la baraque, son cri qui déchirait la pénombre. Toute l'horreur du monde, au milieu des épluchures des patates que la mère pelait consciencieusement sur un journal. La mère avait suspendu son geste et fixait cette femme, pétrifiée, sidérée. Le père venait d'enfourcher son vélo et faisait route vers la préfecture. Il y eut un silence écrasant, un long silence, sans mouvement, un silence à bas mot, rampant.

« Comment y t'a mise, ma pauvre petite ? »

La femme a repris sa tête : « Tu l'diras pas aux flics, hein. »

Et elle est repartie, tremblante, éclairée de dos par la lumière vacillante de la bougie. Sa grande ombre a glissé lentement vers la porte, puis s'est aplatie quand elle a franchi le seuil. Elle est repartie vers la baraque, la 16 ou la 15, peut-être même la 17, va savoir, vers son homme ivre de vin et de rage.

Elle les a laissés plantés là, la mère et lui, une tâche de sang sur le journal, au milieu des épluchures.

Quand il a pu bouger, il a avancé lentement vers la mère, pour s'y blottir, et il a entendu les tressautements de larmes qui l'agitaient : « Cette vie est une carne. »

L'acte éducatif
Du passage à l'acte à l'acte de passage

> « *La poésie ne rythmera plus l'action,
> elle sera en avant.* »
> Arthur Rimbaud,
> Lettre à Paul Dememy du 15 mai 1871.

Tout au long de ce texte, le lecteur doit se souvenir que c'est à partir des lieux d'une triple expérience que j'ai construit ce que je vais soutenir ici. Éducateur pendant plusieurs années, je suis ensuite devenu formateur dans diverses écoles de travail social, métier que j'exerce aujourd'hui. Et depuis quelque temps, je suis aussi installé comme psychanalyste en privé. Éducateur, formateur, analyste. Tous ces métiers fonctionnent à l'acte. L'acte qu'il soit éducatif, pédagogique, analytique, est le passage obligé pour l'action. Une fois ceci posé, on n'a encore rien dit. Car enfin, qu'est-ce qu'un acte ?

Suivant ma bonne habitude, je ne vais pas attaquer la question de front ; je vais faire des détours, et même des entours pour reprendre un mot des troubadours, qui parlaient de ciseler les entours de la Dame dans leurs poèmes. Je vais faire l'entour de l'acte, c'est-à-dire tourner autour du pot, car il y a au cœur de l'acte un fond indécidable. Il y a au cœur de l'acte un impossible. C'est pourquoi Freud, dans sa préface à l'ouvrage d'August Aïchhorn, *Jeunesse à l'abandon*, paru en 1925, disait d'éduquer, de gouverner et de psychanalyser, qu'il s'agit de trois métiers impossibles, au sens où ce sont des métiers où l'on se confronte à l'impossible ; l'impossible notamment à faire faire aux autres ce qu'on voudrait qu'ils fassent. Dans ces métiers éminemment humains, fondés sur la rencontre avec les autres, il y a quelque chose qui résiste. Ce que précisément la théorie analytique désigne comme sujet de l'inconscient. Il y a chez l'être parlant, quelque chose qui n'est pas « d'hommesticable », quelque chose d'inéducable.

Mon amie Jeanne Granon-Lafont qui a beaucoup travaillé sur la topologie nous propose cette image de l'analyste, qui peut parler aussi de la position éducative : l'analyste est assis au bord d'un volcan, une bouche de feu, d'où jaillissent un certain nombre de matières, des mots, mais pas que des mots, car contrairement à ce qu'affirmait Dolto, tout n'est pas langage. L'acte analytique n'est-il pas alors de tenir la position, c'est-à-dire de faire bord au trou du volcan de l'inconscient ? Je laisse la question en suspens, nous allons sûrement la retrouver. Laissons-la travailler dans l'ombre.

Premier acte. Le passage à l'acte en miroir

Cette introduction étant posée, passons, comme au théâtre, au premier acte. Je prendrai, pour situer la complexité qui ne manque pas de surgir dès qu'on parle d'acte, un exemple récent. Cet exemple est tiré d'une pratique de formation, l'analyse de situation éducative. Pour ma part, je m'inspire du dispositif de Michael Balint pour faire fonctionner ce groupe. L'objectif est de permettre à un éducateur d'exposer ce qu'il met en jeu dans une situation éducative, et cela à tous les niveaux. Le reste du temps de travail, lorsque la personne qui a et qui s'est exposée, se tait, c'est au tour des autres d'exposer ce que fait vibrer en eux ce que la personne a dit. C'est un outil de travail tout à fait précieux, et j'y reviendrai, parce que c'est, à mon avis, un des outils pour fabriquer un acte. Le sens de l'acte, nous verrons qu'il n'est pas donné. Pour qui prend au sérieux l'hypothèse de la psychanalyse, donc de l'inconscient, il faut bien considérer qu'on ne sait pas ce qu'on dit ni ce qu'on fait. Ce n'est que dans un effet d'après-coup que le sens est construit et que l'acte peut se constituer. Bref, posons cela brutalement, il faudra affiner par la suite : l'acte n'est pas l'action, l'acte n'est pas l'agir. Il n'apparaît qu'au prix d'un certain déplacement, dans l'après-coup. L'après-coup est un concept de Freud, *nachträglichkeit*, en allemand, c'est un processus d'inscription par lequel un sujet construit, après que cela s'est passé, le sens de ce qui lui est arrivé. L'après-coup construit le sens dans cette forme vieillotte de la conjugaison française, le futur antérieur : il en aura été ainsi. La linguistique, et c'est une donnée qui sera largement exploitée par Jacques Lacan, nous avait déjà mis la puce à l'oreille en montrant que la signification d'une phrase n'intervient que tout en fin de phrase, lorsque l'ensemble des signifiants sont enchaînés. Dans cet exemple : « La mer(e) est agitée lorsqu'elle rencontre… », il faut attendre la chute, le pont de capiton, comme le nommera Lacan, sinon le sens reste indécidable, tout ouvert. La fin, selon que s'y inscrit « son mari » ou « la plage », décidera non seulement de la signification mais aussi du statut des signifiants-maîtres : en l'occurrence celui de « la mer(e) [1] ». On a là tout le ressort de la cure analytique. Freud nous ouvre une conception tout à fait moderne de la temporalité. Quant à Lacan, faisant retour dans le sillage du maître viennois, il débouchera, autour de l'acte, sur une proposition d'un temps rythmé par une logique en trois temps : un temps pour voir, un temps pour comprendre, un temps pour conclure. Mais j'ai dit que je laissais la question suspendue.

Revenons au groupe d'analyse de situation éducative. Un jeune éducateur qui fait un stage en institut de rééducation nous raconte qu'il est complètement déboussolé face à un gamin qui n'arrête pas de produire « passage à l'acte sur passage à l'acte », ce sont ses termes. Ce môme agresse ses camarades, fugue, frappe ceux qu'il rencontre, adultes compris, il insulte et semble en permanence sur des charbons ardents. Les éducateurs se sont lancés dans des systèmes de contention, punitions, frustrations, pour l'arrêter, rien n'y fait. Le jeune éducateur en question l'a pris à part quelquefois, pour lui expliquer que s'il continuait, il allait avoir des emmerdements, que vivre avec les autres n'allait pas sans contraintes, que peut-être il souffrait, mais personne ne comprenait de quoi, parce qu'il n'en disait rien, au lieu de le dire, il le passait à l'acte. L'éducateur est étonné que pendant ces entretiens, le gamin ne dise rien, il a l'air complètement idiot, absent. On parle, à la réunion des éducateurs, de débilité, c'est le psychiatre qui tire ce mot de sa boîte à outils. «Et pourtant, dit l'éducateur en formation, ça m'étonne, parce que lors d'un séjour de week-end chez sa mère, il a fugué pendant une semaine avec un copain, et pour fuguer, pour s'organiser, pour survivre, manger, voyager, dormir, il ne faut être ni idiot ni débile.» Bref l'éducateur n'y comprend plus rien. Il conclut son exposé en disant: «Finalement on a beau lui expliquer, il n'imprime pas.» Une question surgit du groupe, pour y voir plus clair dans l'attitude de l'éducateur. Quelqu'un lui demande ce qu'il éprouve face à ce jeune. L'éducateur dit: «J'ai deux sentiments, je suis paumé et j'ai envie de le tuer.» J'interviens rarement dans ce cas, sauf lorsqu'une situation m'apparaît bloquée et que je juge qu'il faut un petit coup de pouce pour la faire rebondir. C'est ce que j'ai fait. J'ai proposé à l'éducateur de réfléchir en inversant une de ses formulations. Lorsqu'il dit qu'on a beau lui expliquer et qu'il n'imprime pas, je lui ai demandé de considérer que le gamin en question imprime, mais que ce sont les éducateurs qui peut-être ne savent pas lire; peut-être ont-ils les yeux crasseux, et peut-être sont-ils aveuglés par le texte, notamment le texte de la loi, qu'ils essaient de lui imprimer, de lui faire entrer dans le crâne, ce qui les empêche de faire attention à ce qu'il est en train de dire.

Ce mouvement de déplacement, de décentrage, on peut le voir à l'œuvre dans des arts martiaux comme l'aïkido, où c'est du fait de se dérober à la force aveugle de l'attaquant qu'on laisse le geste se fondre à son point de départ: la violence du geste. S'effaçant et accompagnant le geste, on s'en trouve délivré, et on le conduit à son aboutissement logique : blocage de l'adversaire ou chute. Dans un non-faire, dans une non-intervention, disent les maîtres de l'art. Dans le travail éducatif, Fernand Deligny, en parlant d'esquive, nous a appris un mouvement semblable. Il s'agit pour qu'il y ait acte, de le considérer en deux temps : sur le coup dans le déplacement qu'il exige, et dans un temps second, dans une reprise du sens dans l'ordre du discours.

Je ne vais pas développer tous les méandres de ce cas, mais il me semble que l'essentiel de l'acte est présent. Un jeune dans le passage à l'acte provoque le passage à l'acte des éducateurs. Il provoque une réponse en miroir. Devant ce qu'il donne à voir, il pousse à ce qu'on ne puisse plus le voir en peinture, plus l'encadrer, plus l'entendre, il pousse à ce qu'on le supprime, à ce qu'on le gomme et l'efface ; comme un texte écrit au crayon à papier, justement. Et l'éducateur doit opérer un déplacement pour poser les fondements de ce qui peut faire acte pour le sujet. Je le dis un peu alambiqué, mais la question n'est pas simple. On parle trop souvent, dans le jargon du métier éducatif, de « poser un acte ». Non, on ne pose pas un acte. On pose quelque chose, qu'il s'agira de serrer de plus près dans notre réflexion, où peut-être un acte peut advenir. Il s'agira de préciser notamment que s'il y a acte possible, c'est du fait qu'un éducateur est pré-inscrit et pré-déterminé par un *dispositif, un cadre, une médiation*. Un *dispositif* qui fait *loi* du côté de la *morale sociale* et lui assigne une mission ; un *cadre* d'un établissement fondé en *déontologie* sur *un projet et le partage de certaines valeurs* ; *une médiation* construite comme espace de la rencontre à partir d'un positionnement *éthique* qu'il appartient à chaque éducateur de dégager. Autrement dit, il y a bien, à l'endroit de l'acte, quelque chose qui nous échappe. Tout acte bute sur une dimension d'impossible. Il n'y a pas d'acte éducatif qui, à la façon du chien de Pavlov, pourrait déboucher sur la maîtrise de stimuli-réponses. Dans l'acte éducatif, la maîtrise est mise en échec. C'est sans doute de ce lieu laissé ouvert que jaillit un acte. À propos de Pavlov, vous connaissez peut-être la blague qui dit que si le chien de Pavlov salivait, c'était pour faire jouer de la trompette à son maître. C'est un juste retour des choses qui montre bien que, dans l'action qui vise la maîtrise, on peut toujours se demander qui est le maître de qui.

On voit bien, dans ce cas clinique, que l'éducateur pris dans le registre de l'imaginaire, pris dans les effets de miroir, n'a pas d'espace pour agir. Il se livre pieds et poings liés au ravage de la jouissance de l'autre. Quoi qu'il fasse, il devient objet de la jouissance de l'autre. C'est tout le problème avec les masochistes qui gagnent à tous les coups. Le masochiste dit au sadique : « Fais moi mal » ; le sadique répond : « Non, sûrement pas », et le masochiste de conclure : « Ah merci, qu'est-ce que ça me fait jouir ! » Dans le cercle infernal des images qui se répondent en écho, pas de salut. Nous verrons qu'il faut déboucher sur le symbolique, donc sur la parole et le langage, pour que la dimension de l'acte apparaisse. Toute la dialectique est de passer du passage à l'acte à un acte de passage.

Deux mots sur la question de l'imaginaire. Ce concept que nous a légué Jacques Lacan, est issu de ses premiers travaux sur le stade du miroir. Pour le préciser, je vais l'illustrer par une blague. Deux ramoneurs descendent chacun un conduit de cheminée. Il se trouve que le premier en ressort noir comme du charbon. Le second, lui, a affaire à une cheminée qui sans doute ne fonctionne pas depuis des années, et il en ressort propre comme un sous neuf. Ils se retrouvent face à face en bas des cheminées. Question : à votre avis, quel est le ramoneur qui va se laver ? Évidemment, celui qui est propre. Autrement dit, dans l'imaginaire, je retire de l'image de l'autre une construction de mon propre moi. Il faut, pour se sortir du cercle vicieux, faire appel à un troisième terme, et c'est à cet endroit que Lacan dégage le symbolique, c'est-à-dire ce qui fonde l'humain comme être de parole. L'être humain est un animal qui parle. Nos deux ramoneurs, il suffit qu'ils échangent quelques mots pour, si j'ose dire, y voir plus clair sur la position de chacun[2].

Deuxième acte. Passage par l'acte. Concepts analytiques

Je vais tenter en quelques mots de présenter ce que le discours analytique nous donne à entendre sous le concept d'acte. Je ne vais pas me lancer dans un exposé universitaire. D'abord j'en suis bien incapable, et ensuite je pense qu'il s'agit surtout de faire résonner la chose dont il s'agit, pour la faire éprouver. Comme le disent les potiers chinois, il s'agit de mettre de la terre autour du vide pour faire un pot.

La notion d'acte apparaît très tôt chez Freud, notamment dans les grands textes qui marquent le tournant du siècle, juste après la publication, en 1900, de *La science des rêves*. On trouve cela dans *Le mot d'esprit et ses rapports avec l'inconscient* et *Psychopathologie de la vie quotidienne*. Et lorsque, en 1916, Freud tient devant un public averti de médecins, éducateurs, enseignants, parents, ses conférences d'*Introduction à la psychanalyse*, c'est par la question de l'acte qu'il démarre. Mais de quel acte s'agit-il? De l'acte manqué. L'acte manqué, c'est en fait un acte réussi pour l'inconscient. Il y a irruption sur la scène de la réalité d'une représentation refoulée qui surgit tel un diable du lieu de l'Autre Scène. L'acte manqué fait retour du refoulé. Mais cela ne suffit pas que je casse le pot de fleur offert par ma belle-mère que je déteste pour qu'il y ait acte manqué. Encore faut-il que, dans l'après-coup, j'en vienne à me questionner, c'est-à-dire à inscrire ce qui surgit de l'inconscient comme ayant un sens pour moi, comme faisant énigme. Bref, il n'y a acte manqué que si ça me dit quelque chose. L'acte, on le voit bien, exige une reconnaissance dans l'après-coup pour peser de tout son poids.

C'est à partir de là que Lacan va poursuivre l'avancée de Freud, sur cette dimension de retournement d'une parole qui revient sur ses propres traces, là où elles ne sont pas encore advenues, d'une parole qui fait trace, qui revient comme l'assassin sur les lieux du crime. C'est à partir de là qu'il produit l'invention de la passe, qui est un dispositif au sein duquel l'analysant qui passe à un position d'analyste, peut construire dans l'après-coup ce qui lui est arrivé dans la cure. La cure dont le moteur est le transfert, fonctionne sur un leurre. L'analysant attribue à l'analyste un savoir sur ce qui lui arrive. Savoir que bien évidemment l'analyste ne possède pas, mais que l'analysant lui suppose. Ce savoir qu'il lui suppose sur son être, c'est évidemment ce qu'il a de plus précieux, ce qui met en branle, si j'ose dire, son désir, puisque fondamentalement, c'est le lieu de son manque. J'aime en l'autre ce que je pense qu'il a pour être enfin comblé. Évidemment, l'analyste est un peu truand, il ne moufte pas. Et il laisse faire à l'analysant ce travail de la parole qui, si la cure est bien conduite, va amener l'analysant à réaliser – le mot n'est pas trop fort, car la psychanalyse ça ne s'apprend pas dans des livres ou des cours, mais dans une confrontation au réel de la Chose – à réaliser donc qu'il est manquant, et frappé d'incomplétude. C'est de ce lieu de l'incomplétude de l'être que naît une position qui fait acte analytique. D'où l'idée logique de Lacan de créer un dispositif où, dans l'après-coup, cette incomplétude soit constituée et cernée par le langage. C'est un acte de passage qu'il marque là.

Dans la cure elle-même, on voit poindre certains de ces passages *à* l'acte pour éviter justement des passages *par* l'acte. Freud nous parle dans ce cas d'*agieren*, à propos d'actes qui sont produits en dehors de l'espace de la cure, mais qui ne sont pas sans lien avec ce qui s'y passe. À la place de la remémoration, à la place de l'élaboration dans la parole, le sujet acte. Le verbe n'existe pas. Il faudrait l'inventer. À la place de jacter, il acte. Le terme qui est utilisé dans le vocabulaire de la psychanalyse nous vient curieusement de l'anglais, c'est celui d'*acting-out*. Le mot est assez équivoque : il signifie aussi bien, jouer une pièce de théâtre, tenir un rôle, montrer, donner à voir et à entendre, qu'agir ou prendre des mesures qui s'imposent.

C'est en 1962/1963, dans son séminaire sur *L'angoisse*, que Lacan a tenté une définition de ces différents termes : acte, passage à l'acte et acting-out. Qu'est-ce qu'un acte ? Pour Lacan, un acte est toujours signifiant, ça veut dire quelque chose. Entendez cette proposition au ras des pâquerettes, au ras des mots. Le ça veut nous dire quelque chose. Évidemment, comme le notait le jeune éducateur du début, lorsque ça n'est pas entendu, ça répète. C'est

L'acte éducatif. Du passage à l'acte à l'acte de passage 215

comme un disque rayé. Tant qu'on n'a pas franchi le sillon, ça répète inlassablement, notamment en mettant en acte, à la place des mots, ce qui n'est pas entendu. L'acting-out est ce donné à entendre à un autre devenu sourd. Tant que le message n'a pas été délivré, le facteur de l'inconscient frappe à la porte, jusqu'à ce qu'il arrive à destination. Le facteur de l'inconscient sonne toujours deux fois et parfois plus. Ça se produit dans l'analyse, mais aussi dans l'espace éducatif. L'acting-out est un dire sans les mots, un dire mis en acte, qui demande qu'on ouvre les oreilles, plutôt que les yeux, et qui exige une réponse, un accusé de réception. C'est un appel à la symbolisation. Dans l'analyse, mais aussi dans le travail éducatif, l'acting-out fait signe que le travail est dans une impasse. C'est un indicateur très précieux. Une impasse, ça dit bien que ça ne passe pas. Ce type de passage à l'acte révèle à l'analyste son point de défaillance, là où il se laisse aveugler et assourdir par ses propres représentations et affects. Le sujet revient d'autant plus à la charge que l'analyste – et c'est vrai, j'insiste, pour un éducateur – s'érige en petit maître ou fait une interprétation sauvage. Parce que des interprétations sauvages, il y en a même dans l'espace de la cure, lorsque l'analyste interprète comme un sauvage, du lieu de celui qui s'y croit, qui se prend pour ce sujet du savoir que le patient ne fait que lui supposer. L'acting-out ne s'interprète pas, il fait signe. Il fait signe qu'il est grand temps de se remettre sur les rails de la pratique. À savoir que si l'analyste dirige la cure, il ne dirige pas l'analysant.

Le passage à l'acte, lui, est bien différent. Il ne comporte pas une adresse, le plus souvent. C'est un effet de franchissement des limites de la réalité. C'est plus un agir sur le mode de l'impulsion, qu'un acte. Dans la confrontation avec son point d'incomplétude, le sujet, saisi d'effroi, tente de reculer. C'est pourquoi le passage à l'acte peut être vécu à la fois comme demande d'amour et comme manifestation de haine. Il déclenche les deux faces de la médaille de l'amour. Si l'amour, comme nous le montre Lacan dans le *Séminaire XX, Encore*, c'est attribuer à l'autre la possession de ce qui nous manque le plus, donc un leurre, l'analyse conduit l'analysant à cette vérification qu'aucun autre dans le monde n'a ce qui lui manque. Dans cette épreuve, l'amour se change en haine, mouvement que Lacan va appeler l'Hainamoration justement. Il se produit souvent lorsque le sujet est confronté au dévoilement de l'incomplétude de l'objet et de l'incomplétude de l'Autre. Si l'acting-out est du côté du symbolique, le passage à l'acte est du côté du réel.

Qu'en est-il de l'acte analytique? Lacan y a consacré toute une année de séminaire, en 1967/1968, sous le titre *L'acte psychanalytique*. Le fond de l'argumentation de Lacan, c'est que l'acte analytique est une coupure. Il produit chez le sujet un effet de franchissement au sens où, après, il n'est plus le même. À partir de ce point de passage, il ne peut plus faire machine arrière, les ponts sont coupés. C'est étrange parce que les mots qui me viennent pour le dire sont très colorisés par ce qu'on dit du passage de l'adolescence. Freud disait que l'adolescence est comme un tunnel, entre l'enfant et l'adulte, mais qu'il s'agit de creuser des deux côtés. Cette rupture entre l'enfant et l'adulte est saut dans le vide. « *Wo es war, soll Ich werden* », nous dit Freud. Là où ça était, je dois advenir. On a des mots dans le vocabulaire éducatif pour cerner un peu la même chose. « Il faut s'assumer. » Eh bien, s'assumer comme sujet, c'est s'assumer à la fois comme étant habité par une histoire, mais aussi comme ayant à en faire quelque chose de cette histoire. Sartre disait : « On n'est pas responsable de ce qu'on a fait de nous, mais de ce que nous ferons de ce qu'on a fait de nous. »

Retenons ces deux éléments essentiels que nous a transmis Lacan sur l'acte : l'acte est une coupure et produit un déplacement du sujet. Mais pour l'analyste, comme je l'ai dit tout du long, il n'en recueille les signes que dans l'après-coup, dans une inscription symbolique, c'est-à-dire dans les dires du patient. C'est dans ses dires que l'analysant constitue l'acte de l'analyste. Dans ce que ça a produit, je dirais non seulement chez le patient, mais en lui-même. Dans l'acte, la face du monde s'en trouve changée. Pensez à Jules César marchant sur Rome. Il franchit ce petit ruisseau ridicule qui s'appelle le Rubicon, en janvier 49 avant J.-C., et jette cette sentence qui est parvenue jusqu'à nous :

« Alea, jacta est. » Les dés sont jetés. S'il n'avait pas franchi le Rubicon, dans un acte de subversion contre le pouvoir en place, il ne serait pas devenu empereur, etc.

Troisième acte. L'acte de passage

C'est bien joli tout ça, mais les éducateurs ne sont pas des analystes. Alors que faire de toutes ces références ? Ça sert à quoi, pour cerner l'acte éducatif ? J'ai fait le pari dans ma pratique, autant d'éducateur pendant quelques années que de formateur aujourd'hui, que la psychanalyse puisse être le levier qui permet de soulever le monde de l'éducation. On connaît cette phrase que l'on attribue à Archimède : « Donnez-moi un levier assez solide et je soulèverai la terre. » En effet, le travail éducatif est difficile à mettre en forme, à donner à voir et à entendre. J'ai toujours fait l'hypothèse que s'il était si dur, en tant qu'éducateur, de parler de ce qu'on fait, ce n'est pas tant parce qu'il se passe, dans toute relation humaine, des choses complexes. Non, je pense que la difficulté à dire vient du fait de côtoyer les plus démunis, les sans-voix, les « hors-sujet », ceux que l'espace du social a relégué aux oubliettes. Les sans-parole. Et pourtant, dans ces lieux de la misère humaine, il faut vivre et survivre. Donc penser, parler et écrire pour survivre. Le grand danger qui guette les éducateurs, c'est de basculer, comme l'a fait finalement la psychiatrie, dans une mode d'expression technicien. On rendrait compte d'une machinerie, d'un appareil à éduquer. Beaucoup de rapports de stages, de mémoires et de travaux s'orientent, me semble-t-il, dans ce sens. Finalement, on n'accepte pas que, dans la relation à l'autre, quelque chose nous échappe. On veut se présenter comme en étant les maîtres. « Puisque ceci nous échappe, fait dire plaisamment Jean Cocteau à un de ses personnages, feignons d'en être les organisateurs. » Il me semble que la psychanalyse peut venir prendre la relève à cet endroit précis.

La psychanalyse, que Freud définit précisément comme « science de l'inconscient », obéit à toute la rigueur d'une démarche scientifique, mais d'une science qui a pour objet ce qui précisément met la science en échec, ce qui lui fait obstacle. Cet obstacle, ce grain de sable dans la mécanique du savoir et du pouvoir, la psychanalyse le situe comme le sujet, en précisant, sujet de l'inconscient, sujet qui apparaît comme produit par le langage. Je n'existe que lorsque je parle. Mais articuler la pratique éducative à ce niveau de clinique en fait reculer plus d'un. En effet, la parole ainsi conçue n'a pas pour objectif la communication entre humains, mais plutôt leur séparation. D'où cette idée de Lacan que la parole divise le sujet. Il faut ajouter qu'elle divise les sujets entre eux. La parole tranche, sépare, distingue, coupe. Et c'est à partir de cette coupure, dans cette coupure que peut s'élaborer le lien social. Mais c'est sans fin, et ça produit sans cesse de l'insatisfaction, du désordre.

Qu'en est-il alors de cet acte que l'on dit éducatif ? L'énoncer comme ça n'est pas sans équivoque. Est-ce un acte particulier qui est éducatif ? Ou bien s'agit-il de repérer, dans la pratique éducative, ce qui fait acte ? Je l'ai esquissé : je pense qu'au passage à l'acte des jeunes pris en charge doit répondre un acte de passage de l'éducateur. Autrement dit, l'acte exige d'un éducateur un déplacement, du mode de réponse en miroir, où l'on s'enferme rapidement dans une escalade, où passage à l'acte et sanction se répercutent en écho, où éducateur et jeune font de l'auto-allumage, jusqu'à ce que ça tourne mal : généralement au détriment du jeune. Il est viré, on lui demande d'aller faire son cirque ailleurs. Il s'agit donc, pour un éducateur, de faire un pas de côté face à la provocation et à l'agression du jeune.

L'étymologie nous rappelle que la pro-vocation est appel à la voix de l'autre, appel à sa parole ; quant à l'agression, c'est proprement marcher vers l'autre. On voit combien ces deux termes, notés péjorativement, contiennent une dimension d'appel à la relation. Si la réponse est de l'ordre du rejet, de n'en rien vouloir savoir, elle ne peut être comprise par le sujet qui passe à l'acte que comme pas entendu ou malentendu. L'acte, qui se constitue d'inscrire le sujet dans le symbolique, ne passe pas. D'où le fait qu'il en remet une louchée pour se faire entendre.

Face au passage à l'acte, l'acte éducatif opère une coupure. Et j'ajouterai, en reprenant un concept forgé par Daniel Sibony, c'est «une coupure-lien», «castration symboligène», disait Dolto. L'acte éducatif vise, et produit quand ça marche, une coupure humanisante. Mais une coupure entre quoi et quoi? Une coupure à quel endroit? Et comment se fait-elle?

La coupure opère du fait que, dans la rencontre entre deux sujets, un éducateur et un jeune, il y a toujours un troisième larron. Il y a un tiers. L'éducateur n'est pas là pour son bon plaisir. Une mission lui est confiée par une institution qui agit au nom de la loi. C'est une première idée du tiers. Mais plus fondamentalement, pour détourner une jolie formule du poète breton Eugène Guillevic, «entre l'éducateur et le jeune, il y a tous les mots du monde» (la phrase précise de Guillevic est «entre toi et moi, il y a tous les mots du monde»). La première institution, celle qui nous permet *a minima* de tenir ensemble, c'est le langage. C'est donc fondamentalement au nom de la loi du langage qu'un éducateur rencontre un jeune en souffrance. Je dis un jeune. Mais il peut s'agir d'un enfant, d'un adolescent, d'un adulte ou d'une personne âgée. L'acte inaugural de cette loi, loi symbolique à la racine de toutes les autres, est l'interdit de l'inceste (qu'on entende bien ici la résonance des mots: l'inter-dit, c'est bien ce qui est dit entre, en l'occurrence entre une mère et son enfant). L'interdit de l'inceste produit par la fonction paternelle est le premier acte qui inaugure le théâtre du sujet. Et finalement, tout acte éducatif se profile dans le sillage de cet acte inaugural. L'éducateur est un passeur, quelqu'un qui en accompagne un autre dans ce franchissement. Il s'agit de trancher dans le vif. Mais soyons un peu plus précis. De trancher à quel endroit? Le psychanalyste Denis Vasse nous dit: il s'agit de passer de la pulsion au désir. De la jouissance à la parole, si vous voulez. D'un acte envahi par le flux pulsionnel à son appareillage dans le langage, à son apparolage.

Je voudrais reprendre un petit schéma fondé sur une métaphore que m'a inspirée Françoise Dolto[3]. Il s'agit de la pulsion vue à travers l'analogie d'une source de montagne. Vous trouverez ça dans sa thèse de médecine, sous le titre *Psychanalyse et pédiatrie*. Dolto s'inspire du grand travail de Freud en 1915, sur la *Métapsychologie*, et plus particulièrement d'un chapitre consacré aux «pulsions et destin des pulsions». Freud balise sa théorie de la pulsion de quatre termes à retenir: la pulsion a une poussée, c'est-à-dire qu'on ne peut pas l'arrêter, la pulsion, ça pulse. La pulsion a une source: les endroits du corps où justement ont opéré les paroles de coupure, là où s'est déposé et sédimenté ce qui a été refoulé et séparé par l'interdit. Ce sont les divers orifices du corps qui sont les lieux d'où jaillit la source pulsionnelle. D'autre part, la pulsion a un but: il est simple. Obtenir satisfaction le plus vite possible. La pulsion n'a qu'une pente, celle de mettre fin à la tension qui travaille le corps et l'appareil psychique, par tous les moyens et sans délai. Mais la pulsion a aussi un objet. C'est-à-dire que, pour se satisfaire, il lui faut en passer par les objets du monde, et sur son chemin elle rencontre divers objets, notamment les autres sujets, alors élus comme objets d'amour ou de haine, avec lesquels elle essaie de se satisfaire. C'est dans la rencontre avec les autres, dans la culture, que la pulsion trouve son point de dérive. Pour se satisfaire, la pulsion doit en passer par cette rencontre, et ça retarde d'autant la satisfaction qu'elle finit par perdre en route.

La pulsion est appelée à passer par les chicanes de ce qui fait communauté entre les humains: le langage. C'est d'ailleurs la seule définition du lien social, dont je rappelle qu'il s'agit d'un concept très répandu aujourd'hui, forgé par Lacan dans les années soixante. Le petit d'homme, pratiquement dès la naissance, est confronté à en passer par la demande adressée à un autre, pour se satisfaire. Les éducateurs sont situés sur ce trajet où la pulsion cherche satisfaction. Et ils ont affaire notamment à des jeunes qui n'acceptent pas ou n'acceptent que très difficilement ce rallongement de la pulsion, son shunt, sa dérive. Ils veulent prendre leur pied tout de suite. Le problème, c'est que le contexte socio-économique dans lequel nous sommes plongés en cette fin de siècle et d'ère – et Dieu sait si le fond de l'ère effraie! – ne soutient guère les processus éducatifs. «Tout et tout de suite et

L'acte éducatif. Du passage à l'acte à l'acte de passage 221

toujours plus» n'est-ce pas la devise qui signe notre société capitaliste où tout le vivant de l'être humain est rabattu sur un statut de marchandise ou de spectacle ? Donc les éducateurs interviennent dans un moment de l'histoire où supporter un acte, acte de coupure et de castration, ne va guère dans le sens du vent. C'est pourquoi je dis toujours qu'il s'agit d'une pratique subversive.

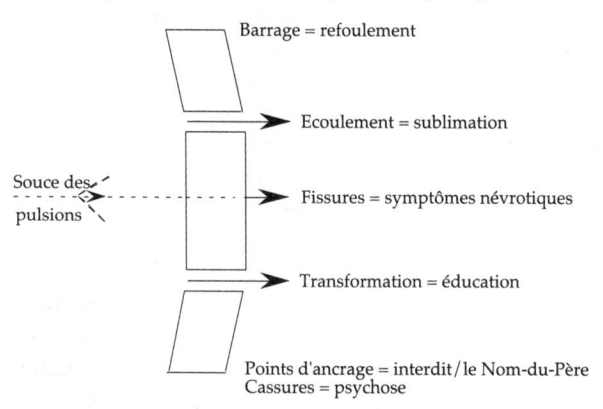

```
                    Barrage = refoulement

                 → Ecoulement = sublimation

Souce des
- - - - - -◇- - - - - - - → Fissures = symptômes névrotiques
pulsions

                 → Transformation = éducation

                    Points d'ancrage = interdit / le Nom-du-Père
                    Cassures = psychose
```

À quel endroit se situe l'éducateur dans son acte ? Il se situe au point de disjonction de la réalité psychique et de la réalité sociale. Ce que Winnicott nomme «réalité interne et réalité externe». Mais nous allons voir que ces notions d'interne et d'externe prêtent à confusion. On peut dire que l'éducatif et l'analytique sont opposés, mais en même temps bord à bord. L'éducateur, comme l'analyste, intervient sur ces points de débordement, ce que Lacan, en empruntant au vocabulaire des matelassiers, nomme «points de capiton», où le refoulement fait effraction dans la réalité sociale. Si «le mot est le meurtre de la chose», si le langage est ce qui tient à distance la force aveugle et ravageante de la jouissance livrée à elle-même, il faut bien voir que, par moments, la Chose refait surface et qu'elle vient envahir le monde. C'est ce que nous avons repéré dans le passage à l'acte. La Chose, ou ses substituts, vient envahir et menacer l'ordre du monde, l'ordre des choses justement. La Chose est un concept développé par Freud dès 1895, dans un petit texte inachevé traduit en français sous le titre *Esquisse pour une psychologie scientifique*. Il semblerait, à en croire certains germanistes, qu'il faudrait traduire «brouillon» plutôt qu'«esquisse». Dans ce texte, Freud montre comment le petit d'homme naît, non seulement d'une séparation du corps de sa mère – ça c'est pas nouveau puisque tous les mammifères naissent ainsi –, mais il ne suffit pas d'être sorti du ventre de sa mère pour être né. Il faut, pour produire de l'humain, une seconde naissance, une naissance dans un corps de langage. Freud nous montre comment cette coupure fondamentale opère du côté de la mère et du côté du sujet. À partir de là, à partir d'une opération que Lacan désigne comme métaphore paternelle, soutenue par l'acte du père réel, le monde (le monde, *mundus* chez les latins, c'est l'ordre des choses, l'arrangement que produit une civilisation pour que les hommes tiennent ensemble), le monde donc se déploie sur le mode de la séparation.

Les deux morceaux de la mère (si je puis m'exprimer ainsi) sont *Das Ding*, la Chose, cette part d'ombre de la mère qui chute dans le refoulement; et *Nebenmensch*, le voisin, le prochain. L'opération de confrontation au langage produit la chute de la Chose. C'est dire que l'opération du refoulement n'est jamais achevée: tout acte de langage produit la Chose, c'est-à-dire met en jeu cette part qui manque à l'être pour être comblé. Le manque, moteur du désir, est produit en permanence par la parole, qui divise le sujet en la Chose qui chute d'un côté, et un signifiant de l'autre. Voyez, dans cette chose qui chute et échappe au sujet, le seul objet véritable, c'est-à-dire le seul objet que l'être humain ne peut cesser de chercher dans le monde et dans la rencontre des autres, et qui est à jamais et depuis toujours perdu. La mère est donc séparée en deux: la Chose d'un côté, ce qui manque à l'être pour être satisfait justement, qui constitue le fond increvable de la jouissance et qui refait surface de temps à autre quand les digues craquent, dans le passage à l'acte entre autres; et de l'autre, une femme, la femme du père, elle aussi pas toute, puisque soumise également à la séparation de la Chose. La mère, en désignant dans les mots l'objet de son désir, transmet du coup à son enfant qu'elle aussi est castrée, et que c'est de n'être pas toute qu'elle est humaine. La mère transmet à son enfant, prenant appui sur la métaphore paternelle, que l'humain pour vivre est «pas tout dans les choses». Évidemment, une fois franchi ce pas, la tentation est grande pour le petit d'homme de réaliser malgré tout, le tout, mais dans les mots. Je dirai notamment que c'est la pente de structure de ces êtres qui se rangent sous la catégorie «homme». Comme c'est aussi la pente de structure de ces autres êtres qui se définissent de la catégorie «femme» de rouvrir la question en pointant un second temps de la castration à savoir que si tout n'est pas dans les choses, tout n'est pas non plus dans les mots.

C'est pourquoi, depuis le temps qu'il y a sur terre des hommes et des femmes, ça ne colle jamais et c'est pas fait pour s'arranger. Toutes les tentatives pour reconstituer l'harmonie et l'égalité entre les sexes n'y changeront rien, au contraire. L'étymologie du mot sexe nous le rappelle: il a aussi donné en français des mots comme section, sécateur, sécante. Bref, la différence sexuelle est fondée d'une coupure radicale. Pour qui travaille avec des adolescents, cela donne des perspectives pour repérer à quel endroit précis va porter la coupure de l'acte. Il serait intéressant de tenir compte, dans le travail éducatif, de cette différence de régime dans la parole qu'inclut la différence des sexes.

Pour différencier les espaces analytiques et éducatifs, je vais emprunter à Jean-Michel Vappereau, auteur de nombreux travaux sur la topologie, quelques éléments de son étude sur les étoffes. Il existe, en topologie, une pratique pour distinguer deux espaces, que l'on appelle le pavage. Dans cette pratique, précise Jean-Michel Vappereau, il s'agit de «réaliser – au sens réel comme au sens symbolique – la fonction de bord».

Si espace analytique et espace éducatif sont distincts, ils sont cependant liés à des effets de bord. Comment le mettre en scène? La question est de taille puisque mon hypothèse est que c'est à l'endroit du bord qu'intervient l'acte éducatif, comme l'acte analytique. Si l'on prend deux étoffes de couleurs différentes pour représenter ces deux espaces, deux types de montage s'avèrent possibles.

Le premier consiste à coudre ensemble les deux morceaux en mettant du même côté les mêmes couleurs.

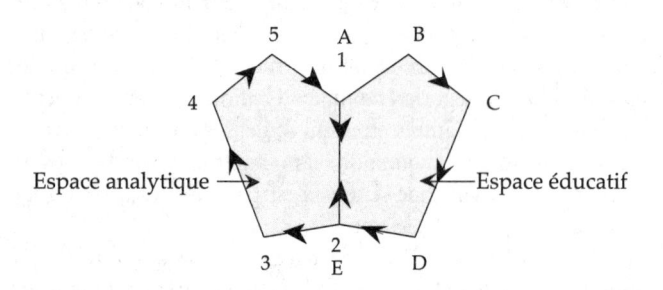

On constate dans ce schéma, si l'on vectorise les bords et les côtés des étoffes, que les courants circulent en sens contraire (de 1 à 5 et de A à E. Avec un point d'impact entre 1-2 et A-E. Ce point de choc empêche la constitution d'un bord). Ces deux espaces ne sont pas articulés, mais opposés. Il en va souvent ainsi entre l'espace analytique et l'espace éducatif: ils s'opposent, soit en se niant, soit en s'ignorant. Du coup, espace psychique et espace de la réalité sociale sont soit confondus, soit en opposition. Et les praticiens en viennent à perdre le repérage de leur place spécifique: tout est dans tout et réciproquement. Le cadre analytique ne peut contenir le travail sur le fantasme, il est parasité par l'irruption brusque de la réalité sociale; le cadre éducatif se retrouve encombré et ne peut travailler sur la structuration de la réalité sociale du sujet. En institution, c'est bien entendu souvent dans ces moments de confusion des places (voire de lutte des places) qu'apparaissent les passages à l'acte.

Mais un deuxième assemblage est possible. Il faut retourner une des étoffes, et les coudre dans le contraste, sans rien gommer. Cette figure montre alors une autre circulation possible des vecteurs. Chaque espace rencontre l'autre (2/E), construit un bord (2-1/E-A) et se sépare (1/A).

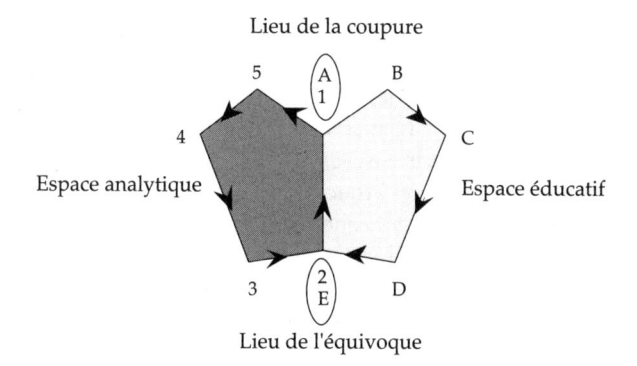

L'acte éducatif. Du passage à l'acte à l'acte de passage 225

```
                    Lieu de la coupure
              5        A    B
                       1
           4                     C
   Espace analytique             Espace éducatif

              3        2    D
                       E
                   Lieu de l'équivoque
```

Cela signifie que l'acte éducatif et l'acte analytique sont arc-boutés. Ils interviennent au même endroit de la structure, au point de nouage du sujet et de son inscription dans le social, c'est-à-dire son point d'ancrage dans le langage. Au même endroit mais de deux lieux différents. À quel endroit précis s'inscrit l'acte de l'analyste ou de l'éducateur? Jacques Lacan nous a appris que l'acte qui a pour effet une coupure s'introduit à l'endroit de l'équivoque du signifiant. C'est d'ailleurs la seule réalité à laquelle nous ayons accès les uns et les autres. Si, comme l'énonce Lacan, « le signifiant représente un sujet pour un autre signifiant », c'est bien à cet endroit et dans cette matière que l'intervention s'avère possible. Ce que vise l'interprétation, c'est cette coupure qui va reconstituer les deux espaces comme disjoints et en même temps bord à bord. Un sujet n'est pas en miettes, mais il est à la fois divisé et lié. « Coupure-lien », disait justement Daniel Sibony.

Prenons un exemple. Dans un internat, un éducateur prend le petit déjeuner avec un jeune. Ce matin-là, ça ne va pas. Antoine, qui est inscrit comme apprenti dans une casse de voitures, est pâle ; il traîne, et comme l'éducateur le questionne, il explose : « Je ne veux plus aller à la casse. » Son père fait des casses de banque et est en taule actuellement ; son oncle a une casse de voitures. Ce que dit ce jeune, c'est l'impossibilité de soutenir dans la réalité un apprentissage alors qu'il est cassé et brisé par son histoire. Il ne veut plus aller à sa destruction. On voit poindre ici dans le signifiant la confusion. La casse de l'être d'un côté, la souffrance ; et la casse de voitures de l'autre. L'éducateur n'a pas cédé. Au contraire. Il a accompagné Antoine chez le casseur, l'a soutenu, tout en lui faisant comprendre qu'il avait bien entendu quelle autre casse était aussi en jeu. Quelques jours plus tard, Antoine est venu trouver l'éducateur et lui a demandé, comme il voyait chaque semaine les éducateurs se réunir avec un psychanalyste pour une supervision, si, lui aussi, ne pourrait pas aller lui parler de ce qui était cassé en lui. L'éducateur a accompagné Antoine là aussi chez le psychanalyste en précisant que la suite lui appartenait.

Effet de bord et division sont les deux piliers manifestes de cet exemple. C'est parce que l'éducateur entend l'appel du jeune, mais y répond du lieu de son espace, que l'autre espace s'ouvre, j'allais dire naturellement. Peut-être pas si naturellement, parce qu'il s'agit bien, de la part d'un éducateur, d'un acte qui sépare et distingue, et permet d'apaiser le sujet qui trouve alors les lieux différenciés pour travailler ce qui le travaille. Ceci a été rendu possible parce que cet éducateur avait fait tout un chemin personnel et professionnel, tout un chemin où la division du sujet se mettant en place de façon un peu plus claire pour lui, il pouvait de fait la transmettre au quotidien à un autre. Malheureusement, les éducateurs ont trop souvent tendance à occuper les deux espaces. Imaginons que ce jour-là, l'éducateur ait plaint ce jeune, au point de lui faire faire l'économie d'aller à son travail, ou qu'il ait joué le psy en lui disant qu'il entendait bien qu'il s'agissait d'une autre casse, et qu'il se soit engagé dans un dialogue… Cela se produit souvent et empêche à la fois la division et les effets de bord d'opérer. Les jeunes sont alors projetés dans un espace de la confusion, où il leur reste à passer à l'acte, c'est-à-dire à mettre en scène ce que produit en eux cette confusion, pour tirer la sonnette d'alarme.

La topologie nous permet maintenant de répondre à la question : quelle est la nature de l'acte ? La bande de Möbius est un des outils pour le faire apparaître de façon manifeste.

L'acte éducatif. Du passage à l'acte à l'acte de passage

Soit le même exemple. On voit bien, dans le retournement d'un ruban bilatéral pour construire une bande de Möbius, qui offre alors la particularité de n'avoir plus qu'un seul côté, que cet espace est un espace de confusion (1). Il faut que la bande soit refendue longitudinalement pour retrouver deux faces (2). La coupure intervient alors aussi à l'endroit du signifiant. Elle passe entre « la casse » de la réalité psychique et la « casse » de la réalité sociale. C'est l'acte éducatif qui vient reconstituer, comme distinct et lié, ce que le passage à l'acte jetait en pleine confusion. À partir de là, la bande de Möbius peut se reconstituer et être recoupée sans fin. Elle aboutit alors à la construction d'une bande à double torsion, qui enserre un trou, le trou laissé ouvert de l'espace analytique (3). Cette « monstration » met en évidence que l'acte éducatif est en deux temps : un temps pour rétablir les espaces ; un temps pour faire bord à l'inconscient. Mon amie Jeanne Granon-Lafont précise que « l'espace ainsi délimité autour de la bande de Möbius, interrogé dans la cure de l'intérieur, devient interrogé par [l'éducateur] de l'extérieur. Ce trou délimite pour [l'éducateur] deux bords, celui de l'objet et celui de l'extérieur, de la loi de la collectivité où chacun a à trouver sa place. On retrouverait toujours cet effet de doublement de l'intervention, conscient et inconscient ».

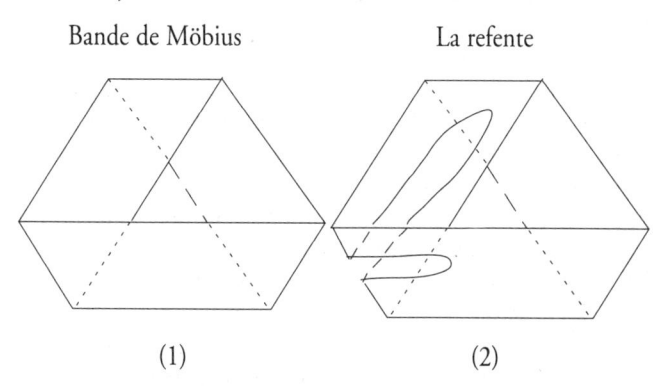

Bande de Möbius   La refente

(1)   (2)

Entre ces deux bords, la bande de Möbius
se profile en quelque sorte en creux

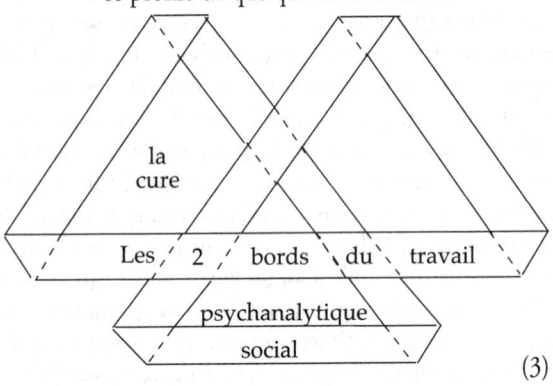

```
            la
           cure
      Les / 2 / bords \ du \ travail
            psychanalytique
               social
```
(3)

J'en arrive à ma conclusion.

L'acte, qui est une coupure symbolique, ne peut être produit que dans le transfert. C'est sans doute le seul sens acceptable de l'adage « qui aime bien, châtie bien ». (Je ne vais pas travailler ici la question du transfert dans la relation éducative. Je renvoie à mon ouvrage paru chez Dunod.)

D'autre part, pour être constitué, l'acte demande l'élaboration de l'après-coup, donc il exige de l'éducateur de se couper, de se castrer de sa propre satisfaction. Les autres ne sont pas là pour le faire jouir. D'où la nécessité impérative d'ateliers cliniques, où il s'agit non seulement de rendre compte de ce qu'on a fait, mais surtout de produire un acte, au sens où un acte n'apparaît que forgé, formé dans le langage. L'acte éducatif, pour s'inscrire en tant que tel, doit être soumis à un processus de formation. En plagiant Lacan, je dirai qu'il n'y a pas de formation de l'éducateur, il n'y a que des formations de l'inconscient : c'est dans la confrontation à son propre désir, en éclaircissant ce qu'il veut à ces autres dont il a la charge, que l'éducateur peut et doit désencombrer l'espace pour les rencontrer. Si l'on fait l'hypothèse, comme je le soutiens, que l'inconscient est en jeu non seulement chez tout être humain, mais aussi entre humains, c'est en se soumettant lui-même à l'opération de coupure qu'opère la parole, que l'éducateur construit l'espace où son acte peut advenir. Autrement dit, l'acte éducatif est un acte qui s'engage avant tout du côté de l'éducateur. Et si ça résiste, c'est d'abord du côté de l'éducateur qu'il faut travailler ces résistances. Cet acte est aujourd'hui rendu très difficile dans un contexte où l'injonction au bonheur se généralise dans la consommation des objets. Le désir devrait trouver immédiatement le bon objet pour se satisfaire, telle est la loi du marché. Or comme l'a montré Freud, le désir ne peut être satisfait, sauf à entraîner le sujet dans la mort. L'objet du bonheur n'existe pas, si ce n'est en creux, en négatif, en moins. Cet objet, non seulement comme le laisse entendre Luis Buñuel dans le titre d'un de ses films, est «obscur», mais c'est le seul et unique objet du désir, ce qui le met en mouvement ; et précisément, cet objet est depuis toujours et à jamais constitué comme perdu. Même si la pente de la jouissance conduit l'être humain à toujours s'engager sur la pente de la pulsion qui, comme la source de montagne, cherche son plus court chemin pour rejoindre la mer(e), c'est ce penchant inéduquable qui fait de l'homme un être inapte au bonheur. Il y a toujours en lui une petite mécanique que Freud, dès les années vingt, épingle sous l'appellation de «pulsion de mort» qui fait irruption. C'est le prix à payer du fait d'être parlant pour entrer en humanité.

Les éducateurs en position de relais de ce bonheur sur commande sont sommés de faire le bien de ces gens pour lesquels la vie ou la société ont failli, ces gens qui présentent à la face du monde l'incomplétude insupportable de l'être humain. C'est pourquoi on les dit exclus. On ne veut pas les voir, on ne peut plus les encadrer. Cette place à laquelle le corps social assigne à résidence les éducateurs en les sommant de faire le bonheur de tous, est intenable. Intenable parce que de structure, le sujet ne peut être comblé. Alors la seule voie qu'il reste à l'acte éducatif dans ce contexte, c'est de transmettre dans les gestes quotidiens, dans le partage, dans la rencontre, ce savoir sur la vie, à savoir qu'elle nous échappe. L'acte éducatif ne consisterait-il pas alors à «donner ce qu'on n'a pas»? C'est aussi ce que Lacan disait de l'amour!

Une petite histoire, tirée du roman de Pascal Quignard, nous permettra de mettre en scène ce qu'il en est de cette transmission, que dans un article j'ai appelée «transmission d'impossible[4]». On trouve cette scène dans le roman intitulé *Tous les matins du monde* qui servira de point d'appui à un très beau film du même nom réalisé par Alain Corneau. Monsieur de Sainte-Colombe est un maître de la viole de gambe au XVIIe siècle. Sa femme vient de mourir. Il s'est retiré à la campagne, pas très loin de Paris. Il y vit reclus, dans un vieux château menaçant ruine, avec ses deux filles. Il a adopté la manière de penser et les mœurs des jansénistes. Il est dur. Dur avec lui-même et avec ses filles. Il a fait construire dans son jardin une cabane en bois où il passe la plupart de ses nuits. Il joue de la viole et ourle autour de la disparition de sa femme les volutes d'une musique de plus en plus élaborée.

C'est dans cette ambiance que surgit le jeune Marin Marais qui vient demander des leçons de musique au vieux maître. Celui-ci l'enverrait paître si l'une de ses filles ne s'interposait pour le supplier d'écouter ce que sait faire le jeune homme. Marin Marais, malgré son jeune âge, est déjà en pleine possession de ses moyens. À vingt ans, il joue à la cour au côté de Lully. Il donne à entendre une de ses «Improvisations pour les folies d'Espagne». C'est très beau, très maîtrisé, et en même temps teinté d'émotion. Monsieur de Sainte-Colombe le toise de haut et l'apostrophe :
– Je ne pense pas que je vais vous admettre au nombre de mes élèves.
– Mais dites-moi au moins pourquoi, demande Marin Marais.
– Vous faites de la musique, Monsieur, vous n'êtes pas musicien.

Ce que transmet ainsi Sainte-Colombe dès cette première rencontre, c'est le manque à être. Il y a quelque chose du côté de l'être qui manque, c'est ce que doit viser le musicien, à partir de son art. La suite de l'histoire montre que c'est à partir de ce manque pointé que Marin Marais va construire toute sa recherche qui le mènera aux sommets comme premier musicien du roi. Il travaille d'arrache-pied, essaye même de voler son secret à Sainte-Colombe en lui dérobant des partitions ou en se glissant sous la cabane, pour saisir des miettes de son savoir-faire. Il tente en vain de répondre à cette question que la parole de Sainte-Colombe a plantée dans son esprit et dans son âme, comme un dard : « Qu'est-ce qu'être musicien ? »

Plus ça va, plus il s'aigrit et plus le savoir secret du maître lui échappe. La liaison d'amour avec une des filles de Sainte-Colombe tourne mal. Celle-ci se donne la mort en se pendant. Sans doute n'y a-t-il pas de place dans le cœur du jeune homme pour autre que soi. Il est empli de soi, imbu comme on dit. C'est à partir du moi qu'il tente de résoudre l'énigme. Il ne comprend pas que le secret ne gît pas dans l'art musical. La musique n'est que le moyen, le chemin de la recherche. Le secret est dans la rencontre avec l'autre, le tout autre que soi, ce qui nous constitue comme pas tout.

Au soir de sa vie, aigri et empoudré, il va rôder une ultime fois jusqu'à la cabane du maître. Celui-ci l'invite à entrer. Alors qu'est-ce être musicien ? Marin Marais passe en revue ses grandes connaissances, ses découvertes que Sainte-Colombe balaie d'un revers de manche. Lui reviennent alors des souvenirs d'enfance : le son rythmé du marteau de son père savetier, sur l'enclume. Sainte-Colombe insiste. Au bout du compte, il ne reste plus rien, que le vide et le désespoir de Marin Marais. Sa maîtrise sur la vie et la musique s'est effondrée. Il reste un homme désemparé devant l'énigme de sa propre vie. Alors il n'y a plus de maître ni d'élève. Mais deux hommes irrémédiablement seuls. Et c'est ce qu'ils vont partager dans un ultime morceau de création musicale, une pièce de viole de Sainte-Colombe intitulée « Les pleurs ». À la mort de son maître, Marin Marais lui rendra hommage dans un « Tombeau pour Monsieur de Sainte-Colombe » où il fait résonner toutes les palettes de son art.

BIBLIOGRAPHIE

AÏCHHORN, A. 1973. *Jeunesse à l'abandon.* Toulouse, Privat. Réédition : *Jeunes en souffrance*, Nîmes, Champ social, 2000.
DOLTO, F. 1971. *Psychanalyse et pédiatrie.* Paris, Le Seuil.

FREUD, S. 1956. « Esquisse d'une psychologie scientifique », dans *Naissance de la psychanalyse*. Paris, PUF.
FREUD, S. 1968. *Métapsychologie*. Paris, Gallimard.
FREUD, S. 1983. *Introduction à la psychanalyse*. Paris, P.B. Payot.
FREUD, S. 1987. *L'interprétation des rêves*. Paris, PUF.
GRANON-LAFONT, J. 1990. *Topologie lacanienne et clinique analytique*. Coll. « Point hors ligne », Toulouse, érès.
LACAN, J. 1975. *Séminaire XX. Encore*. Paris, Le Seuil.
LACAN, J. *Séminaire X. L'angoisse*. Inédit.
LACAN, J. *Séminaire XV. L'acte psychanalytique*. Inédit.
ROQUEFORT, D. 1995. *Le rôle de l'éducateur. Éducation et psychanalyse*. Paris, L'Harmattan.
ROUZEL, J. 1995. *Parole d'éduc. Éducateur spécialisé au quotidien*. Toulouse, érès.
ROUZEL, J. 1997. *Le travail d'éducateur spécialisé. Éthique et pratique*. Paris, Dunod.
ROUZEL, J. 1998. *Le quotidien dans les pratiques sociales*. Théétète.
SIBONY, D. 1989. *Entre dire et faire. Penser la technique*. Paris, Grasset.
SIBONY, D. 1991. *Entre deux. L'origine en partage*. Paris, Le Seuil.
VAPPEREAU, J.-M. *Étoffe*. Éditions Topologie en extension.

NOTES

1. Voir G. Pommier, *L'amour à l'envers. Essai sur le transfert en psychanalyse*, Paris, PUF, 1995.
2. Voir D. Roquefort, *Le rôle de l'éducateur. Éducation et psychanalyse*, Paris, L'Harmattan, 1995.
3. Voir « Psychanalyse et éducation » dans mon ouvrage *Parole d'éduc*, Toulouse, érès, 1995, p. 107-118.
4. Voir plus loin : « Faire la passe… »

Qu'est-ce qu'un père ?

L'ACTE ÉDUCATIF PREND APPUI SUR LA « MÉTAPHORE PATERNELLE »

Dans la théorie analytique, le père est avant tout une fonction qui entre en action dans la structuration du sujet. C'est un opérateur logique issu comme conséquence de la dialectique œdipienne. Cette fonction est supportée bien évidemment par des êtres humains, au-delà de la détermination biologique des sexes.

La question du père est issue des grands textes freudiens, comme *Totem et tabou*, qui pose comme fondateur de toute socioculture l'interdit de l'inceste, à partir du mythe du père de la « horde primitive ». Ce concept fondateur de la théorie et de la pratique analytiques a été revisité et complété par Jacques Lacan tout au long de son œuvre, sous l'aspect de la métaphore paternelle. Nous développerons la spécificité de cette approche de la fonction paternelle, comme nous y invite Lacan, à partir des catégories du réel, de l'imaginaire et du symbolique.

Si la fonction maternelle enracine le sujet dans l'ordre du désir, la fonction paternelle lui donne son lieu d'inscription à l'enseigne de la loi. Loi qui s'inscrit avant tout, chez tout être humain, comme loi de parole et de langage. Le père agit comme agent d'insertion du sujet dans la culture. C'est un point auquel les éducateurs doivent prêter attention, puisqu'on leur assigne justement la tâche d'insérer dans l'espace social des personnes en souffrance et en difficulté. Mais il est vrai à partir d'une représentation de l'insertion qui rabat l'humain, être de désir, sur la dimension du besoin. Or c'est parce qu'un sujet trouve son fondement à s'insérer dans les échanges sociaux, à partir de l'opération paternelle, que toute autre forme, qu'elle soit sociale, économique, professionnelle, culturelle, peut trouver son point de jaillissement. L'insertion et la socialisation se font avant tout dans la parole et le langage. C'est cette opération d'humanisation que garantit la fonction paternelle.

Nous parlerons aussi des échecs de la fonction paternelle, dont la manifestation la plus flagrante est à la racine de la psychose, comme forclusion du Nom-du-Père, mais aussi de troubles graves de la relation aux autres.

C'est le plus souvent dans ce défaut de la fonction paternelle que les éducateurs ont à intervenir, non au titre de substitut comme on le dit souvent, mais au titre de support de la fonction, à partir des gestes de la vie quotidienne. C'est de ce point de rencontre qu'ils tirent une autorité et qu'ils peuvent s'autoriser, non pas à faire la loi, comme se l'imaginent certains, mais à en garantir l'exercice. Si les éducateurs peuvent être décrits comme représentants et garants de la loi qui institue les échanges sociaux, c'est à prendre leurs marques dans la fonction paternelle et ses conséquences qu'ils peuvent en tirer une légitimité.

La difficulté à exercer ce métier, dans ce moment de la socioculture que nous traversons, tient au fait qu'elle s'est construite justement sur le déclin du père. Déclin que Lacan, dès 1938, à la fin d'un travail consacré aux *Complexes familiaux*, dénonçait déjà, en en redoutant les retombées funestes. L'histoire a malheureusement confirmé la justesse de ses déductions. À lâcher sur le père, il faut s'attendre au pire!

Sybille Lacan est une des filles du psychanalyste Jacques Lacan. Celui-ci s'est marié avec Marie-Louise Blondin en 1934. Avec elle, il a eu trois enfants: Caroline, Thibault et Sybille. Ce mariage a été dissous en 1941. Mais depuis longtemps, Lacan vivait avec une autre femme, Sylvia Makles, ex-femme de l'écrivain Georges Bataille. De ce second mariage sont nées Laurence

Qu'est-ce qu'un père?

et Judith, qui a épousé Jacques Alain-Miller, psychanalyste et héritier spirituel de l'œuvre de Lacan. Sybille Lacan a écrit un témoignage tout à fait touchant sur son père: *Un père*. Au-delà de son propre père, c'est la question universelle qu'elle vient poser. Dans une petite scène de chamaillerie entre son frère et elle-même, reléguée le plus souvent dans l'espace familial à la place de souffre-douleur, son père intervient pour poser une limite, une séparation.

«Et si un père servait d'abord à cela: à rendre la justice?» se demande alors Sybille Lacan. Cette question résonne parce qu'elle situe d'emblée le père à l'enseigne d'une double fonction: appliquer la loi et séparer les êtres entre eux, mère et enfant, frère et sœur… C'est ce double mouvement de représentant de la loi et de séparateur que je développerai.

Évidemment, on ne peut pas poser la question du père sans du même coup se demander: «Qu'est-ce qu'une mère?» Les deux positions, dont nous verrons qu'il s'agit avant tout de deux fonctions, doivent être articulées pour être comprises.

Rappelons d'emblée cette évidence: une mère c'est d'abord une femme. Encore qu'on puisse parfois en douter. Avec les avancées de la science, notamment dans les manipulations génétiques, on peut se demander si une mère ne sera plus qu'un ovule prélevé sur un corps de femme. Cela voudrait-il dire que la mère puisse se réduire à un ovule, et le père à un spermatozoïde? C'est en tout cas ce que les sirènes scientistes de la biologie tentent de nous faire croire. Mais la question n'est pas si simple. Elle vient buter sur la culture par le biais de la justice. D'où toutes ces histoires une fois que la biologie a fait son ouvrage. Par exemple celle-ci: peut-on produire un embryon à partir d'un ovule et d'un sperme anonymes? Que se passe-t-il si la productrice d'ovule et le producteur de sperme meurent? Qui est le père? Qui est la mère? etc. L'autre point qui vient faire entrave à l'avancée triomphante de la génétique faustienne, qui vise à réduire la mère et le père à des sécrétions corporelles, c'est le langage. En français, c'est flagrant. Il y a des mots différents pour distinguer la génitrice et la mère, le géniteur et le père. Donc finalement, quel que soit le mode de reproduction des enfants, ça ne change rien à l'affaire : une fois qu'un enfant est là, se pose de toute façon la double question : qu'est-ce qu'un père ? Qu'est-ce qu'une mère ?

Détours par l'ethnologie

Le père, donc, n'est pas le géniteur. Le père, nous allons le voir, n'est même pas définissable par la biologie des organes génitaux. Je m'appuierai ici sur les travaux divers de Françoise Héritier-Augé. On peut lire notamment un excellent article dans l'*Encyclopédie Universalis*, qui reprend l'ensemble de son œuvre, à la rubrique «Famille» (Les sociétés humaines et la famille). On s'aperçoit, à parcourir ces travaux, que dans certaines cultures, le père n'est pas un homme. Plusieurs exemples nous le montrent.

Chez les Nuers, un peuple du Soudan, il existe un mariage entre femmes. C'est un peuple patrilinéaire, c'est-à-dire que la reconnaissance de la filiation, notamment par la transmission du nom, passe par les hommes. Mais les filles ne sont pas reconnues comme appartenant à part entière au groupe paternel, sauf si elles sont stériles. Ce dont on se rend compte évidemment après plusieurs années de mariage. Dans ce cas, elles font partie de leur lignage paternel d'origine, et sont considérées comme des hommes. La femme stérile, devenue homme, prend alors la position d'un oncle paternel par rapport à ses nièces, les filles de ses sœurs, et à ce titre, c'est à elle que l'on remet la dot amenée par le prétendant au mariage. Avec ce capital, elle peut alors acquitter le prix d'une dot pour une fiancée. Et quand tout se passe bien, elle en vient à épouser une jeune fille de son choix, selon les rites officiels du mariage en vigueur chez les Nuers. Une fois mariée, elle choisit un géniteur, un reproducteur si l'on veut, pour sa femme. Généralement son choix se porte sur un étranger, de condition misérable, le plus souvent un Dinka, un membre d'une autre communauté. Celui-ci cohabite avec elle et a pour fonction de reproduire des enfants. C'est en fait un serviteur de cette femme-père. Les enfants qui naissent de cette union sont ses enfants et ils l'appellent «père». Elle leur transmet son nom et ses biens. Sa femme parle d'elle comme son mari : elle lui doit respect et obéissance, et elle la sert comme on sert dans cette société un mari. La femme-père administre le foyer et le bétail, elle répartit les tâches domestiques et veille à leur bonne exécution. Et elle fournit à ses fils le bétail nécessaire pour constituer une dot lors du mariage. Au titre de père, quand ses filles se marient, elle reçoit alors le bétail de leur dot, et remet au géniteur une vache, qui est le prix à payer pour l'engendrement. Le géniteur, qui est une sorte d'esclave sexuel-étalon, ne joue pas d'autre rôle que celui de la reproduction. Il ne bénéficie d'aucun avantage matériel, moral ou affectif, lié à une position de mari et de père. Bien entendu, ce type de mariage entre femmes advient du fait de la stérilité.

Autre exemple : chez les Yoruba du Nigeria, c'est une femme riche, une commerçante, et non plus une femme stérile comme chez les Nuers, qui peut légitimement épouser une autre femme. Elle a, de la même façon, des enfants en employant les services d'un géniteur. En fait, la raison de cette union est double. D'abord, elle s'assure une descendance, donc établit un pouvoir de représentation. Et d'autre part, comme elle peut épouser plusieurs jeunes filles, elle dispose pour ses affaires de représentants de commerce efficaces. Ces jeunes épousées peuvent se mettre en ménage avec l'homme de leur choix. Mais celui-ci, évidemment, n'est pas un mari. Lorsque des enfants naissent, et qu'ils atteignent cinq ou six ans, la femme-père se présente au domicile des géniteurs de ses différentes femmes et leur réclame ses enfants et son épouse. Parfois, l'homme qui est le dindon de la farce, puisque personne ne lui a rien dit, propose une somme d'argent ou une compensation pour garder au moins ses enfants.

Troisième exemple. Il existe, dans certaines sociétés, des mariages fantômes. Toujours chez les Nuers, ce type d'alliance concerne un mort sans descendance. Se constitue une famille dont les membres sont : le mort, qui est le mari légal, la femme épousée au nom du mort par l'un de ses parents, le mari d'emprunt, et les enfants qui naissent, qui deviennent alors les enfants légaux du père mort. Ces enfants sont socialement et légalement les enfants du mort, puisque le partenaire sexuel de la femme a prélevé sur le bétail du défunt le montant de la dot qu'il a versée en son nom. Un homme peut ainsi épouser des femmes au nom d'un oncle paternel, d'un frère, mais aussi d'une sœur stérile morte sans enfant. La veuve d'un homme mort sans enfant, si elle-même ne peut plus avoir d'enfant, parce qu'elle est trop vieille, peut épouser, comme nous l'avons vu, une femme au nom de son mari. Mais dans ce cas, il y a une variante : le père c'est son mari mort et non pas elle-même.

L'exemple des mariages polyandriques va nous permettre d'avancer un peu plus dans la distinction du père et du géniteur. Ainsi chez les Tibétains, où se pratique ce type de mariage, lorsque l'aîné de plusieurs frères épouse une femme, celle-ci épouse successivement, à intervalles rituellement fixés, généralement au bout d'un an, chacun des frères de son mari. Les hommes, dans cette société montagnarde, pratiquent le commerce au long cours. Ils partent pour des expéditions d'une durée telle qu'ils s'arrangent pour qu'il n'y ait jamais plus d'un mari à la maison en même temps. Les enfants qui naissent sont attribués à l'aîné. Ils le nomment « père », et appellent les autres géniteurs du nom d'oncles. En fait, les frères coépoux sont considérés comme formant une seule chair. Ils forment un seul corps, non pas physiquement, mais socialement et sexuellement parlant. La propriété familiale, gérée par l'épouse commune qui règne en maîtresse dans son foyer, est toujours transmise collectivement aux fils.

On pourrait multiplier de tels exemples. L'ethnologie en conserve tout un stock. Que nous montrent de tels arrangements ?

1. Il existe un peu partout, évidemment avec des configurations différentes, *une structure familiale*. En effet, la famille est une donnée universelle. La famille *remplit des fonctions* partout reconnues :

– c'est une unité économique de production et de consommation ;
– c'est le lieu privilégié de l'exercice de la sexualité entre partenaires autorisés ;
– c'est le lieu de la reproduction biologique ;
– c'est le lieu de l'élevage et de la socialisation des enfants.

D'autre part, la famille *obéit à des lois* :
– l'existence d'un statut matrimonial légal, reconnu par l'ensemble de la communauté, autorise l'exercice de la sexualité entre deux des membres de la famille au moins ;
– il existe dans toutes les cultures une prohibition de l'inceste, c'est-à-dire que les partenaires autorisés ne sont jamais les consanguins, sauf exception, comme dans les mariages des pharaons, ou bien ceux de certains rois africains. Mais même dans ces cas, c'est l'exception qui confirme et fonde la règle. Qu'il y en ait un qui n'y soit pas soumis, parce qu'il échappe au monde des hommes et appartient au monde des dieux, implique que l'ensemble de la communauté s'y soumette.

Enfin la famille a une dernière fonction : elle répartit la division du travail selon les sexes.

Dans son étude sur *Les structures élémentaires de la parenté*, Claude Lévi-Strauss montre que la prohibition de l'inceste répond à deux fonctions : l'obligation de l'exogamie, qui consiste à contracter mariage hors de la famille, voire de la communauté d'origine ; l'obligation de contracter des alliances avec d'autres familles et d'autres communautés. Comme il le résume plaisamment, « on se marie pour avoir des beaux-frères ».

2. Le père peut ne pas être un homme, il peut être mort, et il peut même habiter plusieurs corps.

On ne peut qu'en déduire que la paternité est avant tout une fonction symbolique. C'est ce que je vais maintenant montrer à partir de l'enseignement de la psychanalyse, dans la lignée de Sigmund Freud et Jacques Lacan. La fonction paternelle, quel qu'en soit l'agent, est, dans toute société, ce qui garantit le lien social, fondé sur cette évidence que l'homme, identique à l'animal sur le plan biologique, s'en sépare radicalement du fait d'être appareillé au langage, à partir d'un interdit fondateur: l'interdit de l'inceste.

Approche psychanalytique

Nous allons approcher la question paternelle à partir de deux éléments fondamentaux : l'œdipe et l'interdit de l'inceste ; la fonction symbolique.

La fonction paternelle opère en position de tiers et de médiateur, entre la mère et l'enfant. Le père, c'est ce qui se positionne dans la parole, entre la génitrice et son enfant, faisant d'elle une mère et du petit mammifère qui est issu de leur union, un petit d'homme. Il ne suffit pas cependant d'être sorti du ventre de sa mère pour être né. Il y faut une deuxième naissance, et c'est alors le père qui en est l'accoucheur, une deuxième naissance qui fait advenir l'enfant dans l'ordre de ce qui relie les humains entre eux : le langage. Voilà pourquoi le père est une production du langage. Il n'y a pas de père chez les animaux. Le père est celui qui interdit, qui dit entre. Pour occuper cette place, il faut bien que le dire, donc la parole et le langage existent. D'autre part, le père fait coupure entre mère et enfant, et nous le verrons, à l'intérieur de l'enfant lui-même. En effet, l'enfant est habité par des morceaux de sa mère si l'on peut dire. Ainsi le sein fait partie de l'enfant. La parole d'interdit du père vient faire coupure à un moment entre le sein, objet de jouissance, et lui-même, c'est ce qui se passe au moment du sevrage. Bien sûr, on constate qu'il reste quelques petits bouts de cette jouissance : certains tètent rageusement leur clope, tandis que d'autres suçotent des bonbons...

Une remarque s'impose à ce stade du développement. Pour plus de détails, je renvoie au chapitre de mon livre intitulé « Le triangle des familles » dans *Parole d'éduc*, paru en 1995 chez érès. En fait, au niveau culturel, cette position de tiers médiateur est largement annoncée par toute une série de représentations ou de pratiques.

Le père, comme fonction tierce, est déjà en germe, si j'ose dire, dans le placenta. Le fœtus n'est pas fusionné avec l'utérus maternel, contrairement à ce que pensent ou fantasment certains. Le placenta a une fonction d'interface entre eux. Ceci a donné naissance à toute une série de pratiques culturelles. Je pense ainsi à un rituel, sans doute disparu aujourd'hui, en Bretagne, où l'en enterrait le placenta, et au-dessus on plantait un arbre. L'enfant pouvait alors dire: «C'est l'arbre de ma naissance.» L'arbre restait comme symbole vivant et dressé, qu'entre mère et enfant, il y a une autre dimension, celle du phallus, qui est l'outil par lequel opère le père. Une autre observation nous met sur la piste de ce pré-père, dans ces représentations culturelles de la naissance, qui annoncent la fonction paternelle. Peut-être d'ailleurs font-elles plus que l'annoncer: du fait d'être un être parlant, l'homme, même avant la naissance, est pris dans l'ordre du langage. Il y a donc du père bien avant la naissance, puisque le père est le fondement de la culture. Une équipe de chercheurs a pu observer que le fœtus était plus sensible aux voix graves qu'aux voix aiguës. Il perçoit alors que, près de sa mère, vit un troisième être dont lui parvient la voix. Bernard This, psychanalyste et auteur d'un très beau livre sur la fonction paternelle, intitulé *Le père, acte de naissance*, en fait le commentaire suivant: «Entre le vécu dans le liquide amniotique et le vécu à l'air libre, la voix du père sert de référence transitionnelle sécurisante.» On pourrait encore trouver beaucoup d'autres exemples similaires. Ils ont tous en commun de montrer que l'être humain, avant sa naissance, est pris dans un tissu langagier et donc habité et structuré par des effets de triangulation.

Essayons maintenant de centrer la question du père sur ce qui en constitue le noyau dur, si l'on peut dire. Le père est un opérateur qui introduit l'enfant à la fonction symbolique. Pour le montrer, je m'appuierai une fois de plus sur une illustration célèbre dans la culture éducative, dont malheureusement le plus souvent on ne connaît ni l'origine, ni la signification. Le *fort-da* est un petit texte de trois pages, extrait des *Essais de psychanalyse* de Freud, au chapitre «Au-delà du principe de plaisir». Freud, dans le début du chapitre, se pose la question de la fonction de la répétition dans la névrose traumatique. Il écrit ce texte en 1920, après la Première Guerre mondiale. Il se demande pourquoi des soldats de retour du front font, des années plus tard, toutes les nuits, le même cauchemar. Si le rêve naît de la réalisation fantasmatique d'un désir, quel est donc ce désir obscur à l'origine du même rêve traumatisant ? Il laisse la question en suspens, et aborde les choses par un autre biais, celui du jeu des enfants, où la répétition est aussi à l'œuvre. Qui n'a pas vu un enfant répéter pendant des heures et des jours le même geste ? Freud poursuit ainsi sa réflexion pour comprendre « le mode de travail de l'appareil psychique ».

Le texte du fort-da se compose de deux parties : une observation et une interprétation. Une observation : l'enfant, lorsque sa mère est absente, joue à faire disparaître dans son lit une bobine au bout d'un fil, ou bien devant un miroir, sa propre image. À chaque fois que la bobine ou l'image disparaît, il profère un « ooo » ; quand elles réapparaissent, c'est avec un « da » qu'il les accueille. Une interprétation de Freud : l'enfant se dédommage de l'absence de sa mère.

Que peut-on retirer d'une telle lecture en ce qui concerne notre question sur le père ? *A priori*, il n'est pas question du père dans toute cette histoire. Et pourtant, si l'on y regarde à deux fois, on s'aperçoit que le père est entièrement présent dans sa dimension symbolique. Il est là : il suffit de dégager la structure que met en marche ce petit texte, dans une place d'opérateur. Le père n'a pas besoin d'être physiquement présent. C'est celui qui (ou peut-être ce qui) a introduit l'enfant à cette structure symbolique à partir d'un interdit.

On voit bien que ce qui opère, c'est une fonction discriminante. Cette fonction à la racine du symbolique est ce qui permet de séparer la mère et l'enfant, mais aussi l'enfant à l'intérieur de soi, à partir de la mise en scène de représentants de cette différenciation. La bobine, l'image et les sons émis viennent permettre à l'enfant de représenter, quand elle n'est pas là, l'absence et la présence de sa mère. Elle l'inscrit dans la capacité, non seulement de vivre la séparation avec sa mère, mais aussi d'en jouer, en un jeu sérieux, puisqu'il est le point de départ d'une série de substitutions dans le langage, du premier attachement à la mère. En fait, nous dit la psychanalyse, le seul objet d'amour de tout être humain, c'est la mère, la mère en tant qu'objet présent dans l'enfant, mais présent dans une absence éternelle, absolue. Cet objet d'amour, l'enfant en est à jamais castré. C'est ce qui va le pousser à rechercher sans cesse une retrouvaille, nous dit Freud, avec cet objet. Ces retrouvailles impossibles, c'est en s'engageant dans la culture, c'est-à-dire le langage et les échanges interhumains, qu'il les vivra. On voit bien que l'opération paternelle sépare l'enfant de la mère et des objets maternels qui l'habitent, et l'introduit à la dimension du désir. C'est cette opération inaugurale que Freud appellera le refoulement originaire. C'est parce qu'il est séparé que l'enfant naît au désir. Désir évidemment dont l'objet est inatteignable et à jamais perdu, puisque l'enfant, né dans l'univers des êtres parlants, n'a même jamais possédé cet objet maternel, source nostalgique d'une toute-puissance qui n'a jamais existé. Le désir naît d'un manque permanent. Un manque absolu, un manque-à-être, précise Lacan. L'être humain est un être manquant. Si l'homme parle, c'est parce que la parole l'a fait homme : c'est cela que met en œuvre la fonction paternelle. Mais du coup, l'être humain est un être perpétuellement en manque, donc en recherche permanente d'un objet inatteignable. C'est la quête du Saint-Graal. Cette recherche incessante, à travers les aléas de la vie de tous les jours, c'est ce qui fonde un être de désir.

De cette façon, on voit bien la dialectique en marche dans la confrontation de la fonction maternelle avec la fonction paternelle. Si la mère, dans sa fonction, transmet à son enfant cette charge de désir, en occupant mythiquement la place d'un objet tout, le père vient frapper cet objet de l'interdit. L'interdit de l'inceste s'adresse aux deux protagonistes que sont la mère et l'enfant. À l'enfant, il est dit : « Tu ne reviendras pas dans le lieu de ton origine », et à la mère : « Tu ne réintégreras pas ton enfant dans le lieu qui l'a fait naître. »

Lacan nous raconte le petit apologue suivant. La mère est comme un crocodile qui a une grande gueule. Le père introduit dans sa gueule grande ouverte un bâton pour qu'elle ne puisse pas la refermer sur son rejeton. Moyennant quoi, chacun peut vivre. Comme on le voit, ce petit apologue introduit un quatrième compère, que j'ai déjà signalé au passage lorsque j'ai parlé des rituels qui entourent le placenta en Bretagne. Nous avons maintenant la mère, le père, l'enfant et le phallus (représenté par le bâton). Là, avançons doucement. Certains vont soulever l'objection que le phallus, c'est forcément un homme qui en est affublé. Or le langage, en français, mais aussi dans pratiquement toutes les autres langues, nous permet de distinguer phallus et pénis. Bien entendu, les hommes sont des porteurs de pénis, mais cela ne leur donne pas d'avantage en ce qui concerne la possession du phallus. Le phallus, en effet, est le principe même de la vie humaine, le principe de la chaîne symbolique, le principe de la représentation. C'est la traduction symbolique que, pour définir la différence des sexes, il n'y a qu'un élément. Le fait qu'il y en ait qui l'aient et d'autres pas dégage un principe de distinction. C'est ce principe que l'on appelle le phallus. Pour s'en rendre compte, il suffit de jeter un œil sur les rites pratiqués en Grèce ancienne, notamment dans les mystères d'Eleusis. Le phallus statufié était l'objet d'une adoration, et la partie la plus centrale de ces cérémonies initiatiques consistait en un dévoilement du phallus. C'était une cérémonie qui permettait de mettre en place symboliquement la différence des sexes, et donc d'en instituer les repères dans des rôles socialement définis. En Inde, on peut voir dans certains temples des choses semblables. À cette différence près que les cultes hindouistes ont parfois introduit une représentation du sexe féminin. On appelle *lingam* le phallus et *yoni* le sexe féminin. Dans ces temples, ces éléments symboliques prélevés sur le corps humains sont magnifiés comme des dieux.

On voit que le phallus est l'outil du père pour castrer l'enfant et la mère. Ce qu'introduit le père entre la mère et l'enfant, c'est le phallus. Cette fonction paternelle, Lacan va alors la décrire comme phallique, puisqu'elle permet à l'enfant d'inscrire ses pulsions à l'enseigne du langage, autrement dit de passer de la pulsion au désir. Lacan ramassera cette opération phallique qui produit la castration dans une petite phrase pleine de sens: «Le mot, c'est le meurtre de la chose.» La Chose, ce que Freud appelait déjà *Das Ding*, c'est la mère toute, l'objet total du désir humain. Le fait d'inscrire ce désir dans une série de représentations, de mots, de gestes et d'actes signifiants, opère une coupure avec l'origine. C'est pourquoi, dans son enseignement, Lacan portera un signe négatif sur le phallus qu'il écrit alors -Φ. Parler, ça produit une perte, une perte de jouissance de la Chose. Ainsi l'objet du désir, «l'obscur objet du désir», comme le rappelle le titre d'un film de Luis Buñuel, est institué par l'opération paternelle comme à jamais, et de tout temps, perdu. De tout temps, parce que, je l'ai dit, l'enfant ne naît en humanité que dans son entrée dans le langage, et dans le langage, avant même d'être sorti du ventre de sa mère, il y est déjà plongé jusqu'au cou. Aussi l'objet dont on parle en psychanalyse, objet du désir et de la pulsion, c'est cet objet perdu. Le langage vient cerner cette perte même, il en désigne le point de manque, il en dessine la ligne de fuite. C'est un peu comme une boutonnière: il faut broder autour pour que le trou tienne. Pensons, dans le théâtre, à des personnages célèbres qui mettent en scène cette perte de l'objet. La cantatrice chauve d'Ionesco, l'Arlésienne de Mistral, Le Godot qu'on n'arrête pas d'attendre, de Beckett. Tous ces personnages sont d'autant plus présents dans l'action qu'ils n'apparaissent jamais. Comme on dit, ils brillent par leur absence.

Une question se pose maintenant. Comment le père s'y prend-il pour faire accéder l'enfant à la dimension symbolique? Tout d'abord, si le père c'est une fonction, le père ne s'y prend pas. Chacun se débrouille comme il peut pour l'assumer, quand il est convoqué à cette place de paternité. Il n'y a pas de manuel de père qui vaille, ni d'ancien ni de nouveau père, il n'y a pas de père mode d'emploi. En fait, c'est en prenant appui sur ce qu'il est, c'est-à-dire sur la façon dont il est positionné dans le symbolique, que le père fait autorité. Mais ne confondons pas autorité et autoritarisme; ne confondons pas rigueur et rigidité.

L'autorité est toujours conférée par un autre. Le père est inscrit dans une chaîne de transmission. Comme fils ou comme fille, ayant été mis au monde de la parole par un père, il s'en est trouvé enseigné. Chacun porte ainsi en lui la marque du père. Dans nos sociétés, c'est un nom qui se trouve gravé dans notre chair et nous représente dans tous les actes de notre vie. Ce nom dit de famille nous permet de donner consistance humaine au vivant qui nous habite. On voit bien que la fonction paternelle tire son efficacité d'inscrire un sujet dans une filiation, donc de lui désigner une place existante de père. Cette place, selon les circonstances, il va l'occuper ou non. C'est parce que les pères ont eu un père qu'ils font autorité. Le père ne fait pas la loi, contrairement à ce que pensent certains, et c'est sans doute ce que les féministes ont eu raison de dénoncer sous la stigmatisation de machisme, le père représente et transmet la loi que ses pères, comme on disait dans le temps, lui ont confiée. Le père transmet la loi au nom du père. C'est là qu'on voit bien que celui (ou celle dans certaines sociétés) qui supporte cette charge est distinct de la fonction. Le père fouettard est du côté imaginaire, dira Lacan; et la fonction du côté symbolique. Peu importe finalement qu'un père soit gentil ou méchant, cool ou pas, très présent ou souvent absent, ce qui compte c'est qu'il ne fasse pas entrave à cette opération. Finalement, le père qui agit dans le réel est un père mort. C'est ce que le mythe de la horde sauvage inventé par Freud vient signifier. Au début de l'humanité, raconte Freud, vivait une horde sauvage gouvernée par un mâle tout-puissant. Il était le seul à posséder les femmes et tous les biens de la tribu. Les fils n'avaient rien. Alors ils se liguèrent contre lui et le tuèrent. Après sa mort, ils décidèrent de partager son cadavre et de le manger au cours d'un repas rituel. Ayant tué le père, ils contractèrent aussi un pacte entre eux : celui de ne pas toucher aux femmes de la tribu et d'aller chercher ailleurs leur épouse. Ainsi nous dit Freud, c'est le père mort qui permet aux fils de faire alliance, dans la parole, et de construire une société à partir de l'interdit de toucher aux femmes du père. Seul le père mort peut apparaître dans l'essence de sa fonction symbolique.

Mais comment se fait cette opération ? Lacan a élaboré, au cours des années de son enseignement très dense, un concept fondamental pour répondre à cette question. Il parle de métaphore paternelle. L'opération – comme on parle d'une opération en chirurgie, sauf que là on opère dans la matière psychique, c'est-à-dire dans le vif du sujet –, donc l'opération de structuration du sujet, qui en assure la séparation de la mère, à partir d'un interdit, fonctionne, nous dit Lacan, exactement comme ce qu'on appelle en linguistique, une métaphore.

Qu'est-ce qu'une métaphore ? C'est une substitution. On substitue à un mot un autre mot. Par exemple, dans l'expression : « Cet homme est un lion », un mot est passé à la trappe, c'est le mot qui indique la force. Pour restituer le sens sous-jacent de cette phrase, il faut faire une double équivalence : cet homme est fort, comme un lion est fort. On sait bien que l'homme en question n'est pas un lion, chacun comprend ça. Et pourtant l'expression prend toute sa force justement du fait que le signe même de la force est absent, il est refoulé.

Lacan donne la formule suivante de la métaphore :

$$\frac{S2}{\$1} \cdot \frac{\$1}{x} \rightarrow S2\left(\frac{I}{x}\right)$$

Ça fonctionne selon les lois de l'algèbre.

Maintenant, si l'on revient à l'expérience du fort-da, on voit bien qu'il se passe quelque chose de semblable. L'enfant fait l'épreuve de son renoncement à l'objet originaire de son désir, à travers les absences/présences de sa mère.

Lacan commente ainsi cette épreuve du petit d'homme, dans son séminaire intitulé « Les formations de l'inconscient » du 15 janvier 1958 : il se met à la place du petit joueur de bobine : « Qu'est-ce qu'elle veut celle-là ? Je voudrais bien que ce soit moi qu'elle veuille, mais il est clair qu'il n'y a pas que moi qu'elle veut, il y a autre chose qui la travaille. Ce qui la travaille, c'est le x, c'est le signifié. Ce signifié des allées et venues de la mère, c'est le phallus. »

Nous pouvons alors restituer la formule de la métaphore paternelle à partir de l'expression du désir originaire de l'enfant :

$$\frac{S1}{s1} \leftrightarrow \frac{\text{signifiant du désir de la mère}}{\text{idée du désir de la mère : phallus}}$$

Lacan avance un petit peu dans son exposé, en précisant que « la fonction du père dans le complexe d'Œdipe est d'être un signifiant substitué au signifiant, c'est-à-dire au premier signifiant introduit dans la symbolisation, soit le signifiant maternel [...] C'est pour autant que le père vient selon la formule que je vous ai expliquée une fois être celle de la métaphore, vient à la place de la mère (S1 à la place de s1) qui est la mère étant déjà liée à quelque chose qui était x, c'est-à-dire quelque chose qui était le signifié dans le rapport de l'enfant à la mère ».

Au cours de la substitution, le signifiant du désir de la mère S1, fait l'objet d'un refoulement (que Freud désigne comme refoulement originaire, puisqu'il pose le principe même du refoulement), et devient inconscient.

Et Lacan poursuit : « C'est en tant que le père se substitue à la mère comme signifiant, que va se produire le résultat originaire de la métaphore, celui qui est exprimé dans la formule :

$$\frac{\text{Nom - du - père}}{\text{Désir de la mère}} \cdot \frac{\text{Désir de la mère}}{\text{Signifié au sujet}} \rightarrow \left(\frac{A}{\text{phallus}}\right) \text{ »}$$

A ici désigne l'Autre, comme étant le lieu où le sujet prélève les signifiants. En nommant le père, l'enfant continue en fait à nommer l'objet fondamental de son désir. Mais il le nomme maintenant métaphoriquement : l'objet est devenu inconscient et passé sous la barre du refoulement. Le sujet, à partir de là, va s'engager dans une course sans fin à l'objet refoulé, à partir d'une autre figure de rhétorique : la métonymie. Pour exprimer son désir, il va s'engager dans l'acquisition et la nomination d'objets de substitution. Pour cela, le désir n'a d'autre issue que de se déployer dans la dimension de la demande. Le désir reste à jamais insatisfait de la nécessité où il est d'advenir dans le langage. Et comme dans la métonymie, le désir persiste à désigner le désir du tout (cet objet absolu de l'amour, à jamais perdu), par l'expression du désir de la partie (objets de substitution).

L'opération de la parole et du langage est donc de fait une opération de séparation, une castration. Elle divise le sujet entre cet objet perdu refoulé dans l'inconscient et ses objets de substitution, ses représentants si l'on veut, ce que Lacan inscrira comme S.

Une fois acquis ce principe, la machine métaphorique fonctionne à plein régime. Elle se détermine en trois temps :
– dans un premier temps, l'enfant se vit comme l'objet qui manque à la mère pour être comblée. Il se vit comme le phallus de la mère ;
– en un second temps, la métaphore paternelle commençant à agir, il se rend bien compte que la mère désire ailleurs. Il se déplace donc vers cet ailleurs, le père, pour lui ravir ce qu'il imagine qu'il possède en plus, toujours pour combler le désir de la mère. Il essaie d'avoir le phallus, après avoir essayé de l'être ;
– mais évidemment, avec le père, il tombe sur un os, celui-ci ne le laisse pas faire. Il lui interdit non seulement d'être le phallus de la mère, mais même de l'avoir. Parce que lui aussi en est castré.

Finalement, au bout de l'histoire, le phallus, personne ne l'est et personne ne l'a. Et pourtant il existe, c'est ce qui, à partir de la métaphore paternelle, permet d'exprimer le désir, de lui donner une forme, mais jamais de le combler.

Voilà comment cela fonctionne quand ça fonctionne bien. Mais on peut se demander ce qui se passe quand cela fonctionne mal ou pas du tout.

Quand ça fonctionne mal – attention! il ne s'agit pas ici de diagnostics, comme en médecine –, il s'agit de repérer quel type de structure détermine un sujet dans son rapport au langage, donc à la fonction paternelle. En aucun cas, on ne peut dire d'une personne qu'elle est psychotique ou névrosée. Ces termes, en psychanalyse, désignent une certaine façon d'être au monde pour un sujet, pas une maladie. Il y a, selon Freud, trois grandes structures psychiques : la névrose, la perversion et la psychose.

1. La *névrose* comprend deux grands types : la névrose hystérique et la névrose obsessionnelle :
– l'hystérie est souvent, mais pas toujours, représentée par des femmes. L'hystérique fait l'homme. Elle joue le porteur de phallus, pour le faire apparaître chez l'autre, et en réaction le castrer. L'hystérique cherche son maître pour le faire chuter. L'hystérique, pour résumer, est restée coincée à être le phallus, tout en sachant que c'est impossible. Et le plus souvent, elle convertit dans son corps – Freud parle de névrose de conversion – cette possession du phallus ;
– l'obsessionnel, plutôt représenté par des hommes, veut les deux, être et avoir le phallus. Mais il hésite en permanence. Il est pris d'incertitude sur le choix. Il n'ose pas trancher.

2. La *perversion* est caractérisée par une phrase, qui est le titre d'un article remarquable d'Octave Mannoni : « Je sais bien, mais quand même[1]... » Le pervers sait bien que la mère est castrée, mais il fait comme si elle ne l'était pas, comme si elle était toute. Il trouve un certain nombre d'objets dérivés pour mettre en scène ce savoir qu'il refuse, le plus banal, le fétiche, et le plus terrifiant, lorsqu'il prend comme objet de sa jouissance le corps de l'autre. Il jouit de faire apparaître sous son regard l'autre défaillant, il jouit de la peur de l'autre. Il jouit comme s'il était le maître de la vie et de la mort de l'autre.

3. La *psychose* apparaît quand l'opération symbolique de la métaphore paternelle n'a pas fonctionné ; c'est par exemple le cas Schreber. On peut mettre en perspective :
– Schreber : *Mémoires d'un névropathe*, paru au Seuil ;
– Freud : « Remarques psychanalytiques sur l'autobiographie d'un cas de paranoïa. Le président Schreber », dans *Cinq psychanalyses* ;
– le *Séminaire III*, consacré aux psychoses, de Lacan.

Mais si l'on hésite devant une telle masse de documents à étudier, on peut prendre un raccourci, quitte à approfondir les textes fondamentaux par la suite. On peut passer par le premier chapitre du livre de Maud Mannoni, *Éducation impossible*, chapitre intitulé «Une éducation pervertie», pour se faire une idée.

Fonction paternelle dans la fonction éducative

Quel rapport, à partir de la psychanalyse, tout ce développement a-t-il avec le travail d'éducateur. Je pense qu'un éducateur peut s'appuyer utilement sur ce que je viens de dire pour étayer ses actes.

Premier constat: les personnes auxquelles les éducateurs ont affaire sont bien souvent en panne de père. Du côté névrose, perversion ou psychose. Je mettrai à part les handicapés moteurs ou sensoriels. Chez les personnes que rencontrent les éducateurs, il y a eu bien souvent une carence du père. Soyons clair sur cette expression et balayons des inepties que l'on entend trop souvent un peu partout. La carence paternelle n'a rien à voir avec la présence physique du père.

Je l'ai dit, le père, c'est une fonction. L'important c'est que ça fonctionne. Cette fonction, je l'ai montré à partir de divers exemples tirés de l'ethnologie, peut opérer même si son agent est absent ou mort, et de plus la fonction peut être occupée par un homme ou une femme. Ce qui compte, c'est que le père sert à inscrire le sujet dans la structure triangulaire de l'œdipe. En fait, nous l'avons vu, c'est du côté maternel que se fait l'introduction de la fonction paternelle. N'étant pas toute comblée par son rejeton, qui lui servirait alors de bouchon de jouissance, elle désigne un ailleurs vers lequel la porte son propre désir.

Et c'est à cette place paternelle que sont bien souvent convoqués les éducateurs. Soit au titre d'aide à la structure dans les cas de névrose, soit au titre de suppléance, là où la fonction paternelle n'a pas opéré, dans la psychose. Mais ça ne veut pas dire, comme l'affirment naïvement certains, que les éducateurs soient des substituts parentaux. On voit des éducateurs jouer au papa et à la maman avec des enfants, on parle de couple éducatif, et ça donne des catastrophes. On rabat alors les fonctions paternelles et maternelles à un niveau imaginaire. Bref, on se fait du cinéma.

Il s'agit, à partir du discours analytique, de repérer comment opère la fonction paternelle qui est au principe de la fonction symbolique. C'est le symbolique, c'est-à-dire la parole et le langage, dans tous ses développements, qui fait barrage à la jouissance. Le langage, ça ne sert pas à communiquer, ça sert avant tout à un sujet à donner une forme à son désir, et à l'adresser à un autre, dans la relation. C'est donc de ce côté que les éducateurs doivent orienter leur repérage dans la relation éducative. Il s'agit de transmettre aux enfants, adolescents, adultes (mais c'est plus difficile), des éléments symboliques, des signifiants maîtres, comme dit Lacan, pour qu'ils s'y appuient pour gérer leur jouissance. Ce travail chez les éducateurs se fait dans deux directions : le transfert (au sens analytique) ; les médiations éducatives. Sur ces deux points, on pourra se référer à mon ouvrage, paru en 1997 aux Éditions Dunod, *Le travail d'éducateur spécialisé*.

Dans tous les cas, il s'agit de trouver la bonne distance, ni trop près ni trop loin, pour que «du père» se mette en œuvre, dans des actions et des activités partagées, qui agissent comme autant d'espaces de rencontre et donc de structuration. Poser des limites, rappeler des interdits fondamentaux comme l'interdit de l'inceste et du meurtre, quelles qu'en soient les variations, construire des cadres sécurisants mais ouverts, introduire à la médiation du collectif, garantir la loi sans prétendre la faire, inviter à la mise en forme et à l'expression du désir, engager sa parole et la tenir… Autant de points d'appui pour une pratique éducative de la fonction paternelle.

Conclusions

Nous avons parcouru un long chemin à partir de l'enseignement de Freud et Lacan. Le père, répétons-le, est le principe de l'insertion du sujet dans le symbolique. Il est ce qui le divise entre jouissance et idéal, pulsion et désir inscrit dans le langage. Dès 1938 cependant, Lacan avait noté la chute de l'idéal du père. Et en prophète, il annonçait l'avènement du pire. Car là où l'on veut se passer du père, il faut s'attendre au pire. Le déferlement de l'histoire, des camps de la mort scientifiquement programmés, lui ont malheureusement donné raison.

Où en sommes-nous aujourd'hui? Nous sommes devant une mutation fondamentale, puisque le père qui servait jusqu'à maintenant de socle aux idéaux, a basculé. Il faut en trouver d'autres. En effet, la métaphore paternelle est surtout pourvoyeuse d'idéaux, d'ersatz de jouissance, nous l'avons vu, puisqu'elle permet de représenter l'objet perdu. Freud d'ailleurs a constaté que l'ersatz fonctionnait aussi bien que l'original... qui n'existe pas. Nous sommes dans une époque historique de déflation des idéaux, donc une époque menaçante. Quand la fonction paternelle baisse, la jouissance débridée se déchaîne. Il suffit de considérer comment les pays de l'est de l'Europe ont été solidement ficelés pendant sept décennies par les idéaux paternels du communisme (ne désignait-on pas Staline comme le petit père du peuple?). Bien sûr, ces idéaux avaient pour nous quelque chose de réactionnaire, mais ça tenait ensemble des millions de personnes. Une fois tombé le fameux mur, les représentants paternels se sont effondrés dans un déferlement, où le corps à corps, le meurtre et l'élimination de l'autre ont pris force de loi. Quand le père s'écroule, c'est la loi de la jungle, la barbarie. Ce qui vient de se passer en ex-Yougoslavie en est une démonstration terrifiante. Sur quels nouveaux idéaux va se construire la société qui s'avance? À partir de quels semblants, comme les nomme Lacan? Le semblant, c'est ce qu'établit la fonction paternelle. Des semblants de jouissance. Un des derniers séminaires de Lacan en 1973-1974, s'intitule *Les non-dupes errent*. En effet, pour vivre, il s'agit de se laisser duper par le signifiant, dont le nom du père est un des représentants, même s'il ne fait plus recette aujourd'hui. Comment des éducateurs peuvent-ils aujourd'hui, au jour le jour, avec les outils du quotidien qui sont les leurs, amener ceux qu'on leur confie à cesser leur errance de jouissance pour s'engager dans la voie du semblant, donc du signifiant et de la culture ? Voilà toute la question qui se pose de façon cruciale à la fonction éducative. C'est pas une partie de plaisir, il faut être capable de se brancher dans la culture sur des éléments signifiants suffisamment solides pour faire barrage à ce qu'il y a dans l'homme de plus inhumain. Comme disait Lacan, le père, on peut s'en passer à condition de s'en servir. S'en servir, c'est faire appel à toute la richesse du langage pour inventer les éléments qui font barrage à la jouissance des individus et des peuples. Quels sont ces éléments ? C'est sans doute ce que nous avons du mal à déterminer aujourd'hui. Comme le dit l'adage, pendant la mue, le serpent est aveugle.

BIBLIOGRAPHIE

Dor, J. 1989. *Le père et sa fonction en psychanalyse.* Point hors ligne.

Lacan, S. 1997. *Un père.* Paris, Folio/Gallimard.

Lacan, J. 1984. *Les complexes familiaux dans la formation de l'individu.* Navarin.

Lacan, J. 1981. *Séminaire III. Les psychoses.* Paris, Le Seuil.

Leclaire, S. *Séminaire 1969.* La lettre infâme.

Le père (colloque). 1989. *Métaphore paternelle et fonctions du père : l'interdit, la filiation, la transmission.* Paris, Denoël.

Lapeyre, M. 1997. *Au-delà du complexe d'Œdipe.* Paris, Anthropos.

Leroy, P. (dir. publ.). 1996. *Le père dans la périnatalité,* Toulouse, érès.

Lévi-Strauss, C. 1967. *Structures élémentaires de la parenté.* Mouton et Cie.

Roquefort, D. 1995. *Le rôle de l'éducateur.* Paris, L'Harmattan.

Rouzel, J. 1995. « Le triangle des familles », dans *Paroles d'éduc.* Toulouse, érès.

Safouan, M. 1974. *Études sur l'œdipe.* Paris, Le Seuil.

SILVESTRE, M. 1993. « Le père, sa fonction dans la psychanalyse », dans *Demain, la psychanalyse*. Paris, Le Seuil.
THIS, B. 1980. *Le père, acte de naissance*. Paris, Le Seuil.

NOTE

1. O. Manoni, « Je sais bien, mais quand même... », dans *Clefs pour l'imaginaire ou l'autre science*, Paris, Le Seuil, 1969.

Faire la passe...

Des trois métiers dont Freud dit qu'ils sont impossibles, gouverner, je ne connais pas. Mais soigner et éduquer, je crois qu'il s'agit de métiers où j'ai rencontré l'impossible à l'œuvre.

Il faudrait ériger l'impossible en concept freudien et le travailler en tant que tel. Notamment, il me paraît intéressant de voir comment il se déplace, dans deux occurrences où apparaît le mot accolé aux trois fameux métiers, mais il y en a sans doute d'autres. C'est dans la préface qu'écrit Freud en 1925, au livre d'August Aïchhorn, analyste, éducateur et directeur d'une institution pour délinquants dans la banlieue de Vienne, que l'expression, à ma connaissance, apparaît pour la première fois. « Personnellement, je n'ai eu qu'une participation très modeste à cette application de la psychanalyse [*Freud vient de parler de l'approche pédagogique et éducative à partir de la psychanalyse*]. Il y a longtemps déjà, j'ai fait mien le mot plaisant qui veut qu'il y ait trois métiers impossibles: éduquer, guérir, gouverner; j'avais déjà largement de quoi faire avec le second des trois. Mais je ne méconnais pas pour autant la valeur sociale de mes amis éducateurs. »

Il en remet en louchée en 1937, au soir de sa vie, dans son célèbre article: « L'analyse finie et l'analyse infinie », dont il existe deux versions en français. L'une, de 1939, est parue dans la *Revue française de psychanalyse*, visiblement tronquée; l'autre, datée de 1985, figure dans le recueil *Résultats, idées, problèmes*. Voici cette seconde version: « Il me semble presque, cependant, que l'analyse

Faire la passe…

soit le troisième de ces métiers impossibles dans lesquels on peut d'emblée être sûr d'un succès insuffisant. Les deux autres, connus depuis beaucoup de temps, sont éduquer et gouverner. »

Entre 1925 et 1937, quelque chose s'est donc déplacé. Freud ne parle plus de guérir, mais de psychanalyser, ce qui porte à quatre le nombre de métiers frappés d'impossible. On peut se demander si, dans ce lot, la position analytique n'est pas justement ce qui permet de faire avec cette dimension de l'impossible, de la mettre en œuvre, et donc d'éclairer les autres métiers.

Il y a dans tous les métiers de la relation, les métiers du social, comme on dit, quelque chose qui fait grain de sable. Quelque chose qui fait foirer à tout coup toutes les belles mécaniques et les beaux systèmes d'idées, tous les dispositifs et protocoles bien huilés, que l'on peut mettre sur pied pour le plus grand bien des autres, lesquels autres d'ailleurs le plus souvent en redemandent. Bref, il y a un malaise dans la culture. Ce grain de sable, cet élément irréductible au social, cet impossible, comme on dit d'un enfant : « Ce môme, il est impossible », c'est le sujet. Le sujet est cette dimension qui, dans le social, échappe et fait rupture. Le sujet, ça ne se d'hommestique pas !

Chez Lacan, sans vouloir trop m'étendre, je me souviens de deux apparitions de l'impossible. D'abord, dans cet énoncé qui sonne aujourd'hui comme un adage, mais qu'il faut sans cesse remettre sur le métier, pour ne pas s'en contenter comme d'un gri-gri : « Le réel, c'est l'impossible. »

Je pense aussi à l'impossible qui apparaît dans les quatre discours. On trouve ça entre autres dans *L'envers de la psychanalyse* en 1969-1970, et dans *Encore* en 1972-1973. L'impossible est lié à une condition logique chez Lacan. L'impossible, c'est le réel, impossible à faire basculer dans le symbolique, sauf à en arracher quelques bribes. En effet – et je m'en tiendrai là des citations impliquant l'impossible, il y a assez de grains à moudre – si, en 1964, dans son séminaire sur les quatre concepts, Lacan affirme que « le réel est ici ce qui revient toujours à la même place – à cette place où le sujet en tant qu'il cogite […] ne le rencontre pas », il précise quelques années plus tard, que « l'impossible, c'est le réel», parce que «l'impossible ne cesse pas de ne pas s'écrire». D'où sa tentative, dans les années soixante-dix, d'en capter les effets dans des montages topologiques, où il s'agit de mettre à jour, matériellement pourrait-on dire, ce que produit dans la structure l'impossible. Il faut prendre les nouages borroméens comme cette tentative de capter dans la matière même, dans la corde, dans la chaîne de ficelle, l'ombre de l'impossible et d'en donner à voir les effets de structure. Le séminaire RSI, en 1974-1975, amènera Lacan à chauffer à blanc cette mise en scène qui relève de... l'impossible.

Je laisserai en plan ce préambule, à partir duquel on pourrait sûrement envisager quelques ouvertures, pour cerner d'un peu plus près mon propos : la rencontre de l'impossible dans le champ social et plus particulièrement dans ce secteur où j'exerce mon métier de formateur : celui de la transmission des professions sociales.

Au cours d'une séance d'analyse de situation éducative, dispositif inspiré de la supervision et des groupes Balint, un élève que j'incitais à questionner sa position dans une relation particulièrement embrouillée avec un gamin, coupa court en déclarant : «On n'est pas des psychanalystes. On fait du petit boulot. Faut pas trop se prendre la tête.»

Une autre anecdote concerne cet analyste qui, dans une discussion, me déclare : «Moi, le social, ça ne m'intéresse pas.»

Deux caricatures, deux impasses, deux impossibles. On ne peut résoudre la question des places d'analyste et de travailleur social en les renvoyant dos à dos, sous la forme : exclusion du social d'un côté ; exclusion du sujet de l'autre. Si ces deux positions apparaissent caricaturales – et chacun de nous, un jour ou l'autre, ne s'y est-il pas trouvé confronté ? –, c'est qu'elles masquent toutes deux l'impossible. L'impossible à prendre en compte dans ces deux espaces que sont le travail social et le travail analytique. Qu'est-ce qui vient trancher dans ces deux champs ? Voilà une question qu'il faudra bien tenter de poser, à défaut de la résoudre définitivement. Même si l'on peut définir l'espace de la cure comme le lieu de la réalité psychique à partir du travail sur le fantasme, et celui des médiations éducatives comme celui de la réalité sociale, c'est un peu vite dit. Il y a dans l'espace de la cure des incursions de la réalité sociale que l'on ne peut négliger ; et dans le travail éducatif, des irruptions de l'inconscient qu'il vaut mieux entendre. Autrement dit, je ferai mienne cette définition que l'Association SIC [1] met en avant dans sa plaquette de présentation : « Prendre au sérieux l'existence de l'inconscient implique d'interroger son incidence aussi bien dans l'abord au cas par cas de la pratique clinique que dans les rapports des sujets entre eux, c'est-à-dire dans le lien social. » En fait, ce qui est commun à ces deux champs, la cure et le travail social, c'est l'impact de l'inconscient ; ce qui les distingue ce sont les modalités de sa prise en compte, autrement dit la façon dont s'organise le transfert. Ces deux métiers sont donc bien tous deux confrontés à l'impossible.

Notons d'emblée, avant de débroussailler cette idée, que sur le plan de la formation, les deux métiers de psychanalyser et d'éduquer ne sont pas symétriques, ni similaires. Je n'entrerai pas dans les détails d'évidence qui font que l'analyste se forme sur un divan et débouche éventuellement sur un fauteuil où il ne s'autorise que de lui-même et de quelques-uns (voilà la place des différentes associations psychanalytiques), quand l'éducateur se forme dans une école et débouche sur un diplôme, qu'il exercera en s'autorisant aussi de lui-même et de quelques autres. Ce qui apparaît flagrant, c'est que les analystes disposent d'un corps de concepts qui s'est élaboré depuis une centaine d'années alors que les éducateurs en sont à ramasser des miettes de savoirs dans les mangeoires universitaires pour faire leur miel. D'un côté, un discours fondé en raison à partir d'une pratique, l'analytique ; de l'autre, une bouillie conceptuelle qui ne permet pas de rendre compte d'une pratique. Comme blaguait Freud en reprenant un bon mot d'Emmanuel Kant : « Allez-y vous traire un bouc dans un tamis. » Et pour ma part, j'ajouterai : avec des gants de boxe !

Dans les formations éducatives – il suffit de lire les programmes de formation – tout y passe, des sciences dites humaines aux plus inhumaines. Je ne suis même pas sûr qu'on n'y ajoute pas bientôt la mécanique quantique et la psychobiologie des voyages dans l'espace.

Devant ce méli-mélo, nous avons fait le pari, à quelques-uns, d'emprunter à la psychanalyse son discours pour donner à lire les actes éducatifs. Comme l'écrit Freud dans sa préface au bouquin d'Aïchhorn : « La psychanalyse n'avait pas grand-chose de neuf à lui apprendre sur le plan de la pratique, mais elle lui apporta des perspectives théoriques claires qui justifiaient son action à ses propres yeux comme aux yeux des autres. » Que la psychanalyse ne nous ait rien appris sur notre métier de travailleurs sociaux, ça je ne le crois pas ; par contre, ce qui paraît le plus important, c'est de s'expliquer de façon cohérente sur ce qu'on fait quotidiennement. Certains collègues, analystes ou travailleurs sociaux, se sont attelés à la tâche : Jeanne Granon-Lafont, Martine Fourré, Jean Roquefort, et quelques autres. De cette aventure, j'en suis.

Pourquoi la psychanalyse ? D'abord, comme ces amis que je viens de citer, j'y suis engagé, j'allais dire jusqu'au cou. Mais surtout parce que la psychanalyse, comme le travail éducatif, prend en compte, au cœur de sa pratique, la question du sujet et de son émergence dans un espace de langage. Les travailleurs sociaux n'ont pas assez tenu compte de cette évidence : le travail social s'effectue parce qu'un sujet ça cause. Et les rencontres éducatives se font dans un espace que j'ai défini dans mon livre sur *Le travail d'éducateur spécialisé* comme espace clinique. Cet espace est avant tout un espace de parole, un espace où s'échangent des paroles. Au-delà de l'aide matérielle, et des réponses à des demandes bien concrètes de logement, d'assistance, de soin, de formation, c'est à partir de cet espace que s'organise le travail éducatif. Pourquoi a-t-on gommé cette évidence qui, une fois énoncée, saute aux yeux ? Sans doute parce que c'est aussi dans cet espace de parole que l'on se trouve confronté à l'impossible. Si, comme l'affirme Lacan, « il n'y a pas de rapport sexuel », cela implique dans toute rencontre cette part d'impossible. Entre la demande d'un usager et les réponses qu'envisage un éducateur, ça ne colle jamais. Et les administratifs et tutelles ont beau jeu de se récrier que les travailleurs sociaux sont à côté de la plaque, et

Faire la passe…

que les formations ouvrent un fossé, si ce n'est un gouffre, entre théorie et pratique. Il y a dans les pratiques sociales quelque chose, appelons-le l'impossible, qui fait que ça rate. Mais qu'est-ce qui rate ? Sans doute quelque chose qui soutient la volonté de redressement d'un éducateur. Souvenons-nous, les maisons qui portaient ce nom – et où opéraient les éducateurs – ne sont pas si lointaines. J'ai bien connu, dans mon enfance, le grand centre de Rennes de La Prévalaye. Et les parents avaient beau jeu d'en faire un croque-mitaine : « Si tu ne marches pas droit, tu iras à La Prévalaye ». La question est toujours la même du côté éducatif : un sujet est désigné, et même parfois sérieusement stigmatisé, comme étant tordu, comme marchant de travers, et l'on projette de le redresser. Le nom de ces maisons a disparu, mais l'intention demeure. La volonté de pouvoir, qui se manifeste comme vouloir le bien de l'autre, est toujours sous-jacente à tout acte éducatif. Lacan, à la fin de son grand texte sur le stade du miroir, y voit la racine de l'agressivité présente dans toute velléité altruiste d'aider les autres. « Le sentiment altruiste, écrit-il, est sans promesse pour nous, qui perçons à jour l'agressivité qui sous-tend l'action du philanthrope, de l'idéaliste, du pédagogue, voire du réformateur. » Et l'on peut ajouter, de l'éducateur.

Quelque chose est mis en échec, dans toute rencontre éducative, de cette volonté tenace de faire faire à l'autre ce que l'on voudrait qu'il fasse. Les autres ne sont jamais conformes à ce qu'on veut d'eux. Sur ce plan, comme dit Freud, « on peut d'emblée être sûr d'un succès insuffisant ». On ne peut assigner les autres à résidence. Il y a, du fait d'une confrontation entre deux sujets de désir, éduquant et éducateur, en l'occurrence, un hiatus là aussi qui s'ouvre. Et si on ne le voit pas, c'est une lutte fratricide qui s'engage. Désir contre désir, c'est la lutte à mort. Hegel montre bien ça dans sa *Phénoménologie de l'esprit*, texte que Lacan reprend dans le séminaire sur *L'angoisse*. Les trois temps d'Hegel se distribuent ainsi (je résume à grands coups de cuillère à pot) : premier temps, y a que moi et mon désir de tout bouffer ; deuxième temps, y'a de l'autre qui fait obstacle, donc je le bouffe, mais lui aussi veut me bouffer. Si on en reste là, c'est une lutte à mort ; troisième temps, mettons-nous d'accord, conclut Hegel, faisons un pacte. Ce que rajoute Lacan, c'est que le pacte est déjà là, il préexiste à la venue sur terre de chaque sujet, c'est même ce qui fonde l'existence du sujet, c'est le lieu du symbolique. Donc, parlons-nous, ça fera pacte.

Pourquoi en est-il ainsi ? Les histoires d'amour et de haine, ce qui se transfère justement entre humains, présentent toujours la même figure emblématique. On imagine que l'autre a ce dont on manque. Cet obscur objet du désir, l'agalma que Lacan reprend de Platon, vers quoi on tend, on pense, et on finit par se convaincre que certains que l'on rencontre en disposent. Et c'est pour ça qu'on les aime, et qu'un peu plus tard, lorsqu'on déchante, on les hait. D'où la phrase célèbre de Lacan : « Le transfert, c'est de l'amour qui s'adresse au savoir. » Ce savoir de l'inconscient, ce savoir de ce qui nous échappe, c'est bien parce qu'on le prête à un autre, parce qu'on le lui suppose, qu'on s'éprend de lui. Que ce soit dans sa version purement analytique, ou dans ses manifestations mondaines, le transfert, ce transport amoureux, présente toujours les mêmes aspects. Ce qui fait la différence, c'est le traitement qu'on lui fait subir.

L'analyste poursuit en ligne de mire la confrontation du sujet à sa propre incomplétude, c'est-à-dire ce mouvement qui le fait, sur le chemin de la parole, rencontrer son propre manque, son vide interne, ce que Lacan nous a transmis comme traversée du fantasme, qui se manifeste dans une certaine traversée du désêtre.

L'éducateur, lui, n'a pas les moyens, non pas en lui, mais du fait du lieu de son exercice, de mettre en œuvre l'incomplétude du sujet. Mais encore faut-il qu'il ait les yeux un peu dessillés, et c'est pour cette raison que Freud, dans sa préface à Aïchhorn, affirme que l'analyse ne peut que l'ouvrir à cette clairvoyance : « L'éducateur doit posséder une formation analytique sans laquelle l'objet de ses efforts, l'enfant [il faut ajouter aujourd'hui toute personne, quel que soit son âge, prise en charge par l'action éducative] reste pour lui une énigme indéchiffrable [...]. » Aussi, sans en être dupe, il peut accompagner le sujet dans des déplacements métonymiques de signifiants, à partir de quoi le sujet en question construit sa réalité, en tournant toujours autour du même objet de tout temps et à jamais perdu, bref en tournant autour du pot. C'est cette trajectoire, ce déplacement permanent dans la sphère sociale qui trace l'insertion du sujet dans le signifiant. Ce tournage, même si ça donne parfois le tournis, ça produit bien une réalité. Non pas La Réalité, comme le disent parfois certains éducateurs, La Réalité qui comme La Femme n'existe pas, mais sa réalité. C'est ce qu'on appelle de deux noms dans le jargon éducatif: l'insertion et l'autonomie. Là où la jouissance du symptôme faisait obstacle au lien social, l'éducateur doit s'autoriser à guider le sujet qui y tend vers des investissements dans des semblants qui soient supportables pour lui et la communauté. Cette pratique met en œuvre du coup certains effets de la sublimation. Le problème est double: sous le semblant, c'est le vide qui s'ouvre, mais on ne peut vivre parmi les autres sans en être plus ou moins dupes.

Je risquerai ici un aparté pour dire que la chute bruyante et douloureuse du Nom-du-père comme semblant lors des dernières années pose un problème sans précédent. Qu'est-ce qui, dans la modernité, va le remplacer? Car du père, bien sûr, «on peut s'en passer, à condition de s'en servir». Sur quoi les éducateurs vont-ils, dans les années qui s'avancent, brancher les jeunes dont ils assurent l'éducation? Quels semblants vont soutenir le lien social? Qu'est-ce qui se profile à l'horizon d'Internet? La tour de Babel ou des communautés de langage? Je suspends cet aparté, mais il y a ici une vraie question posée à l'ensemble du corps social. Et sur cette question, les analystes ont leur mot à dire, peut-être pas dans le tohu-bohu médiatique, mais du lieu de leur clinique.

J'ai dit que je parlerai de ma position de formateur et voilà que j'ai glissé dans l'éducatif. Il faut dire qu'il y a, de l'un à l'autre, une continuité. Il n'est pas sans intérêt que le législateur, dans la Réforme des écoles d'éducateurs en 1990, ait insisté pour que les formateurs aient exercé le métier pendant au moins cinq années.

Et d'autre part, ce que j'expose ici, c'est à partir d'une pratique éducative éclairée par la psychanalyse, que je l'ai élaborée.

Qu'en est-il donc dans l'espace de formation ? Je commencerai par une histoire. Il y a quelques années, j'étais chargé de faire une visite de stage auprès d'un jeune éducateur spécialisé effectuant ce qu'on appelle le stage à responsabilité, stage de dernière année, dans un CHRS. Lorsque nous nous sommes retrouvés sur le lieu de stage en présence du chef de service, cet éducateur qui était en fin de formation, m'a retracé un peu à la façon des rapports militaires, le déroulement de ses journées. Évidemment, c'était surprenant, parce que s'il décrivait avec une certaine minutie ce que chacun des résidents faisait du lever au coucher, il n'exprimait rien de ce qu'il faisait. Et lorsque, poussé par mes questions, il commença à s'y mettre, j'ai eu l'impression qu'il se décrivait comme un des résidents pris en charge : lever à telle heure, la soupe à telle heure, extinction des feux... Il était incapable de tirer la moindre observation clinique, incapable d'échafauder des hypothèses de lecture, et donc incapable de donner un fondement logique à son action. J'ai joué le jeu dans l'espace qui était le mien, celui qui faisait cadre à notre rencontre, l'espace de la transmission pédagogique. J'ai exigé que, lors d'une nouvelle visite, que j'ai fixée à deux mois plus tard, il écrive dans un cahier de stage ses observations quotidiennes, ce qu'il en comprenait, ce qu'il pouvait en expliquer, et de là qu'il construise des projets d'action qu'il justifie en raison. J'ai précisé que, dans ce travail indispensable pour un éducateur, il pouvait prendre appui sur les formateurs ; le chef de service présent, et un peu estomaqué, a aussi précisé qu'il lui donnerait un coup de main s'il le souhaitait. Il faut dire qu'entièrement occupé à la restructuration du service, il ne s'était guère soucié du suivi de ce stagiaire. Et j'ai ajouté que je ferai deux rapports de stage : le premier où je noterai le peu d'avancée actuelle pour un stage dit à responsabilité, et un second pour faire le point, deux mois plus tard. Il me semblait que, dans cette tension, quelque chose pouvait se déplacer pour lui. Il n'a pas moufté. Par contre, je l'ai vu débouler dans mon bureau deux semaines plus tard lors d'un regroupement. Il avait pris connaissance du premier rapport de stage que je m'étais engagé à faire. Il n'en croyait pas ses yeux. Ainsi j'avais vraiment fait ce que j'avais dit, un rapport plutôt défavorable, un rapport qui disait qu'il avait du chemin à faire... Il était rouge de colère. « C'est impossible d'aller à l'exam avec un rapport pareil. Il faut enlever ces deux phrases... » Il pointait du doigt les deux lignes incriminées qui laissaient apparaître clairement que le travail d'élaboration exigible d'un éducateur en dernière année n'avait pas été fourni. J'ai coupé court en disant que je n'enlèverai rien de ce que j'avais écrit et qu'il lui restait deux mois pour prouver qu'il s'était mis au travail.

Il fit le tour de l'institution, alla se plaindre aux formateurs et à la direction, certains abondèrent dans son sens et me tombèrent sur le dos, d'autres s'en foutaient. Ma position a été dénoncée comme rigide, alors que je pense qu'elle était fondée en rigueur. On me reprocha d'être trop dur alors qu'il s'agissait de tenir ferme la position. Je soutenais là la rigueur et la fermeté d'un acte qui, dans ce champ, vise à produire un certain changement subjectif. Je n'avais rien inventé. J'avais écrit ce que j'avais entendu et dit, ce que d'ailleurs personne n'a contesté. Dans son mouvement de récrimination qui finit par l'atteindre dans son corps, plus précisément son dos, il alla même en parler à son acuponcteur, pour dire évidemment qu'il en avait plein le dos, que ce formateur lui en voulait, etc. L'acuponcteur en question lui renvoya une interprétation qui ne manquait pas de « piquant » et qui le laissa comme deux ronds de flans : « Vous faites de la résistance... » qu'il lui dit. Je passe certains détails. Mais toujours est-il que j'ai vu ce jeune homme de vingt-huit ans arriver la semaine suivante dans mon bureau. Le ton avait changé. Sa façon de marcher et de parler aussi.

Il me raconta qu'il était issu d'une famille de militaires et qu'il était destiné à reprendre le flambeau pour défendre la mère patrie. Ce qu'il avait fait jusqu'à son entrée en formation. Il avait été dans l'armée entre dix-huit et vingt-cinq ans. Il avait dû quitter l'armée à la suite d'un rapport défavorable d'un supérieur. Encore un rapport ! Et il termina en demandant : « Mais qu'est-ce que je dois faire ? » Je repris avec lui le contenu du rapport : observation, explications, élaboration d'hypothèses, action. Autrement dit, il devait rendre des comptes. Il devait lui aussi passer au rapport. Et c'est vrai qu'il faisait des choses au CHRS, c'était pas le mauvais bougre, mais un peu n'importe quoi. Il voulait tellement aider les SDF du foyer, les sauver, les changer, qu'il avait sombré dans un activisme débordant du soir au matin. Il n'arrêtait pas de courir pour faire ce qu'il pensait être le bien des résidents. Il se dépensait comme on dit sans compter. C'est justement ce que je lui demandais, de compter, et de conter, pour que son action prenne sens et valeur. Je lui rappelai que le mot « responsabilité » qui sert d'intitulé à ce dernier stage, emporte tout son poids.

Respondere, c'est en latin « répondre de ». Le travail éducatif implique de répondre de ce que l'on voit, pense, fait. C'est la condition pour que les personnes prises en charge ne soient pas les objets de la jouissance de l'éducateur, cette jouissance qui le pousse, avec les meilleurs intentions du monde à vouloir faire leur bien. Écrire et parler de ce que l'on fait est la condition incontournable, non seulement pour élaborer les raisons de l'action, mais aussi ses conditions d'exercice, à savoir que l'espace de la rencontre clinique ne soit pas trop encombré par les bonnes intentions, les fantasmes, les projections de l'éducateur.

Dans les mois qui ont suivi, cet éducateur s'est vraiment mis au travail. Il a en fait découvert, en fin de formation, toute la richesse du travail éducatif, et aussi toute sa complexité. Et surtout, il a compris qu'il ne pouvait pas se mettre hors jeu, que c'est du fait de son désir que l'action prenait ses orientations. Nous avons eu ensemble, à sa demande, plusieurs séances de travail notamment à partir de l'œuvre de Winnicott qu'il avait choisi comme référence théorique, et petit à petit, il a pu dégager un savoir personnel sur sa pratique. Disons que, pendant quelque temps, il m'a eu à la bonne, ce qui m'a permis de lui transmettre quelques outils et points d'appui pour qu'il s'en serve. Et de fil en aiguille, dans le déroulement du transfert, il a appris à aimer le métier. Il avait fui l'armée pour échapper au rapport, et voilà que, dans une rencontre répétitive du même signifiant et de la même situation, quelque chose en lui avait pu prendre un chemin différent. Cette fois-ci du rapport, il en était le sujet. Il y était bel et bien assujetti.

Le problème avec le rapport, c'est qu'il n'y a pas de rapport textuel. À l'endroit de la lettre, là où elle s'inscrit, dans la matière qui la supporte, se produit un déchirement entre le mot et la chose. Le texte du rapport divise le sujet en faisant surgir un point d'impossible, impossible à tout dire, et même impossible à dire ce qui s'est passé. Car ce qui s'est passé vraiment, la vérité vraie de ce qui n'arrête pas de se passer, toute la vérité et rien que la vérité, c'est ce qu'on peut en dire, autrement dit une fiction construire dans l'après-coup. De par sa nature particulière, l'écriture vient tracer un bord à l'impossible. L'écriture, en faisant barrage et littoral à la jouissance, cerne en creux, en négatif, la bouche d'ombre où se tient logé l'impossible. L'écriture tient, dans le sens plein du terme, l'impossible en respect.

J'ai peut-être tort d'associer allègrement des concepts comme le réel, l'impossible et la jouissance. Mais je crois qu'il y a là une piste à creuser qu'il faudrait affiner.

Mais alors, quel rapport avec l'impossible ? Eh bien à l'impossible, chacun doit s'y tenir. L'impossible du côté de cette personne en formation était double. Chez le formateur que j'étais, il a rencontré un point de butée qui a tenu ; de son côté, il a rencontré l'impossible à en passer par la parole pour construire son espace d'intervention. Dans cette exigence posée par le formateur d'avoir à rendre compte, il s'est trouvé confronté à la dimension de réel sur laquelle s'appuie toute réponse du sujet. Ce qui faisait retour dans la répétition sous le signifiant pas banal de « rapport », ne revenait pas au même. Cette fois-ci, c'est lui qui devait y passer. Jusque-là, on avait fait sur lui des rapports défavorables y compris moi, à cette nuance près que ce rapport débouchait sur une exigence à soutenir de son côté. Ce qui n'est pas l'objet, certes, d'un rapport militaire. Le rapport militaire vise l'obéissance et la conformité. Le rapport pédagogique doit viser le désir et son assomption. On peut dire du formateur ce que Marcel Proust, dans son *Contre Sainte-Beuve*, disait des écrivains :

« Nous voudrions qu'il nous donnât des réponses, quand tout ce qu'il peut faire est de nous donner des désirs. »

Cette mise au pied du mur pour le sujet d'avoir à répondre de ses actes, ne fait invitation que si elle est tenue. Ma détermination, malgré les volées de bois de vert de certains collègues, la trace indélébile de l'écriture sur le rapport de stage, autant d'éléments dont il ne pouvait supprimer les points d'impact. Ce qui m'est venu comme image lorsqu'il exigea que je me rétracte dans mon écrit, c'est ce mouvement d'effaçage que font les petits enfants lorsqu'ils ont reçu une tape sur la main : ils soufflent sur leur peau pour tenter de supprimer la marque de l'Autre.

De mon côté, l'impossible que j'ai rencontré, c'est qu'il aurait tout aussi bien pu caler et laisser tomber l'exigence que je lui transmettais au nom d'un certaine éthique que je soutiens dans la transmission. Transmission impossible ou transmission d'impossible[2], voilà toute la nuance et la marge de manœuvre. Il y a un moment où surgit dans l'acte un indécidable, en même temps qu'une certitude. C'est comme ça parce que ce n'est pas autrement. Il y a sans doute au fond de tout acte un impossible qui le soutient. Le désir repose sur rien. Rien ne peut le justifier. Il est comme il est. Le reconnaître et accepter de le porter, voire de le supporter, en acte et en parole, voilà le chemin de l'éthique. C'est pour cela qu'il est si difficile et souvent si douloureux de rendre compte de ses actes. Comment passer au rapport quand justement du rapport, il n'y en a pas ? Cela soulève un marais de culpabilité. L'acte est fondé sur un meurtre inavouable, indicible, qu'aucun mot au monde ne peut cerner, ce que Lacan nomme le meurtre de la chose, reprise du meurtre du père. Ce qui fonde le désir, c'est ce meurtre devant lequel chacun se retrouve aussi seul que Lacan lorsqu'il décida de fonder l'École freudienne de Paris, le 12 juin 1964.

Hormis cet acte que j'ai posé, je n'avais aucun pouvoir sur lui. J'avais posé, du lieu de la formation, quelque chose qu'il ne pouvait pas évacuer. Quelque chose qui pour lui changeait la face du monde : un coin dans le fauteuil où s'étale béatement *his majesty the baby*. Soit il s'y confrontait, soit il se démettait. Dans

Faire la passe…

les deux cas, cela le renvoyait à occuper une position de choix, donc d'avoir comme sujet désirant à assumer un choix, quel qu'il fût. Pour ou contre. L'acte a ceci de singulier qu'on ne peut y échapper.

« Il n'y a pas de formation des psychanalystes, affirme Lacan ; il n'y a que des formations de l'inconscient. » Voilà qui se déploie dans cet espace singulier qu'on appelle un lieu de formation pour éducateurs.

Qu'est-ce que la formation ? J'aimerai faire résonner le mot formation dans ses différentes acceptions. On parle de formation de jazz et de formation d'un glacier par exemple. Le terme indique dans ces deux sens à la fois qu'il s'agit de quelque chose en train de se faire, et d'un processus, si l'on tient compte de la formation musicale, qui s'engage dans un collectif. La formation, c'est pas l'accumulation de savoirs, ni l'apprentissage de savoir-faire. La formation n'est pas le formatage ni la normalisation, c'est un mode de transmission qui vise le déclenchement d'un processus subjectif et son inscription sociale. Il faudrait utiliser un gérondif pour préciser la chose. La formation se fait se faisant, c'est un « en train de se former ».

Les Allemands ont un terme pour désigner cet état : *gestaltung*, processus de mise en forme. À proprement parler, formalisation, pourrait-on dire. Lacan emploi, dans son séminaire *L'éthique de la psychanalyse*, un mot qu'il cueille dans la langue des troubadours, l'enforme. L'enforme est ce processus de formalisation du désir pour l'objet perdu, que supporte La Dame. Ça se met en forme de poème ou de chant, mais surtout ça donne à voir ce ratage de l'objet qui fonde la réussite de l'œuvre. La formation, c'est cela, l'enforme. La formation est bien ce qui permet de donner une forme à ce qu'un sujet est en train de faire.

Platon, dans de nombreux dialogues, met en scène deux types de formateurs : le sophiste dont le parangon est Protagoras, et Socrate. Le sophiste entend, comme le dit Protagoras, « former de bons citoyens ». Il s'agit de former une élite dans la cité. Un bon citoyen, c'est un citoyen qui peut « tenir un rang illustre dans l'État ». En fait, cette formation vise avant tout la domination et la manipulation d'autrui. La formation du sophiste est une formation à haute teneur en libéralisme. Jean-Pierre Vernant, dans une analyse très fine des processus d'éducation en Grèce ancienne, souligne dans *Mythe et pensée chez les Grecs*, que «le problème de l'éducation ne concerne plus les fins à reconnaître, les valeurs à définir, il se pose en termes de purs moyens : quelles sont les règles du succès, les procédés de réussite dans les divers domaines de la vie? Toutes les sciences, toutes les normes pratiques, la morale, la politique, la religion seront ainsi envisagées dans une perspective "instrumentaliste", comme des techniques d'action au service des individus ou des cités».

Si l'art du sophiste repose sur la parole, c'est en tant que la parole assure une domination sur les autres. Gorgias affirme par exemple que «la rhétorique n'a aucun besoin de savoir ce que sont les choses dont elle parle ; simplement, elle a découvert un procédé qui sert à convaincre, et le résultat est que devant un public d'ignorants, elle a l'air d'en savoir plus que n'en savent les connaisseurs».

Dans un tel contexte, Socrate fait faire un demi-tour au savoir. À la place du savoir comme instrument de pouvoir, il pose le savoir comme processus permanent, jamais acquis, jamais maîtrisable : *gnoti seauton*, «connais-toi toi-même». Évidemment, une telle invitation est sans fin, elle lance et relance un processus de formation de soi si l'on peut dire, donc de formation de l'inconscient. Penser n'est pas, comme chez le sophiste, avoir accès à une connaissance extérieure que l'on accumule comme un capital monnayable dans les enjeux sociaux, et qui constitue un matelas de réponses prêtes-à-penser sur lequel on peut amortir le choc des questions que la rencontre avec le réel ne cesse de provoquer, non, penser, pour Socrate, c'est découvrir au fil du temps ce que l'on est en le disant. Avec cette évidence qu'on ne peut pas tout dire et donc que le mouvement même de la parole fait division, que parler c'est aussi se confronter à ce que ça nous échappe, se coltiner en quelque sorte là aussi l'impossible.

Cette controverse entre le maître sophiste et le maître socratique se déploie sur une toile de fond où s'affrontent deux

Faire la passe…

concepts, que l'on trouve aussi bien chez Aristote que chez Platon. Ces deux concepts en jeu sont la *poiêsis* et la *praxis*.

La *poiêsis* est une activité de fabrication en vue de produire un objet, un *ergon*. L'objet produit est bien disjoint du producteur : c'est aussi bien la restauration de la santé pour le médecin, que la maison pour un architecte, pour s'en tenir à deux exemples qu'Aristote met en avant. La manière d'être à mettre en œuvre pour arriver à cette fabrication, c'est la *technè*, le savoir-faire.

La *praxis*, c'est l'usage et l'exercice de l'action, non pas en vue de la production d'un *ergon* extérieur, mais dans le but de produire l'agent lui-même de l'action. La *praxis* produit du sujet. Comme le résume Hannah Arent dans son commentaire, *Condition de l'homme moderne*, c'est « la seule activité qui mette directement en rapport les hommes sans l'intermédiaire des objets ni de la matière [elle] correspond à la condition humaine de pluralité, au fait que ce sont les hommes, et non pas l'homme, qui vivent sur terre et habitent le monde ». La manière d'être de la praxis n'est plus la *technè*, mais la *phronésis*, la réflexion, la sagesse pratique. Ce que produit la *praxis*, ce ne sont pas des objets mais des relations entre humains. Si la *poiêsis* est du côté de la maîtrise des techniques et des savoirs, la *praxis* exige du sujet qu'il réponde à l'indécidable du réel, au toujours nouveau.

Je voudrais ici, pour lui rendre hommage, citer cette phrase de Fernand Deligny, qui situe tout son projet d'accompagnement, de compagnonnage devrais-je dire, avec un groupe d'autistes dans les Cévennes : « Nous avons mené une tentative qui se poursuit : c'était la vie de radeau. Et nous persistons dans l'ignorance où nous sommes de ce qui nous attend et c'est une aventure d'une autre nature que d'atteindre le pôle Nord avec un traîneau à chiens : nous cherchons ce qu'il peut en être de l'humain » (préface à *La vie de radeau* de Jacques Lin).

Il me semble que de ces deux positions, celle du sophiste et celle de Socrate, on peut induire deux positions de formation. Soit la formation vise l'accumulation d'un savoir pour maîtriser dans le travail éducatif l'ensemble des situations rencontrées ; soit la formation, dans une mise en forme du questionnement, incite et invite à une mise à la question des positions subjectives. C'est ce processus de questionnement qui est à produire en formation. Évidemment, on comprend que je penche plus du côté de Socrate. Mais ceci implique une certaine prise en compte de l'impossible : du coup, il est impossible de former qui que ce soit, seul le sujet donne forme à son désir.

Le travail de formateur vise alors la création et l'entretien de cadres et de dispositifs qui favorisent cette mise en forme du sujet, que ce soit dans la confrontation aux savoirs ou dans la confrontation à ce qu'on appelle la pratique. Éduquer et enseigner relèvent alors non de l'application d'une science ou d'une technique, mais d'un certain art du bricolage. Laissons les mots jouer sur nous : bricolage, bris et collage. Coupure-lien, comme le dit Daniel Sibony. Couper-coller, dans le vocabulaire informatique. Ces effets de construction-déconstruction mettent en mouvement un espace de formation. « S'ils faisaient leur collage d'une façon moins soucieuse de raccord, moins tempérée, ils auraient quelque chance d'aboutir aux mêmes résultats à quoi vise le collage, d'évoquer proprement ce manque qui fait toute la valeur de l'œuvre figurative elle-même, quand elle est réussie, bien entendu. Par cette voie, ils arriveraient à rejoindre l'effet propre de ce qui est justement un enseignement. » C'est ce que dit Lacan dans le séminaire sur *L'angoisse*.

Je n'ai pas beaucoup parlé du transfert alors que j'en avais le projet. Ça en dit long sur le statut de la promesse. Là encore, il y a de l'impossible, de l'impossible à coller exactement au projet, alors que le temps et le désir décollent. On ne peut guère donner que ce que l'on n'a pas. Et pourtant, je crois que gît au cœur de ce que j'ai exposé, le transfert. L'exposer, d'ailleurs, s'y exposer, ne va pas sans lien avec le transfert et ce que Freud et dans son sillage Lacan nomment « maniement du transfert ». Il s'agit dans le transfert d'apprendre à faire la passe.

BIBLIOGRAPHIE

AÏCHHORN, A. 1973. *Jeunesse à l'abandon.* Toulouse, Privat. Préface de S. Freud (1925).
ARENDT, H. *La condition de l'homme moderne.* Agora, Pocket, Plon.
FREUD, S. 1985. *Résultats, idées, problèmes.* Paris, PUF.
HEGEL. 1993. *La phénoménologie de l'esprit.* Paris, Gallimard.
LACAN, J. 1966. « Le stade du miroir comme formateur dans la fonction du je… », dans *Les écrits.* Paris, Le Seuil.
LACAN, J. 1975. *Encore.* Paris, Le Seuil.
LACAN, J. 1994. *L'envers de la psychanalyse.* Paris, Le Seuil.
LACAN, J. *L'angoisse.* Séminaire inédit.
LACAN, J. *RSI.* Séminaire inédit.
LIN, J. 1996. *La vie de radeau en compagnie de gamins autistes.* Théétète. Préface de F. Deligny.
PATURET, J.-B. 1997. *De magistro. Le discours du maître en question.* Toulouse, érès.
PLATON. 1969. *Protagoras.* Paris, Garnier-Flammarion.
PLATON. 1969. *Gorgias.* Paris, Garnier-Flammarion.

NOTES

1. SIC – Association de psychologues cliniciens, 17 boulevard Bonrepos, 31000 Toulouse.
2. Voir *Parole d'éduc*, Toulouse, érès, 1995, au chapitre qui porte ce titre.

« *Excuse-moi, partenaire...* »

> « *Les séismes ne naissent pas d'un grand désir
> de vérité (source de mansuétude et de tolérance),
> mais d'un appétit immodéré du pouvoir.* »
> Baruch de Spinoza, *Traité théologico-politique*

Qu'est-ce qui peut tenir un collectif humain ensemble ? Qu'est-ce qui peut faire solidarité, lorsque, à suivre Freud, il y a chez l'être humain, du fait d'être soumis à l'ordre de la parole et du langage, quelque chose d'irréductible, quelque chose qui jette un malaise dans la civilisation : le sujet de l'inconscient ?

Pour tenter follement de réduire cette « fracture sociale » constitutive de la culture, un groupe se constitue autour d'objets fétichisés (supportés par des personnes ou des idéaux). Quelle est la nature de cet objet qui fait le groupe, qui le soude, et le fonde sur l'illusion tenace de ne faire qu'un ? Tout groupe se structure sur ce qui se tait et se terre. D'où la résurgence rémanente de l'illusion groupale : il y aurait malgré tout une harmonie possible entre les hommes, des lendemains qui chantent. C'est ce fond de commerce increvable du bonheur groupal, de l'espace des échanges réduit à l'indifférenciation, qui remet sans arrêt le couvert. C'est aussi ce poids d'illusion que l'on fait peser de façon terrible sur les épaules des travailleurs sociaux. Ils auraient pour tâche, lorsqu'on écoute le discours dominant dans ses méandres, de colmater les brèches et de restaurer l'illusion d'un bonheur totalitaire que la structure sociale, comme toute structure sociale dans l'histoire, ne cesse de mettre en faillite. Se coller à cette place où l'injonction de cohésion sociale prend corps, n'offre aucune marge de manœuvre aux travailleurs sociaux, sauf à basculer dans le délire de toute-puissance, qu'il s'affuble des oripeaux du martyr ou de ceux du sauveur.

Y a-t-il, au-delà de cette illusion, une pratique du lien social qui puisse constituer du collectif sans réifier le sujet, sans l'assigner à résidence? C'est en prenant appui sur des expériences comme celles de Bion en Angleterre, de Jacques Lacan, de Daniel Sibony, et de la psychothérapie institutionnelle en France, que nous pourrons tenter de dégager des concepts opératoires dans un champ où l'expérience montre que vivre ensemble emporte son lot d'impossible. Entre les extrémismes totalitaires de l'individualisme, du retrait sur soi et l'aliénation massive du tout collectif, il y a dans le secteur social une place pour l'invention permanente d'une mise en réseau qui garantisse avant tout, à travers la fabrication de praticables rendant possibles les rencontres interhumaines, l'expression du désir du sujet et ses mises en circulation dans l'espace social.

Comment faire du partenariat à partir de cette exigence éthique? Voilà toute la question. Si l'être humain est un être parlant, c'est singulièrement dans la parole et le langage que peut s'effectuer l'insertion subjective.

Il y a, chez l'être humain, quelque chose d'irréductible au groupe, quelque chose qui résiste à toute forme de collectivisation ou de partenariat. Il y a quelque chose dans l'homme qui ne fait ni équipe ni équipage. Je ne vais pas tout de suite lever le voile sur cette énigme, elle apparaîtra de façon crue à partir de trois petites scènes tirées de ma pratique éducative.

Scène 1

Je rencontre Albert qui travaille dans un CAT. Au centre de l'espace de travail, où les ouvriers sont occupés à remplir des sachets avec des vis, il y a une immense glace sans tain. Albert se sent observé de partout, percé à jour, dévoré par le regard de l'autre, liquéfié, pétrifié... Albert dit l'intolérable de cette mise en transparence. Albert dit la torture quotidienne.

Scène 2
Mme S. assistante de service social, me téléphone au centre d'accueil pour toxicos où je travaille comme éducateur :
– Est-ce que M. X. est venu vous voir ?
– Mais madame, vous pouvez le lui demander.
– Mais les drogués, rétorque la dame en question, vous savez bien qu'ils n'arrêtent pas de mentir.

Scène 3
M. Z est éducateur chargé du suivi des érémistes :
– Pourrions-nous nous rencontrer pour parler de M. Z ?

On pourrait multiplier par cent ces situations que chacun d'entre nous connaît. Qu'est-ce qui choque dans ces trois scènes ? Cherchez l'énigme. Évidemment, ça apparaît de façon crue : le sujet est à chaque fois évacué, réifié, « liquéfié et pétrifié », comme dit Albert. Le sujet, que la psychanalyse m'amène à définir comme sujet de l'inconscient, est justement ce qui résiste au partenariat. Une fois cela posé, comment s'en débrouiller ? Qu'est-ce que la transparence dans le travail social ? Comment soutenir décemment un travail d'articulation entre partenaires ? Comment assurer la protection de ceux qui, dans ce métier, se confient à nous ? Je n'irai pas par quatre chemins et j'affirme que la réponse relève de l'éthique. Serge Leclaire, dans un colloque consacré aux « Aspects du malaise dans la civilisation », réuni en 1984 à l'initiative du CNRS, précisait : « Par éthique, il faut entendre un ensemble d'usages, de coutumes, de lois qui règlent les rapports des sujets entre eux. L'éthique est ce qui répond à cette question fondamentale : comment vivre avec l'autre ? »

L'éthique repose dans les pratiques sociales sur cette autre fondation qui me fait soutenir, dans la foulée de Jacques Lacan, qu'il n'y a de clinique que du sujet. Éthique du sujet, clinique du sujet, voilà les deux socles incontournables, si l'on ne veut pas se transformer en garde-chiourme du contrôle social.

Qu'en est-il maintenant d'un groupe social, collègues-partenaires de la même institution ou extra-institutionnels ? Qu'est-ce qui tient un groupe social ? Freud, dans « Psychologie collective et analyse du moi », nous en a touché deux mots. Ce qui tient un groupe, c'est l'attachement quasi hypnotique à un noyau dur unifiant, un noyau de fantasme. Il peut prendre les apparences d'un chef (de service ou de parti), d'une idée (le partenariat ou l'équipe), voire d'un objet (divers gadgets totémiques sont ainsi mis en service dans les supermarchés de la culture). Le fait d'être tous unis au même centralisme démocratique fait de nous des frères. Voilà le fin mot de l'affaire. C'est pour réduire un peu l'effrayante solitude que chacun se raccroche aux branches du groupe. Le groupe repose sur un socle qu'il vaut mieux ne pas trop questionner, construit sur du non-dit, et fonctionne comme condensateur de jouissance. Le groupe entretient cette illusion que les hommes puissent être unis sans différence, sans division. Finalement, ça permet à chacun de gommer pour un temps ce qu'il y a d'unique et de radicalement hétérogène en soi. Les pratiques sociales qui en découlent visent deux mouvements opposés mais complémentaires : sur le plan centripète, souder le groupe, ne faire qu'un ; sur le plan centrifuge, éloigner et vider tout ce qui menace et questionne sa cohésion. Tout groupe ne fonctionne que sur de l'insertion et de l'exclusion permanentes.

Qu'en est-il dans les pratiques sociales ? Chacun sait que les pratiques partenariales sont non seulement à la mode mais imposées, ne serait-ce que pour les attributions budgétaires. Sur un projet, si vous obtenez 50 % de financement de l'État, le département acceptera d'en verser autant. Sinon zéro. Quel est le maître mot qui soude aujourd'hui les pratiques sociales ? Quelle est la nature profonde de ce que l'on nomme « la commande sociale » ? De mon point de vue, c'est une idéologie totalitaire qui tente de faire prendre la masse. Une idéologie totalitaire qui a un nom : le bonheur. Et là où la société faillit à apporter à tous les citoyens le bonheur, on fait injonction aux travailleurs sociaux de prendre le relais. « Soyez heureux, c'est un ordre. »

La commande est la suivante : puisque certains sont exclus, ou se sont exclus de la machine à jouir, il faut les faire rentrer dans le circuit, mais en douceur. Nous avons fait trois ans d'études, suivi des tas de colloques sur le partenariat, emmagasiné des rudiments de sciences humaines (ou parfois inhumaines…), nous savons y faire ! Voilà dans quelle injonction nous sommes pris. Le bonheur érigé en souverain bien, pour reprendre une expression qu'emploie Aristote, fait nouage social. C'est de là que les travailleurs sociaux tirent leur être ensemble. Il faut se tenir les coudes pour faire le bonheur des autres : c'est une entreprise de partenaires. Parce que coopérer au bonheur des autres, vous imaginez quel pied, ça fait jouir. C'est oublier bien vite certains empêcheurs de tourner en rond, qui comme Emmanuel Kant, définissent le fait de vouloir le bien des autres comme l'essence même de la tyrannie ou bien cet emmerdeur de Lacan, qui, dès 1932, à la fin de son étude célèbre sur le stade du miroir dénonce le sentiment altruiste, en y perçant à jour « l'agressivité qui sous-tend l'action du philanthrope, de l'idéaliste, du pédagogue, voire du réformateur ». Je pourrais ajouter à la liste, du travailleur social.

Le problème, c'est qu'il y a quelque chose chez l'être humain qui fait obstacle au bonheur. Et il est des groupes sociaux ou des individus, dont on ne veut que le bien, qui font objection à une telle volonté. Bref, il y a de la résistance chez les usagers… Ça ne colle jamais. Il y a comme un malaise.

Pourquoi ? Je conseille un petit détour par ce grand texte de Freud daté de 1929, « Malaise dans la civilisation », que j'ai déjà proposé dans un chapitre précédent. Ici je fais un petit rappel. Entre les pages 19 et 31 de l'édition, parue aux PUF, il pose une question fondamentale et tente d'y répondre. Que veut l'homme ? demande Freud. L'homme veut être heureux et le rester. Le problème, c'est qu'assez rapidement le petit d'homme se rend compte que, dans sa prétention au bonheur, il bute sur trois obstacles : le monde, son corps et les autres. D'où une série de stratégies pour dépasser l'obstacle. Contre le monde, on peut tenter de maîtriser les forces de la nature. Contre les limites corporelles, on peut soit tenter de domestiquer son corps, dans des pratiques ascétiques par exemple, le yoga ou le jeûne, mais remarque Freud, dans ce genre d'expédients, il n'y a qu'une chose efficace pour parvenir au bonheur, c'est la drogue, «la plus brutale, mais aussi la plus efficace des solutions». Contre les autres, que peut-on? On peut s'en éloigner au fin fond du désert, se faire ermite, ou bien se les coltiner en tentant de limiter leur action, voire lorsqu'ils se font trop pressants on peut essayer de les éliminer. Je ne vous le conseille pas. D'abord, ça attire une série d'emmerdements. Et ensuite, des autres, il y en a toujours. Y a-t-il d'autres solutions? Une seule, réduire ses prétentions au bonheur, aimer et travailler sans trop se raconter d'histoire, c'est-à-dire devenir, comme le chantait Charlebois, un névrosé bien ordinaire. À une patiente qui l'interrogeait sur la fin de son travail analytique, Freud non sans humour, précise qu'il s'agit de «transformer sa misère hystérique en malheur banal». Bref, on le voit, pour Freud le Bonheur, avec un grand B, c'est râpé.

Pourquoi en est-il ainsi? Le Bonheur, c'est un autre nom de la jouissance, que Lacan définit comme une substance négative. La jouissance, c'est ce qui nous manque pour être heureux. Or justement, c'est ce manque même qui nous constitue comme sujet et comme membre de l'humanité qui se définit d'être parlante. Car c'est le fait que l'homme soit un être parlant qui produit ce barrage du bonheur et de la jouissance. La jouissance est produite en permanence par l'acte de parole. Parler, c'est manquer. Si l'homme parle, c'est parce que la parole l'a fait homme, donc manquant. Vouloir combler ce manque, comme nous y invite cette société dite de consommation, avec des choses, des objets, un emploi, une piaule, un mec, une meuf, son chien, sa pipe, ses pantoufles et la télé, alors que ce manque fait la structure de l'humanité, voilà ce que j'appelle une entreprise totalitaire, voilà ce qui gouverne les politiques sociales aujourd'hui. Comme on dit, il s'agit d'analyser les besoins des populations et de les satisfaire. L'être humain n'est pas un être de besoin, c'est un être de désir. Vous voulez participer à cette aliénation, vous? Les travailleurs sociaux à qui l'on confie la mission impossible de poursuivre l'entreprise là où l'espace social, dans ses différents appareillages, l'école, la famille, l'armée, le quartier, le travail, la religion, la politique, etc., est en faillite, prennent la relève. « À se coltiner la misère, dit Lacan, ils entrent ainsi dans le discours qui la conditionne, ne serait-ce qu'au titre d'y protester. » Qu'est-ce qui a été oublié dans ce montage? Une fois de plus : le sujet. Le discours dominant vient conforter l'empire du refoulement qui consiste à exclure le sujet du malheur qui le touche. Alors tout est foutu ? C'est pas la peine de faire du social ?

C'est pas ce que je dis. Bien au contraire. Je dis qu'une position de travailleur social est soutenable à condition de faire un pas de côté de cet idéal totalitaire du souverain bien. Parce que ce qui nous fait jouir aussi en tant que travailleurs sociaux, c'est bien de la même nature : faire bloc, pour jouir de ce pouvoir que l'on s'attribue de faire le bien des miséreux, qu'ils le veuillent ou non. Il reste aux travailleurs sociaux à faire un écart pour dégager un espace où ils ne soient plus les valets du discours du maître, mais les compagnons d'armes, les chevaliers servants de ceux qui résistent au matraquage de la béatitude. Il leur reste à reprendre les rênes disparues, enfouies sous des tonnes de bonnes intentions, dont on sait que le chemin de l'enfer est pavé. Il leur reste, il nous reste à nous dénuder de nos oripeaux humanistes, salvateurs et messianiques, qui nous poussent, sur le versant politique ou religieux, à sauver l'humanité. Il nous reste, comme le suggérait Freud à sa patiente, à « transformer notre misère hystérique en malheur banal ».

Faute de cette remise en cause, on peut craindre le pire. Les travailleurs sociaux, lorsqu'ils sont pieds et poings liés au bon vouloir du maître, sont capables de mobiliser les techniques les plus terribles d'abrutissement des corps et des esprits. Pensons à ce miroir sans tain, qui glaçait les sangs d'Albert. L'invention est ancienne, mais son introduction dans les techniques de contrôle social est récente. Elle date de la fin du XVIIIe siècle, et précisément de 1791, date à laquelle un Anglais, Jeremy Bentham, publie son *Traité du panopticon*. Il s'agit d'un aménagement particulier des prisons qui consiste à ce que, sans être vu, les matons puissent avoir l'œil sur tout ce que font les prisonniers. Rien de la vie intime ne résiste à la transparence. Bentham, faute de crédits, n'a pas trouvé à vendre son système, que Michel Foucault disséquera dans *Surveiller et punir*, alors il l'a fourgué devinez à qui? Aux services sociaux. La machine panoptique, l'Œil de Big Brother, a été mise en place dans les centres d'hébergement pour miséreux que la crise de 1795 en Angleterre avait jetés dans la rue. Il s'agit, précise Bentham, d'améliorer le management social *(improvement of management)*. Ça ne vous dit rien? C'était il y a juste deux cents ans. Management, ça sonne moderne, comme *engineering* social. J'ai même lu un article récemment, dans lequel un directeur de CAT se félicitait d'appliquer, non par rapport aux objets produits, mais par rapport aux travailleurs handicapés, les normes ISO européennes. « Il faut, disait ce directeur, que nous arrivions au zéro défaut dans le médico-social. » Je rappelle qu'il parlait d'êtres humains.

Pensons à toutes ces paroles échangées dans le dos des gens. Pensons à ces décisions prises sans que le sujet concerné ait voix au chapitre. Pensons à ces grumeaux, ces agglutinements de partenaires réglant la vie de ceux dont ils disent qu'ils ont la charge. Pensons aux rapports de synthèse, aux lettres aux juges, aux dossiers, dans lesquels s'entassent des milliers de lettres mortes, produites par un petit pouvoir de dénonciation, de délation. Pensons à cette confiscation permanente de la parole des sujets en souffrance par nous les travailleurs sociaux... Ça jette un froid, dit comme ça. Est-ce qu'au fond ce n'est pas ce fonds de commerce qui organise la plupart de nos pratiques de partenariat?

L'étymologie du mot partenaire nous donne des indications qui vont faire grincer des dents. Je n'invente rien. Vous trouverez ça dans tout bon dictionnaire étymologique, celui de Jacqueline Picoche par exemple. Le mot partenaire vient du latin *partitio* qui désigne la part dans un partage. Il est passé par l'ancien français, parçonier, sorte de compère de partage du parçon, c'est-à-dire du butin. Le mot a voyagé par la langue anglaise sous la forme *partner*. Il nous est alors revenu très édulcoré, avec notre actuel « partenaire », refoulant ses usages antérieurs. Les partenaires, si l'on retrempe le mot dans ses origines, sont ceux qui partagent un butin. Dans le cas de la chanson de Johnny, dont j'emprunte le titre pour cette intervention, le butin, c'est la femme, qu'il ne s'agit justement pas de partager.

Mais je vous le demande, dans le travail social, quel est le butin ? Évidemment, ça choque une telle question, ça fait un peu pavé dans la mare. Et pourtant, il faut bien que quelque chose d'une jouissance assez forte les unissent les travailleurs sociaux, pour qu'ils fassent un partenariat. Si vous m'avez suivi jusque-là, le butin apparaît crûment : c'est de partager la jouissance de faire le bien des autres. Si vous lisez attentivement les directives des services sociaux, vous verrez, autant dans les contenus que dans le style, ce qui est à l'œuvre : c'est toujours le souverain bien. Il s'énonce comme une évidence dans le discours du maître, étayé sur le discours de la science. Ces discours, du maître et du savant, ont ceci de particulier qu'ils sont faits d'énoncés sans énonciation, de discours sans sujet... Avez-vous déjà lu un texte donnant une orientation sociale, où serait écrit : « Après avoir longuement discuté avec les usagers, après engueulades et chaudes échauffourées verbales, après rediscussion et rerediscussion, sur ce qu'ils veulent et ne veulent pas, nous en venons à penser que... » Non, le discours des maîtres, c'est une machine à décerveler digne de la machine à merdre du Père Ubu. Si je m'en tenais là, ce serait désespéré, et il vaudrait mieux, vous en conviendrez, tout arrêter. Alors y a-t-il des solutions ? Oui !

Mais lesquelles ? Je vais essayer de donner les miennes. Elles sont issues en ligne directe de ce que je viens d'énoncer, et n'ont rien de recettes de cuisine ou d'une partie de plaisir. Le travail social, c'est pas de la tarte. Il faut ramer à contre-courant pour tenir le cap.

L'affirmation que je pose qu'il n'y a de clinique que du sujet entraîne quelques conséquences pratiques. Tout d'abord remarquons que cette notion de sujet de l'inconscient est bien obscure[1], certains diront même rétro. Les philosophes du siècle ont d'ailleurs allègrement balayé cette notion encombrante. Lévi-

« *Excuse-moi, partenaire...* »

Strauss, dans *La pensée sauvage*, n'y va pas de main morte. Il parle de « dissolution du sujet ». Il peut en effet fort bien se passer de la dimension subjective pour construire ses structures élémentaires de la parenté, qui sous-tendent, dans son hypothèse structurale, l'organisation du champ social. Je dirai même que, dans une telle démonstration, le sujet l'embarrasserait.

Les behavioristes, comportementalistes et systémiciens de tous poils, auront beau jeu de lui emboîter le pas, ainsi qu'à ce cher Bateson, pour faire leur trou. Michel Foucault lui-même, en célébrant haut et fort « la mort de l'homme », ne faisait qu'enfoncer le clou. Quant à Louis Althusser, en montant en épingle le marxisme comme une doctrine de l'anti-humanisme théorique absolu, il poursuivait de plus belle l'enterrement. Plus récemment, Jacques Derrida stigmatisera le terme de sujet comme étant un archaïsme.

J'en passe et des pas meilleures. Y compris les protagonistes d'une certaine sociologie de bazar, qui dénoncent sous le nom d'individualisme, tout espace subjectif au profit d'une vision holiste, dont on voit bien que les entours sont garnis de bons sentiments religieux. Le religieux, c'est ce qui relie. Ah, si tous les gars du monde pouvaient se donner la main, qu'est-ce qu'on serait heureux ! Jouez hautbois, résonnez musettes. Les gars du monde, eux, ils essaient, mais dans la ronde c'est plutôt les filles qui foutent le bordel. Les filles, tourner en rond, en s'extasiant sur le bonheur de faire croupe, je veux dire groupe, mais vous savez, ce sont deux mots de la même origine, les filles c'est pas leur truc. Les filles c'est plutôt des empêcheuses de tourner en rond. Dans la ronde, elles essaient plutôt de choper un gars au passage et de se le faire, en l'entraînant hors la ronde. Prenez un film comme *La belle équipe* de Julien Duvivier, un film de 1936, tourné en plein Front populaire : ça tourne mal à cause d'une meuf. Cinq gonzes qui pointent au chômdu prennent ensemble un billet de la loterie nationale et décrochent la timbale. Avec le pactole, ils décident de construire une guinguette. Mais Gina, une fille pleine de vie, met le bazar entre les hommes. Ça tourne au vinaigre, trois se barrent, il en reste deux. L'un des deux pris d'un coup de folie, ou de volonté de bonheur total, tue son meilleur ami. Ça c'est la première version. Duvivier s'est fait remonter les bretelles, et on l'a sommé de refaire la fin. Dans la version édulcorée, c'est Gina qui s'en va. Et l'amitié entre Jean et Charles triomphe. Je préfère la première version, elle me paraît plus vraie.

On le voit, la question de l'élimination du sujet a été savamment orchestrée. C'est même ce qui permet de construire une illusion du groupe comme supérieur aux intérêts de chacun. Il a fallu que Jacques Lacan écrive, en 1966, un petit article en préambule à son *Discours de Rome*, intitulé «Du sujet enfin en question» pour relancer l'affaire. Le sujet en tant que sujet de l'inconscient, c'est ce qui nous échappe : «Un sujet n'est pas donné mais se réalise par et dans l'acte de la parole», nous prévient Lacan. Le sujet n'est pas mort, car il bande encore. Il bande à part certes, mais la débandade généralisée n'a pas encore eu raison de lui. Le sujet dans le travail social, c'est ce qui nous emmerde. Le sujet, c'est ce qui fait que chaque être humain est capable de faire, en bien comme en mal, ce qu'aucune bête ne pourrait faire.

Si l'on prend, dans la clinique, le parti du sujet, et j'ai dit que pour moi il n'y en a pas d'autre, cela tire à conséquence. Le sujet n'est pas une permanence, il n'émerge que dans la parole. Le travailleur social doit donc être garant d'espaces protégés où la parole qui fait naître chaque sujet est prise en compte. Que ce soit à l'école, en internat, dans des entretiens, dans la rue ou plus largement dans tout espace de rencontre et de médiation, c'est la parole du sujet qui prime. Et la parole de chaque sujet, un par un, au cas par cas. Le travailleur social se fait gardien des seuils, gardien des espaces de rencontres entre humains. Une sorte de Douanier Rousseau des espaces symboliques. Des espaces du sacré. Sacré au sens où c'est dans de tels espaces qu'un sujet, ça crée. Une fois ces espaces construits, inventés, pas la peine de maîtriser, ni de contrôler. La pratique sociale peut alors s'inspirer de la philosophie bouddhiste et de son art du «lâcher prise». Si l'espace est là, le sujet sait ce qu'il a à en faire.

« *Excuse-moi, partenaire...* »

Un de ces espaces, dans le champ des médiations intersubjectives, je pense qu'on pourrait l'appeler un réseau. Et non plus un partenariat, mot que nous avons relevé comme entaché par la truanderie. Le partenariat, c'est plutôt une association de malfaiteurs qui visent le bien des autres. Un malfaiteur d'ailleurs vise toujours le bien des autres.

Qu'est-ce qu'un réseau? Michel Serres nous en donne une définition dans son livre *Hermès I. De la communication*. Le réseau, nous dit Michel Serres dès la préface de son ouvrage, est une petite machine composée de sommets (ça peut être des personnes ou des idées) reliés entre eux par des chemins (un raisonnement entre deux idées, une parole entre deux personnes). Ce qui permet la fluidité dans le réseau, c'est l'entretien des chemins et des sommets. Il est impossible de maîtriser l'ensemble du réseau. C'est comme le Web sur le Net. On est convié à s'y aventurer, donc à faire des rencontres. Qu'est-ce qui, dans un tel réseau, peut unir un ensemble des travailleurs sociaux? La seule réponse, je l'ai dit, est du côté d'une position éthique. D'abord un minimum d'énoncés doivent permettre de relier les chemins dans le réseau. Ça fabrique un sentier balisé. Des énoncés, des principes, ça fait lien social. Ça permet de cheminer ensemble pendant quelque temps. Des paroles fondatrices. Par exemple à l'énoncé: « Il n'y a de clinique que du sujet » que j'ai répété ici jusqu'à plus soif, est-ce qu'il y en a qui se sentent de se brancher? S'il y en a deux ou trois, ça fait réseau. Pas la peine de vérifier si chacun dans le réseau se tient à cet énoncé, pas besoin de contrôle ni d'évaluation. C'est la parole engagée qui fait la structure du réseau. Pensons aux réseaux de la Résistance. Chacun sait ce qu'il a à faire, et c'est dans la mesure où il le fait, au nom d'un engagement pris en commun, que le réseau tient[2].

Tenir le réseau, c'est donc tenir parole. On peut avoir dans un tel réseau des approches différentes, des points de vue divergents, des sensibilités opposées. Mais sur les principes, on tient bon. Un énoncé comme « il n'y a de clinique que du sujet », que je soutiens ici, a deux conséquences. D'abord, dans le réseau, chacun y est engagé au titre de sujet, qu'il soit usager, travailleur social, ou politique. Chacun y est engagé au titre d'avoir une parole à tenir en son propre nom, quelle que soit sa place sur l'échiquier des fonctions sociales. D'autre part, cela implique de créer des lieux, des sommets, dit Serres, où la parole de chaque sujet puisse être entendue et prise en compte. La notion de réseau implique une invention permanente d'espaces d'expression. Cela implique de repenser de fond en comble les dispositifs institutionnels. Il s'agit, dans l'organisation des salariés, de passer, comme dit Oury, d'une hiérarchie de subordination à une hiérarchie de coordination. Mais dans l'accueil des usagers aussi cela produit des remaniements. Comment ouvrir des espaces de parole dans le réseau, où les usagers sont partie prenante de ce qui leur arrive ?

Dans l'espace interinstitutionnel, ce qu'on appelle le partenariat, avec les risques de truanderie que j'ai soulevés, on peut aussi penser des lieux de rencontre où soient débattus non pas des bavasseries sur ce que vivent les autres, au prétexte qu'ils seraient en état de faiblesse, et que, les prenant en charge, on se met à penser pour eux, non, mais des espaces où les professionnels en viennent eux aussi à parler de ce qu'ils vivent et de ce qu'il leur arrive. Finalement, comme on ne parle jamais que de soi, même quand on pense parler des autres comme dans le travail social, le réseau est constitué d'une multitude de carrefours, où chacun va à la rencontre de l'autre, quel que soit cet autre. On voit ce qu'une telle démarche entraîne. Je n'en connais pas vraiment les conséquences sur le terrain. Une telle approche n'a jamais eu lieu à grande échelle. Et même, on peut se demander si elle est viable à grande échelle[3].

Le réseau, comme Gilles Deleuze et Félix Guattari l'ont montré dans leur réflexion sur les rhizomes, ce qui est une autre façon de nommer un réseau, ne marche sans doute que dans le micropolitique. C'est une pratique de l'esquive des réseaux de communication où circule la raison du maître. Je n'en connais que quelques expériences. Celle de Deligny faisant réseau avec un groupe de gamins autistes dans les Cévennes. Le principe du réseau de Deligny est simple : chacun dit normal ou autiste fait ce qu'il a à faire. Les gamins suivent les chèvres ou restent des heures à tourner dans la garrigue ; les adultes coupent du bois, ou dessinent des cartes. Certains points de concours, les sommets dont parle Michel Serres, font point de rencontre puis de séparation. Jean Oury et ses collègues à la clinique de La Borde ont monté un réseau intra et extra institutionnel où, à travers des clubs, des activités, s'élaborent des réseaux d'entraide, de loisirs, de soins, etc. Le film de Nicolas Philibert, *La moindre des choses*, présentant un groupe de malades qui montent une pièce de théâtre à La Borde, est venu nous le montrer récemment. C'est une bonne illustration de ce qu'est un réseau. C'est Oury qui a donné le titre. Un jour, comme il en avait marre que, pour la énième fois, on lui demande de définir la psychothérapie institutionnelle, il a répondu : « C'est la moindre des choses. » François Tosquelles à Saint-Alban, Roger Gentis à Orléans, plus quelques autres, je pense à la clinique de La Chesnaye ou à la fondation Pi, aujourd'hui disparue, ont expérimenté le réseau.

Le réseau, fondé sur la clinique du sujet touche chacun dans son être. Et pousse chacun, quelle que soit sa place dans ledit réseau, à s'assumer comme sujet, c'est-à-dire comme être parlant. Chacun aura à faire sienne cette assertion que Lacan nous livre en 1965 dans un article intitulé « La science et la vérité » : « De notre position de sujet, nous sommes toujours responsables. »

La position de sujet dans un tel réseau est une position subversive. Je dis que c'est la seule tenable pour un travailleur social. Subversive, ce n'est pas révolutionnaire. Parce que la révolution, comme l'observation des astres célestes nous l'enseigne, ça fait faire un petit tour et ça ramène au même point. La révolution, c'est le retour périodique du même. La subversion, c'est tout autre chose. Ça consiste à faire entendre la version du dessous, comme on parle de l'appartement du dessous. La subversion, c'est le retour du sujet, justement ce qui est jeté dessous, comme nous le rappelle l'étymologie. Le sujet, c'est proprement ce qui est mis dessous, ce qui est soumis à la loi de la parole et du langage. Le sujet est attelé au joug du langage. Ce qui est jeté sous le langage, ce qui est soumis à l'ordre de la parole et du langage, ce que depuis cinq siècles la science et le pouvoir politique tentent de faire taire, revient au jour. Alors, la version du dessous, la subversion du sujet s'exposant à la dialectique du désir, ça fait désordre, puisque ça vient troubler l'ordre et le discours dominants. « Il n'y a pas de science de l'homme », nous disait Lacan, toujours dans cet article, « La science et la vérité », « parce que l'homme de la science n'existe pas, mais seulement son sujet ». Le travail social s'effectue au point d'insertion d'un sujet dans le langage. C'est cela le lien social. À cette place, forçant l'espace dominé par les énoncés de la science qui fait du savoir un énoncé sans vérité, donc sans sujet, le travailleur social ne peut qu'occuper une place de subversion, celle où se joue l'avènement du sujet de l'énonciation.

Peut-être y a-t-il du réseau possible, mais sans cesse ouvert, à partir du moment où dans les échanges sociaux on essaie de prendre en compte la dimension de l'inconscient.

Faire réseau est donc une autre façon de ne pas lâcher sur son désir. Au sens où le réseau ne tient que sur ce que chaque sujet engage de soi-même dans une parole qu'il soutient face aux autres. Le réseau est donc le lieu de convergence de la solitude maximum et du collectif le plus extrême. Si le poète surréaliste René Crevel, avant de se faire sauter la caisse, dénonçait « l'atroce liberté » de tout être humain, le réseau est peut-être le lieu où la singularité insupportable de chacun trouve à s'alléger à être, non pas partagée comme on l'a vu du butin des partenaires, mais confiée à ce qui pour les humains fait lieu commun, le langage. Le réseau se fait alors lieu d'inscription et de circulation des singularités. Le réseau, c'est pas un pour tous et tous pourris, c'est : là où il y a le plus de sujet, là il y a le plus d'humanité. C'est donc à la fois le lieu de la division et le lien où s'exerce le lien social. C'est le lieu, comme l'énonce Daniel Sibony, de la coupure-lien. Car nous ne sommes reliés entre nous que par ce qui nous sépare, à savoir le langage.

Dans une de ses nouvelles, Camus raconte l'histoire d'un vieux peintre que l'on découvre mort dans un grenier. Il est allongé près d'une toile vierge, sauf que, dans un coin du tableau, avant de mourir, il a peint en minuscule, un mot. Celui qui trouve le peintre essaie de le lire. Il n'arrive pas à décider s'il s'agit de « solitaire » ou « solidaire ». Eh bien je ferais le pari qu'il s'agit des deux. Le réseau, comme lieu de circulation du sujet, est le lieu où se joue le solitaire et le solidaire de chacun, dans le même temps. Il ne saurait y avoir l'un sans l'autre, sous peine de basculer dans des totalitarismes, dont on voit de nos jours poindre une fois de plus la tentation.

On parle beaucoup d'urgence sociale ces derniers temps. Ça fait même l'objet d'une série télé tout à fait dégoulinante de bons sentiments. Tosquelles disait qu'il n'y a pas d'urgence, il n'y a que des gens pressés. Pour ma part, je dirai en conclusion qui n'en est pas une, que s'il y a une urgence dans le travail social, c'est de se parler. C'est en tout cas comme ça que peut se construire le réseau de façon incessante. Le réseau, c'est toujours nouveau.

BIBLIOGRAPHIE

DELEUZE, G. 1990. *Pourparlers*. Paris, Minuit.

FOUCAULT, M. *Surveiller et punir*. Paris, Gallimard.

FREUD, S. 1980. « Psychologie collective et analyse du moi ». *Essais de psychanalyse*. Paris, P.B. Payot.

GOMEZ, J.-F. 1996. *D'ailleurs. L'institution dans tous ses états*. Toulouse, érès.

GRIMAUD, L. 1998. *Éducation thérapeutique. Pratiques institutionnelles*. Toulouse, érès.

LACAN, J. 1966. « Du sujet enfin en question », « La science et la vérité ». *Écrits*. Paris, Le Seuil.

LEBRUN, J.-P. 1997. *Un monde sans limite. Essai pour une clinique psychanalytique du social*. Toulouse, érès.

LIN, J. 1996. *La vie de radeau en compagnie de gamins autistes*. Théétète.

MILLER, J.-A. 1993. « Le despotisme de l'utile. La machine panoptique de Jeremy Bentham ». *Barca !* n° 1, septembre.

Oury, J. *Il, donc. Conversation avec Pierre Babin et Jean-Pierre Lebrun*. Paris, 10/18.
Rouzel, J. 1997. «Sortir du trou bleu», dans C. Gardou (sous la direction de), *Professionnels auprès des personnes handicapées*. Toulouse, érès.
Sibony, D. 1980. *Le groupe inconscient*. Paris, Bourgois.
Serres, M. 1969. *Hermès I. La communication*. Paris, Le Seuil.
Tosquelles, F. 1970. *Structure et rééducation thérapeutique*. Paris, puf.

Notes

1. Voir dans ce même ouvrage, le chapitre intitulé « Le sujet dans tous ses états ».
2. Pour explorer et soutenir ce réseau de « la clinique du sujet », j'ai créé l'association Travail social en formation (publications, formations, interventions…) : atsf, 181, rue Jean-Carmet, 34070 Montpellier. Site internet : http://perso.wanadoo.fr/Sites/
3. Une telle confrontation en réseau des travailleurs sociaux a lieu tous les ans aux « Entretiens de Saint-Étienne », organisés par afore, 23, rue de la Résistance, 42000 Saint-Étienne.

En partance

Le cauchemar du Père Noël

Ce matin-là, le Père Noël se réveilla en sursaut. Des gouttes de sueur froide lui perlaient sur le front. Le petit jour, tel un cheval épuisé par le galop, avait posé ses naseaux brumeux contre la vitre.

«C'est pas vrai, c'est pas vrai!» Visiblement, il n'en revenait pas. Il brancha la cafetière, beurra une biscotte et pressa le bouton du transistor. Les nouvelles n'étaient ni meilleures ni pires que les autres jours: un tremblement de terre à Knokke Le Zoute, un ministre de l'agriculture couvert de tomates et de ridicule, la grève des colleurs d'affiche pour l'obtention d'une augmentation de 0,00000000010 %... Bref le train-train. Mais le Père Noël n'écoutait pas, il n'était pas dans son assiette et encore moins dans son bol. Il n'eut même pas, en partant, une caresse pour sa chatte Brind'avoine. Il claqua la porte et enfourcha son solex.

Sur la place du village où les premiers chalands commençaient à trottiner en tous sens, il stoppa devant la boutique de son vieil ami le Père Sigmund. Au-dessus de l'imposte de la vitrine, dans le vent mauvais de décembre, grinçait une enseigne bariolée : «Au bon rêve. Interprétations en tous genres.» Le père Sigmund était passé maître dans l'interprétation des rêves de barbus. À son heure de gloire, on avait vu défiler dans sa boutique les plus beaux fleurons : Moïse, Léonard de Vinci, etc. Lorsque la porte de l'échoppe tintinnabula, le Père Sigmund lui souhaita le bonjour.
– Qu'est-ce qu'il y a pour ton service, Père Noël?

– Ah! Écoute, écoute...
– Allonge-toi, j'écoute.

Le Père Sigmund glissa un coussin sur son établi, balaya de la main les copeaux laissés par la dernière interprétation, et se cala dans son rocking-chair. Allongé, le Père Noël, drapé dans son bel habit rouge et sa dignité, ressemblait à ces gisants qu'on peut voir dans les cathédrales et dont on se dit qu'ils posent juste pour la photo, et que d'un instant à l'autre, ils vont se lever pour nous serrer la main.

– J'ai fait un horrible cauchemar. Figure-toi, Sigmund, que j'ai rêvé que plus aucun enfant du monde ne croyait en moi...
– Tiens, ça ne m'étonne pas. Regarde, moi; trois rêveurs en six mois. Les gens ne rêvent plus; les gens ne croient plus. Alors leurs enfants... Ils ne croient plus qu'à eux, les autres... pfouittt! Tu vois, le petit commerce fout le camp... Il n'y a plus guère de place pour des saltimbanques comme nous.

Et sur ce, son interprétation tombe, sublime comme à chaque fois.
– Il faut se rendre à l'évidence.
– O.K. J'y vais.

Le Père Noël laissa son solex devant la porte, et marcha sous les arcades vers l'unique bistrot de la place. Sur la vitrine, parmi les sapins peinturlurés et les paquets de neige artificielle, se détachait à grand peine le nom du lieu: «À l'évidence.» Suivi du nom du propriétaire: Jacques Lakhan Gourou. Les potes aimaient l'appeler kangourou. Et la grande blague consistait à entrer avec fracas dans le bistrot en lâchant un «il est là quand, Gourou». Mais ce matin-là, pour le Père Noël, le cœur n'y était pas. Il entra la tête basse. Le patron, le tablier bleu serré à la taille, la serviette sur l'épaule, un drôle de cigare tordu fiché entre les lèvres, pérorait en servant à la cantonade la première tournée de blanc sec.

Les clients s'apprêtaient à passer dans l'arrière salle où tous les samedis le Père Lakhan s'adonnait à son violon dingue: la haute voltige du signifiant. On pouvait le voir durant une heure jongler avec les concepts, sauter sur un trapèze de signifiant en signifiant, dompter la syntaxe pour lui faire effectuer un numéro éblouissant.

Le Père Noël suivit l'assistance. «Tu tombes bien, Père Noël. Justement j'allais parler de toi... En effet, les journaux disent tous les jours que les progrès de la science, Dieu sait si c'est dangereux, etc., mais cela ne nous fait ni chaud ni froid. Pourquoi? Parce que vous êtes tous, et moi-même avec vous, insérés dans ce signifiant majeur qui s'appelle le Père Noël. Avec le Père Noël, cela s'arrange toujours, et je dirai plus, ça s'arrange bien[1].» Mais le Père Noël n'en écouta pas plus. Il n'avait pas le cœur à la fête. Son vieil ami avait essayé de le rasséréner, mais en vain. Perdu dans ses pensées sombres, il prit les arcades en sens contraire, pour récupérer son solex. Tout à coup, devant une boutique de taxidermiste, il faillit tomber à la renverse. Il n'en pouvait croire ce que voyaient ses yeux. Là, figés, empêtrés, pétrifiés, morts et empaillés, se tenaient en des poses ridicules ses meilleurs amis, ces hommes qui, en d'autres temps, avaient fait la gloire du village. Il y avait là: Le P'tit Poucet, Pégase, Le Dragon rouge, Saint-Nicolas, Apollon, Hans et Gretel, Le Père Lustucru, etc. Une larme amère creusa son sillon sur les joues ravinées du vieil homme. Et il battit en retraite jusqu'au solex. C'est le cœur brisé qu'il fit pétarader sa machine en traversant le village. Une image ne cessait de le hanter. Une main rageuse avait gribouillé l'enseigne de cette boutique dont il se souvenait que jadis elle abritait un vieux conteur et accueillait des flopées d'enfants joyeux. Au lieu de «Au royaume des fées», quelqu'un, le nouveau propriétaire sans doute, avait écrit: «Au royaume défait.»

C'en était trop. Le Père Noël, en arrivant chez lui, se glissa sous l'édredon et n'en bougea plus jusqu'au soir. Il prit un grog vers neuf heures et se recoucha. Le lendemain, c'était le 24 décembre, mais sa décision était prise: cette année, il n'y aurait pas de cadeaux, à peine consentirait-il à passer dans chaque chaumière pour conter une histoire, et cela seulement pour justifier la maigre retraite qu'on lui versait. Au soir, triste et abattu, il endossa son habit rouge et démarra son solex. Comme il voulait dire bonsoir à Brind'avoine, il dut reconnaître que même elle l'avait abandonné : elle était partie chez Colette, la voisine.

Dans la première maison où il entra, il trouva la famille attablée devant une dinde. Personne ne sembla le remarquer. Juste un petit garçon se retourna sur sa chaise pour l'invectiver : « Salut vieux schnock ! Plus besoin de toi. On sait bien que le Père Noël, c'est les parents. »

Dans la seconde, même accueil. Mais on lui versa un bol de soupe, en le poussant vers la cheminée. On lui donna la place du vieux. Peut-être pensa-t-il pour qu'il se réchauffe, mais en fait, pour que ses paroles se perdent dans l'âtre, englouties par l'avaloir. Cependant, réunissant ses dernières forces, il commença l'histoire. Au début, personne ne l'écoutait. Mais au fur et à mesure, les têtes se levaient des assiettes, et les oreilles s'ouvraient. « Ce matin-là, entonna-t-il d'une voix fébrile, le Père Noël se réveilla en sursaut. Des gouttes de sueur froide lui perlaient sur le front… » Et tout y passa, la visite au Père Sigmund, le bistrot, la boutique du taxidermiste… et son désespoir.

Il allait fondre en larmes lorsque se produisit cette chose étonnante. Une petite fille s'approcha de lui, et lui tendit sa poupée qu'elle venait de recevoir en cadeau de ses parents. « Tiens, Père Noël. J'aimerais que ce soit toi qui me la donne. Je sais bien, c'est les parents qui l'ont achetée ma poupée, mais c'est à toi de me la donner. »

Le Père Noël se frotta les yeux. Et prit la petite fille sur ses genoux :
« Comment t'appelles-tu, ma petite ?
– Sophie, Père Noël.
– Ah Sophie… Chez les Grecs, tu t'appelais Sophia, la Sagesse. Je te reconnais. Ils ne les auraient donc pas tous empaillés. Mais alors tout peut recommencer ».

Les parents, entre-temps, avaient sauté sur le téléphone et prévenaient le village. On vit ainsi affluer une ribambelle d'enfants les bras chargés de cadeaux, qu'ils déposèrent aux pieds du Père Noël. Comme la maison était trop petite, on passa dans la grange. Tout le village était là. Le Père Sigmund avait apporté son violon et jouait des valses de Vienne. Le Père Gourou avait fait suivre deux tonneaux : l'un de son meilleur rosé, et l'autre de sirop d'orgeat.

Sur le coup de minuit, le Père Noël, royal, radieux, procéda à la distribution, en appelant chaque enfant par son prénom. Et la fête se poursuivit jusqu'au petit jour.

Bien entendu avec des bricolages, des retouches par-ci, par-là, c'est une histoire qu'on peut raconter aux enfants. Si les grands l'ont comprise, ils sauront d'autant mieux la restituer.

NOTE

1. J. Lacan, *Séminaire III, Les psychoses.*

Arpenteurs

> « Qu'importe le nom.
> Je ne suis peut-être qu'une parole ;
> je ne dois tendre qu'à me prononcer,
> le reste ne me regarde plus. »
> Villiers de l'Isle-Adam

Trouver la veine
le filon
le canal
le joint
le défilé
le défaut de l'armure
la perce
la césure
qui feraient que la vie soit portable

Comme on porte un enfant
Comme on porte un mort en terre

L'entre-deux du silence file entre les doigts

Et finis les discours
et les armoires à linge
Et finies les béquilles
et les jours qui se suivent
et se ressemblent tous

Arpenteurs

La vie serait ce jour qui prend son sens à l'aube
et n'en finit pas de pousser son blé
avant que la nuit fauche

Tornades d'images à seaux d'eau déversées
Brisées en miettes les idoles du petit homme

Et la vie serait creuse
de ce creux où viennent se nicher
les mésanges du parler

Et la vie voudrait dire
tout ce qu'elle ne sait pas
Et elle ne saurait pas
comment faire pour le dire

La vie apprivoiserait nos moindres contours
et nos navigations

La vie n'aurait de cesse
qu'elle ne soit aimée
dans sa grande beauté pleine
et toutes ses horreurs
Comme une montagne sur ses deux joues

Arpenteurs
Nos silences trouveraient
leurs semailles
Et adviendrait en nous
ce qui ne peut se taire
les souffrances et les joies
qui coulent en nous
en des torrents obscurs

Et la vie serait pleine
de cette plénitude
qui perce des trous dans le corps
et ouvre des passages

Et la vie s'offrirait comme une coupure à vif
Elle reviendrait de loin
de plus loin que nous-mêmes
Comme un bateau s'en vient de l'au-delà des îles
portant les épices et les tremblements du voyage

Arpenteurs
Nos jours seraient comptés pas pour rien
Pour la noce et la célébration
Pour le désir incendiaire

La vie filerait vers le soleil
et nous avec
chargés de nos vieilles peaux
et de nos oriflammes
Pagayant sur le fleuve
qui n'en finit jamais
de chanter la chanson
où tout commence
et tout prend fin

La vie n'aurait d'autre but
que de se dire
à travers nous

La vie nous surprendrait
à chaque instant du temps
qui fait que cet instant
où j'écris vers le soir
abrité sous la lampe
ne reviendra jamais
car il est déjà mort
La vie n'en laisserait
qu'une trace sur la page
Et elle bondirait
toujours dans l'ailleurs

Arpenteurs
Nos deux mains n'y suffiraient pas
à capter ce qui coule
l'encre le sang et l'eau
Ce qui reste prisonnier dans
l'arbre du poème
ce serait la sève
de la vie en partance
Et l'arbre refleurirait
sans qu'on puisse l'empêcher
Ni ma mort ni une autre
ne serviraient de gare ultime
quand le train du voyage
ferait vibrer les rails

La vie ne se souviendrait plus
par où elle est passée

Arpenteurs
Quand bien même notre mémoire
voudrait la retenir
la vie rejaillirait
jusque dans nos oublis

Ce texte et bien d'autres ont été mis en chanson par Môrice Benin et publiés en CD : *Môrice Benin interprète Joseph Rouzel* (2009), disponible à Psychasoc (Montpellier) ou chez Mosaïc Distribution (Toulouse).

Table des matières

Avant-propos à la nouvelle édition en poche....................	9
Passeur. L'obscur *(poème)*...	17
L'éducateur est un passeur...	19
UNE CLINIQUE DU SUJET...	25
Liminaire 1. Éducateur aux pieds nus................................	27
Exils *(nouvelle)*..	29
Le sujet dans tous ses états	44
Le trou bleu	59
Les formations de l'éducateur...	86
Jeux d'échecs...	99
Défonce du territoire, territoire de la défonce	108
Scrupules…..	122
Une clinique du sujet	138
DES LIEUX ET DES HOMMES...	147
Liminaire 2. Qui cherche, troue…	149
X. *(nouvelle)*...	151
Espèces d'espaces..	157
Lieux d'accueil	161
Deligny a quitté le radeau	173
Tosq… Je me souviens...	181
Transmission de penser : hommage à Vittorio Hertzog......	184
Alerte ! Félix Guattari et Tony Lainé se sont tirés...............	190

Faire lien social	195
Liminaire 3. Médiations	197
Le camp des nomades *(nouvelle)*	199
L'acte éducatif. Du passage à l'acte à l'acte de passage	207
Qu'est-ce qu'un père ?	233
Faire la passe…	256
« Excuse-moi, partenaire… »	274
En partance	291
Le cauchemar du Père Noël *(conte)*	293
Arpenteurs *(poème)*	298